顾客管理原理与应用

Customer Management
Principles and Applications

孙明贵 刘国伦 陈彩莲 著

北京大学出版社
PEKING UNIVERSITY PRESS

图书在版编目(CIP)数据

顾客管理:原理与应用/孙明贵等著. —北京:北京大学出版社,2010.6
(21世纪经济与管理精编教材·管理学系列)
ISBN 978-7-301-13816-8

Ⅰ.顾… Ⅱ.孙… Ⅲ.企业管理:销售管理 Ⅳ.F274

中国版本图书馆 CIP 数据核字(2008)第 066481 号

书 名:	顾客管理:原理与应用
著作责任者:	孙明贵 刘国伦 陈彩莲 著
责 任 编 辑:	张迎新 张迎君
标 准 书 号:	ISBN 978-7-301-13816-8/F·1935
出 版 发 行:	北京大学出版社
地 址:	北京市海淀区成府路 205 号 100871
网 址:	http://www.pup.cn
电 话:	邮购部 62752015 发行部 62750672 编辑部 62752926
出版部 62754962
电 子 邮 箱:	em@pup.pku.edu.cn
印 刷 者:	河北滦县鑫华书刊印刷厂
经 销 者:	新华书店
	730 毫米×980 毫米 16 开本 18.75 印张 300 千字
	2010 年 6 月第 1 版 2010 年 6 月第 1 次印刷
印 数:	0001—4000 册
定 价:	35.00 元

未经许可,不得以任何方式复制或抄袭本书之部分或全部内容。
版权所有,侵权必究
举报电话:010-62752024   电子邮箱:fd@pup.pku.edu.cn

作者简介

孙明贵,男,1963年生,山东莱州人,南开大学企业管理专业毕业,管理学博士,日本爱知大学客座研究员,日本一桥大学访问学者。现任东华大学旭日工商管理学院院长、学术委员会主任、教授、博士生导师,兼任中国企业管理研究会常务副理事长,上海市管理科学学会理事,中国纺织出版社编委。

主要从事市场营销、战略管理和产业经济等领域的研究。主持国家自然科学基金和国家社会科学基金等省部级以上课题17项,出版各类著作18部,发表学术论文140余篇。

内 容 简 介

顾客是企业最重要的资源,顾客管理为企业识别、分析顾客资源和实施有效的顾客管理提供基本理论、方法和手段。本书从顾客资源特性分析出发,论述顾客地位的变化,讨论了顾客满意的形成机理、影响因素、顾客满意度测评以及顾客满足战略。本书以顾客资产理论为基础,分析了顾客资产特征与价值评价,并从顾客终身价值的角度探讨了顾客管理的理论与方法。本书在顾客识别、分类和顾客分析等方面提供了较完整的理论和方法,并介绍了一些企业在顾客管理方面的实践。本书概括了顾客忠诚理论,分析了顾客忠诚的不同类型以及顾客忠诚的决定因素。

顾客管理是发展中的新兴领域,本书适用于工商管理、市场营销、旅游管理等相关专业的人士学习和阅读,可以作为EMBA、MBA、工程硕士(项目管理)和普通硕士专业课程的教材使用。工商企业人士阅读本书也会获得诸多的启示和借鉴。

前　言

顾客管理是当前企业管理的核心问题之一,也是管理科学发展的新领域。"顾客管理"的提出源于多方面的背景和原因:其一,随着市场竞争的加剧,企业围绕顾客进行的争夺日渐白热化,维持和留住顾客成为企业保持竞争力的关键之一。在此背景下,需要给企业提供一套分析顾客、把握顾客的系统理论和方法;其二,价值创造是企业和顾客互动的结果,传统的企业创造价值的观念开始动摇,越来越多的企业意识到如果没有顾客的参与,价值创造的有效性会受到极大的制约,品牌价值、赢利性等均取决于顾客价值让渡;其三,资源基础理论表明,企业竞争优势主要来源于企业特有资源和能力,顾客终身价值理论说明顾客资源不仅是稀缺的,而且是企业特有的,企业赢利的基础在于保持与顾客全面、持久和亲密的关系;其四,信息技术、网络营销等技术和营销工具的发展为顾客管理提供了实用平台,企业通过开发顾客数据库、顾客关系管理(CRM)系统、电子社区,以及发展会员制、连锁制等措施可以实现对顾客的精准化管理。

顾客管理的概念在国外虽然早在20世纪50年代就出现了,但是在管理实践中的应用却是在20世纪80年代以后。我国引进"顾客管理"的理论是在20世纪90年代以后,早期主要是跟踪研究,基于中国市场背景下的顾客管理的研究和实践主要出现在21世纪以后,其中最引人关注的领域集中在顾客满意度和顾客关系管理两个方面。

随着顾客管理重要性的提升,在管理实践和管理教育中急需相应的系统性著作,近几年,围绕顾客问题的出版物十分丰富,其中既有由国外引进翻译的,也有国内学者编撰的。这些出版物的主要特点是重视顾客管理的实践指导,操作性、应用性著作较多,缺乏理论性、系统性,给缺乏实践经验的读者带来了不少困难。另一方面,即使有实践经验的读者,面对这些纷杂的、理论系统性不强的出版物也会不知所措,从而制约了顾客管理水平的提升。

国内顾客管理理论性、系统性读物的缺乏,在很大程度上是由于顾客管理作为新兴的领域,其尚处于发展和探索阶段,大量的研究成果比较分散,要想把它们系统整理出来不是一件轻松的事情。另外一个原因是,顾客管理目前还不是一个规范、成熟的学科领域,其理论体系的构建遇到不少的困难,已有的研究成果还存在不少争论,比如顾客满意与顾客忠诚关系等。鉴于上述原因,本书在力图弥补现有成果不足的同时,也不可避免地具有探索性、尝试性,本书提供的关于顾客管理的理论脉络、体系和知识点或许还存在不少值得商榷的地方。然而,作者抱着"千里之行,始于足下"的信念,相信在同行专家和广大读者的指导下,必将使我国顾客管理理论的发展提升到一个更高的水平。

本书采取了章节的结构和表述方式,以顾客终身价值理论为基础,以顾客资产评价为主线,以顾客分类、顾客满意、顾客忠诚、顾客服务等为板块,重点从影响因子测评、评价体系与方法、形成机理与作用机制、理论扩展应用、企业实践考察等方面进行研究。主要内容有:(1)顾客管理的基础问题。顾客管理问题的提出源于三个方面。首先是顾客地位的上升,其次是顾客资源观的出现,最后是以顾客为中心管理体系的形成。从顾客地位上看,本书主要讨论了顾客的大型化和分散化,以及由顾客间互动性的增强导致的价值创造模式的变化。本书对"顾客资源"的特性进行了研究,提出了外部资源可内置化的观点。从价值创造体系上,本书主要研究了"顾客"要素的介入导致的企业价值创造模式的变化等。(2)顾客满意理论。满意的顾客资产才是优质资产,因此顾客资产评价不仅要对顾客资产数量、规模进行研究,更重要的是研究顾客资产质量,顾客资产评价也应把重点放在质量上。本书在这方面的内容比较丰富,主要集中在顾客满意和顾客忠诚上。本书从顾客满意状态出发,分别涉及了正满意、负满意、零满意等多种满意状态。(3)顾客满意测评与顾客资产形成机理。顾客满意度评价是顾客资产评价的重要方面,也是顾客资产评价的基础性工作,与一般的满意度评价不同,本书认为顾客满意度是一个不够准确的概念,基于利克特量表测评的方法有不少缺陷,因此本书主要采用了顾客重购率、顾客推荐率等间接指标研究顾客满意状态。本书总结了顾客资产形成的机理,提出不同的因素对顾客资产形成的作用机理是不同的,有些因素对顾客资产的形成起保障作用,提升的贡献度不太高,而有的因素是提升顾客资产的主要手段。

(4)顾客资产评价与分析。在顾客资产评价方面,本书包括数量评价、质量评价、结构评价、价值评价等方面。数量评价主要针对顾客人数,质量评价主要针对满意顾客与忠诚顾客,结构评价主要是分析顾客类型,价值评价则依托顾客终身价值模型来完成。本书重点从顾客资产质量的角度进行研究,并以顾客的赢利性和顾客忠诚来反映顾客资产质量,对驱动顾客资产的因素进行了研究。(5)顾客终身价值管理。在顾客资产研究中,顾客终身价值提供了一个基本理论基础,如何看待顾客终身价值的构成将直接决定顾客资产评价体系和内容。本书从顾客价值、顾客让渡价值等方面对顾客终身价值进行了研究,其中所提出的"深度经济"对顾客终身价值及其管理模式的创新具有重要意义,对顾客终身价值管理的内涵和实施问题进行了解释。(6)顾客分类与顾客分析。顾客资产结构评价对顾客资产评价而言是非常重要的,也是其他资产评价所很少涉及的课题。结构评价关键是顾客分类以及顾客分析,在整个顾客管理体系中,顾客分类都是基础,因为顾客资产的可分割性是实施"一对一"顾客管理的条件。本书研究了多种顾客分类方法,特别强调从"顾客链"上研究了直接顾客、间接顾客和最终顾客等。本书从顾客资产角度研究顾客的构成,并从顾客当前价值和顾客增值价值两个维度以及附加价值链层面提供了顾客分析的方法。(7)基于顾客资产价值的顾客管理体系研究。顾客资产理论的提出推动了顾客管理的发展和应用,它意味着一种新的管理范式"顾客管理"已经植入企业,但是顾客管理体系、框架、方式、手段等都不够清晰,本书根据顾客资产理论从顾客满意管理、顾客忠诚管理、顾客服务管理等层面勾画了顾客管理的体系与构成,对顾客满足战略等进行了侧重讨论。

我们对顾客管理问题的兴趣产生于20世纪90年代后期,而在日本一桥大学访问学习的经历为我接触顾客管理这一新的领域提供了有利条件。回国以后我申请了国家自然科学基金的资助(顾客满足的决定因素、评价方法与顾客管理方式研究,批准号:70172039),在随后的几年里,在顾客管理的不同领域开展了一些研究,研究成果分别发表在《中国工业经济》、《经济管理·新管理》、《商业经济与管理》、《软科学》等杂志上,有些成果被《新华文摘》全文转载。在上述研究的基础上,我们认为有必要对成果进行系统的整理并使之体系化,以期为管理实践和管理教育提供一个比较成熟的读物。本书的主要内容由孙明贵、刘国伦和陈彩莲等同志参与撰写,刘国伦主要承担第五章,陈彩莲主要承担第八章,其他各章的撰写及全书的修订由孙明贵教授完成,孟雪丽为第四章的撰写做出了诸多贡献,此外,刘建新、胡洁云等同志为本书内容的完成也发挥了积极作用,苏云霞、卓素燕两位同志对书稿进行了统校和修订工作,在此一并表示感谢!

  本书的很多内容都是建立在前人研究基础上的,为了反映他们的工作,本书尽可能通过参考文献和注释的方式予以尊重,但仍有可能遗漏了不少作者,在此我们对所有作者表示衷心的感谢!最后,本书的成功出版要感谢北京大学出版社的帮助和支持!

孙明贵

2010 年 2 月

目 录

第一章 顾客管理基础 ……………………………………………… (1)
    第一节 顾客地位的变化 …………………………………… (2)
    第二节 顾客资源的特性与顾客管理的意义 ……………… (8)
    第三节 以顾客为中心的管理创新 ………………………… (13)
    本章小结 ……………………………………………………… (19)
    习题 …………………………………………………………… (19)
    案例:顾客的一封信 ………………………………………… (20)

第二章 顾客满足理论 ……………………………………………… (21)
    第一节 顾客满足理论的渊源 ……………………………… (22)
    第二节 顾客满足战略研究概况 …………………………… (27)
    第三节 顾客满足状态 ……………………………………… (36)
    本章小结 ……………………………………………………… (41)
    习题 …………………………………………………………… (41)
    案例:美国花旗银行 ………………………………………… (41)

第三章 顾客满足的形成机理与影响因素 ………………………… (43)
    第一节 顾客满足模型及其扩展 …………………………… (44)
    第二节 影响顾客满足的因素 ……………………………… (49)
    第三节 顾客满足影响因素研究 …………………………… (52)
    本章小结 ……………………………………………………… (61)
    习题 …………………………………………………………… (61)
    案例:食品制造商 …………………………………………… (61)

第四章 顾客满意度调查与测评 (63)
第一节 顾客满意度调查 (64)
第二节 顾客满意度的其他测评方法 (74)
本章小结 (79)
习题 (79)
案例：篆刻与订单 (80)

第五章 顾客资产评价与分析 (82)
第一节 顾客资产价值理论的发展 (83)
第二节 顾客资产的特征与价值评价 (94)
第三节 顾客资产质量分析 (104)
本章小结 (119)
习题 (120)
案例：该不该接单？ (120)

第六章 顾客终身价值管理 (121)
第一节 顾客终身价值管理的背景 (122)
第二节 顾客价值模型的开发与应用 (129)
第三节 "深度经济"与顾客终身价值管理 (142)
本章小结 (152)
习题 (152)
案例：为了大客户应该抛弃小客户？ (152)

第七章 顾客分类与顾客分析 (154)
第一节 顾客的分类 (155)
第二节 寻找顾客与分析顾客 (170)
本章小结 (179)
习题 (179)
案例：回头客降低成本 (179)

第八章 顾客忠诚管理 (181)
第一节 顾客忠诚理论 (182)

第二节　服务企业的顾客忠诚 …………………………………（189）
　　第三节　顾客忠诚的决定因素 …………………………………（196）
　　本章小结 …………………………………………………………（217）
　　习题 ………………………………………………………………（218）
　　案例：泰国东方饭店 ……………………………………………（218）

第九章　顾客满足战略 ………………………………………………（219）
　　第一节　顾客满足战略及其制定 ………………………………（220）
　　第二节　一对一营销模式 ………………………………………（232）
　　第三节　戴尔公司的顾客满足战略 ……………………………（243）
　　本章小结 …………………………………………………………（257）
　　习题 ………………………………………………………………（257）
　　案例：服务补救 …………………………………………………（257）

第十章　顾客满足与企业的社会责任 ………………………………（259）
　　第一节　顾客满足是企业最基本的社会责任 …………………（260）
　　第二节　员工满意与员工忠诚 …………………………………（266）
　　本章小结 …………………………………………………………（273）
　　习题 ………………………………………………………………（273）
　　案例：汽车企业的社会责任 ……………………………………（274）

参考文献 ……………………………………………………………（275）

第一章 顾客管理基础

☞ 学习目标

理解顾客管理产生的背景和条件;掌握顾客地位变化的趋势以及顾客价值创造活动;熟悉顾客资源的特性以及顾客管理对企业的现实意义;了解国内外企业在推进顾客管理方面的一些探索。

☞ 知识点

顾客管理的含义、内容;顾客管理与其他管理之间的区别;差别化营销、一对一营销和精准营销;顾客创造价值的表现和意义;顾客资源的特性。

传统管理理论研究的对象是各类组织,在超越组织的范围,管理职能是不能发挥作用的,由此可见,传统管理理论是承认管理边界的。管理边界(组织边界)的存在决定了企业可以管理的只是可支配的要素,如员工、设备、资金等,顾客是源于企业之外的,因此顾客是不可管理的。但是,应该承认在企业经营活动中,顾客是最重要的资源,既然是一种资源当然就应该对之进行管理。这一思想的变化引发出新的管理课题——顾客管理。毫无疑问,顾客管理是超越传统管理思维的新兴领域,发展和推进顾客管理首先需要解决一些基础问题。

第一节 顾客地位的变化

一、顾客管理问题的提出

市场竞争本质上是顾客资源的争夺,赢得竞争必须赢得顾客。著名管理学家彼得·德鲁克早在1954年就提出了顾客对企业的重要性,是顾客管理概念的最早倡导者①。他提出企业的目的不是利润而是顾客创造,利润只不过是衡量顾客创造的尺度,是应付未来风险的保险,是为了创造更好的组织所储备的资源。如果一个组织提供的产品和服务不能创造出顾客,那么组织就不会持续存在下去,即使企业内部的体制如何完美也是如此。顾客是企业生存的基础,正是顾客为企业存在提供了空间,因此对顾客的贡献就是组织存在的意义。

德鲁克认为企业有两大职能,即营销和创新。只有这两种职能才产生经营成果,顾客为这两大职能产生成绩的贡献支付代价,因此企业必须探询"我们所做的一切对顾客而言意味着什么?"。在竞争激烈的市场中,企业需要构筑可持续的竞争优势,竞争优势取决于企业自身构建的竞争体系,该体系必须建立在重视顾客创造和顾客满足的基础之上,否则竞争就是无意义的。

德鲁克提出只有通过顾客创造才能产生利润,顾客创造是经营活动的唯一目的。德鲁克早在20世纪50年代就对"企业的目的是利润"这一传统观点提出了不同看法,他认为顾客创造是利润的唯一来源,也是企业发展的源泉,顾客创造的中心课题是顾客满足。除德鲁克之外,一些企业也开始关注顾客满足问题,例如美国通用电气公司也强调只有以顾客为导向的营销才能带动企业的发展。

20世纪60年代是市场营销的黄金时代,营销管理体系化,现代营销观念得到了广泛普及,企业纷纷建立"以顾客为中心"的管理体系,传统的"业务产生顾客"的观念转变为"顾客产生业务",但是由于观念和手段的限制,顾客满足和顾客管理没有得到彻底地落实。70年代,社会价值观念导入管理活动,企

---

① 兼村荣哲、青木均:《现代流通论》,八千代,1999年。

业认识到顾客满足必须与社会满足相结合。80年代,由于关系营销和关系管理理论的产生,企业与顾客的关系更加紧密,顾客满足和顾客管理受到重视。90年代后,顾客满足和顾客管理上升到战略层次,提出了顾客满足战略的思想,由于信息技术的发展,企业可以建立实时顾客信息管理系统,顾客管理方式更加多样化,顾客管理成为日益重要的新型管理领域。

二、顾客的分散化和大型化

管理存在的客观基础是组织资源的有限性,如果资源不是稀缺的,管理就没有必要。在不同的时代,组织资源的稀缺性是不同的,这就决定了不同时代管理的侧重点不同。比如在科学管理时代,制约企业的因素主要是生产问题、产量问题和效率问题,因此当时的管理焦点主要集中在生产管理上。20世纪50年代和60年代,西方企业面临着技术革命的挑战,提高员工的创新精神和积极性十分重要,高素质的人才十分稀缺,因此人本管理的思想开始流行和普及。

毋庸置疑,顾客管理的提出与顾客资源的稀缺性有直接关系,从20世纪50年代提出顾客重要性以后,一直到今天全面倡导顾客管理,其主要原因就是顾客资源的稀缺性日甚一日,以至于成为当今企业最稀缺的资源。顾客资源的稀缺性反映了顾客地位的变化,这种变化成就了顾客管理在企业中的位置。在现代管理中,顾客资源的稀缺性和地位的提升可以从以下两个趋势上反映出来。

(一) 顾客的分散化

众所周知,顾客资源的多少首先取决于消费者人数,从管理的角度出发,人口数量的变化是一个历史的过程,可以视作一个不变的因素,换言之,消费者的数量是相对固定的。在竞争环境下,企业之间就是围绕着这些顾客进行争夺,所谓市场份额反映的就是企业争夺顾客的结果。当市场竞争不是十分激烈的时候,企业数量比较少,每家企业获得的顾客数量比较多。例如家电、汽车、电脑等行业早期的企业市场占有率都比较高。摩托罗拉在进入中国市场的早期一度获得相当高的市场份额,原因是当时竞争对手比较少。经济发展的一个显著标志就是企业数量增加,竞争更加激烈,家电企业越来越多、汽车款式越来越丰富、电脑品牌不断涌现,摩托罗拉的市场份额不断降低。企业数量增加的结果是每一家企业获取的顾客数量呈下降趋势。比如,甲企业过去可以获得1 000个顾客,现在由于企业增加了,顾客可能减少到800个,200个顾客被争夺过去了。这种趋势我们称为"顾客的分散化",顾客分散化意味着顾客资源越来越稀缺。

(二)顾客的大型化

如果仅仅存在顾客分散化的趋势,还不能解释为什么企业都在发展,营业额不但没有下降反而在增长?解释这一现象还必须看到顾客大型化的趋势。所谓顾客大型化是指顾客的购买力在增加,经济发展的成果之一是消费者的收入增加,消费能力提高。假定原来每一位顾客只买1元钱的东西,从1 000名顾客中获得的营业额是1 000元,现在每一位顾客花费2元钱,从800名顾客中获得的营业额是1 600元。一方面是顾客数量的减少,另一方面则是营业额的上升,这就是顾客大型化的结果。顾客大型化虽然意味着顾客流失未必导致企业经营业绩的下降,但却导致顾客的地位提高。原来每位顾客在营业额中的比重是1/1 000,现在则上升到1/800。换言之,顾客对企业营业额的贡献率在上升,他们对企业而言是越来越"大"了。

顾客的分散化意味着顾客资源越来越稀缺,争夺顾客的竞争越来越激烈。顾客的大型化意味着顾客地位越来越高,对企业的贡献越来越大。分散化和大型化两种趋势的并存,使得现代企业越来越经不起顾客流失了,流失一个顾客给企业带来的损失越来越大。

三、顾客创造价值

(一)顾客创造价值思想的提出

传统理论认为,企业是创造价值的主体,销售额、利润等都是企业创造的。实际情况果真如此吗?现在必须认真反思这一问题。在商品经济条件下,价值是通过交换创造的,原本用于交换的两个物品如果没有实现交换,那么这两个物品的价值就无法体现,比如某家企业生产了一批鞋子,如果没有卖出,没有与货币发生交换,这批鞋子对企业而言毫无价值,反而带来保管等成本支出。

传统理论之所以认为企业创造价值是因为只承认生产创造价值,不承认交换创造价值。在商品经济条件下,价值创造是双向的,是基于交换而实现的,如果没有消费者购买,生产中凝结的价值无论如何也体现不出来。基于上述认识,应当充分认识顾客在价值创造中的作用,顾客管理正是基于顾客价值创造性而提出的。

随着迅速普及和扩大的计算机网络的发展,来自消费者方面的信息量不断增加,消费者参与价值创造的能力不断增强。这对企业经营模式产生了重要影响,要求企业适应新的情况采取更加有效的对策。

导致上述现象的背景之一是信息在网络上传播的速度有很大的提高。只要看一下互联网就会非常清楚:消费者的购买体验被各类主页广泛介绍,全球范围内商品价格及其对商品的评价比比皆是。所有这些都表明来自消费者方面的信息越来越多。

顾客信息量的增加,对企业来说,一方面是面临新的挑战,因为在以前作为企业利润来源的信息非对称性(只有卖方知道市场价格和商品质量的信息,顾客不掌握这些信息)已经不存在了。但是,另一方面,企业将这些不利条件逆转,有可能找到确立新的竞争优势的途径。

顾客掌握的信息量的增加会导致什么现象发生,不妨考察二手车的例子。一般而言,在二手车市场上,顾客需要转让的二手车往往先流向购买新车时的代理商手中,再从那里流向二手车代理商。在这种流通模式下,消费者并不了解二手车市场的价格。消费者在购买新车时在某种程度上比较容易掌握信息,但是二手车由于使用年限、行驶里程、损伤程度等情况的不同,在价格上变化很大。另外,由于人气状况不同,价格也有很大不同。因此,消费者正确地掌握二手车的信息是比较困难的,相对于掌握信息的经销商而言,处于不利的地位。在这种情况下,消费者只能接受营业员提出的价格。

但是,近几年独立的二手车经销商开始迅速发展,数量庞大的二手车纷纷流到这些经销商手中,消费者要求以更高的价格转让二手车。差价率的缩小趋势不仅影响到汽车厂家控制的二手车代理商,对新车代理商也产生了重要影响。以前经常采用的即使对新车打折销售也能获取利润的情况,在今天已经不可能了。

为什么二手车市场会发生这样的变化?其重要原因就是计算机网络的普及,消费者可以简单地掌握二手车的实际价格。现在,在互联网上,二手车的买卖信息大量被登载,谁都可以进入网络中。另外,消费者之间也可以在网络上相互交换信息,同行业企业之间的计算机网络也十分发达,各种信息准确而实时地传播。在这种情况下,消费者可以自己获得信息,选择最有利的价格出让二手车。换言之,在今天的二手车流通市场上,消费者可以说"不"了。

这种情况不仅仅限于汽车行业,在互联网上经常可以看到各种商品在价格、评价、购买体验等方面的信息。在各个领域,消费者通过掌握更充分的信息,逐步消除了信息的非对称性。另一个应该关注的问题是:消费者通过个人计算机的互联互通,彼此可以交换信息。这些信息有时可以传向数千人、数万人,消费者之间的相互影响大大增加。这种广泛的传播不仅丰富了新的文化,而且给商品赋予了新的特性。

(二)顾客创造价值的意义

只能个别地、孤立地获取信息的消费者在具有信息传播能力后,开始对企业产生影响力,从而推动了企业变革的步伐,这一变化具有深远的意义。

以前,企业分别从采购、制造、物流、营销、销售、服务等价值链的个别环节上创造商品价值,但是,现在这种做法越来越难以确保利润了。今后,企业必须把处于价值链之外的消费者的价值创造性作为获得利润的源泉。换言之,创造商品价值的主体从企业转向消费者,为此,企业的经营模式必须从以企业为中心转向以消费者为中心。但是,在工业化社会,大多数企业的经营模式只考虑追求效率目标,对如何适应新的转变并不清楚,对在与作为价值创造者的消费者的结合点应该做什么也不清楚。

产生上述问题的原因之一是企业看不到消费者方面的信息,上游的企业不了解下游的消费者,即产生了与以前正好相反的信息不对称性。正是因为如此,企业不能预测市场,只能在黑暗中摸索,生产和设备管理也面临着非常困难的境地。

(三)价值创造模式

在与原来不同的这些变化中,究竟有哪些获取利润的方法?革新的企业不只是在恶劣的环境下采取单一的手段面对利润率的下降,而是进行各种各样的探索。这些探索虽然未必是系统的、完整的,但是在此过程中涌现了不少积极的现象和成果。

从为消费者提供什么样的价值这一角度出发,针对过去"不知道什么畅销"的企业,今后有两条道路可供选择:其一是继续保持向消费者提供专门化要素技术的"产品供应商"的战略;其二是从更广的范围把握技术动向,通过各种技术的汇聚和组合,走向消费者提供全方位解决方案的"综合服务商"的道路。

所谓产品供应商是指像英特尔这样的公司。这种公司在技术上具有压倒性的优势,通过深入挖掘和集中公司的核心技术,保持市场竞争力。这种企业竞争力的根源在于研发,因此,综合地配置研发费用是保持技术优势的关键。

所谓综合服务商是指置身于顾客的立场,汇聚对顾客有益的各种技术,为顾客提供全方位服务的公司。比如,戴尔计算机公司,CPU采用英特尔的,物流则选择其他公司等。公司将各种技术或功能汇总起来并加以组合,向顾客提供所期望的计算机产品。为了建立综合服务功能,必须充分地了解对顾客而言的价值。为了解决顾客的问题,必须通过个人与个人之间的网络实时地获得顾客信息。

四、顾客之间的互动性增强

顾客地位的变化不仅仅来自顾客个体能力的提高,更重要的是顾客之间的相互联系、相互作用日益明显,顾客互动性的提高意味着顾客作为一个群体产生日益显著的影响。

网络和通信技术的发展为顾客之间的互动提供了有效工具和手段。可以看到,在计算机网络上的共同交流中,已经在沟通上摆脱了物理性制约的消费者,通过相互交换和共享商品与服务的信息,对商品购买决策和顾客满足产生很大影响的现象越来越多。这种现象被学者称为"顾客之间的相互作用"。计算机网络之所以扩大和发展了顾客之间的相互作用,是因为借助这个网络他们可以跨越距离、时间的差异,共享许多信息,实现了信息的双向沟通,被空间和时间隔断的顾客能够自主地相互沟通。

顾客之间相互作用的最基本形式是口碑。在网络上,能够共享的商品购买体验等信息大多是以口碑的形式表现的。口碑的重要作用是形成价值评价,例如,在互联网上可以查阅到很久以前的买方对卖方的评价资料。通过买方为数很多的评价和系统分析,随时可以在网络上查阅到有关卖方商品信誉度和违约情况的资料。企业将许多无序的、混杂的信息加以整理和系统化,也可以创造出客观的、可利用的经营模式。

这一不断进步的领域被称为"用户支持"。用户只要使用计算机,很快便可以发现过去不知道的、无法预测的问题。比起询问厂家服务机构而言,询问其他用户意见的方式可以更加快速、准确地获得答案。在计算机网络上,这种方式已经在不曾谋面的用户之间广泛使用。他们借助于由用户组成的"电子会议室"提出问题,能够很快获得答案。这种方式,除了让人感觉亲切之外,还能给用户提供一些有利于改善自身状况的建设性意见。在上述动机支配下,该领域的应用迅速地得到普及。

更为重要的是,这种方式还可以产生经济价值。两年前,由于用户不懂得如何使用 NIFTY-Serve[①] 公司提供的用户支持系统,因此每当遇到需要解决的问题时,用户之间不能相互提供帮助,只能打电话向 NIFTY-Serve 公司询问。公司测算表明,仅在此方面花费的各类成本一年就多达 20 亿日元。如果用户之间能够相互学习,这部分成本将大大降低,因此顾客之间的相互作用意味着可以创造价值,也为 NIFTY-Serve 公司的利润做出了贡献。

顾客之间相互作用的进化会推动产品进化。玩具行业在传统的产品设计中采用机械装置,比如微型四轮驱动玩具车等。如果采纳顾客的建议,可以将定型的微型四轮驱动进行改良。顾客之间通过不同机械装置车种的比较,可以得出许多结论。这样做的好处是,不仅可以促进顾客之间的相互学习,而且可以更好地交换关于改良方法方面的信息。厂家通过观察这一过程,可以以顾客的想法为基础,开发出性能更好的零部件。

第二节 顾客资源的特性与顾客管理的意义

一、顾客资源的特性

顾客属性和地位变化这一事实意味着顾客正在成为企业重要的经营资源,它与传统的人力资源、物力资源、信息资源等同样属于企业不可缺少的资源之

---

① NIFTY-Serve 是一家计算机通信服务公司,由富士通公司和日商岩井公司合资组建。

一。承认顾客是一种资源是顾客管理的基础,顾客管理实际上就是顾客资源管理。但是,不能不看到顾客作为一种新的资源,它与传统资源有相当多的区别,研究顾客管理必须对顾客资源的特性进行分析。

(一)顾客资源是一种可内置化的外部资源

企业资源从大的方面划分无非有内部资源和外部资源两类。内部资源是指构成企业系统的各种要素的总和,比如设备、土地、劳动力、资金等,这些资源由企业所有和支配。外部资源是指企业之外的对企业生产经营活动有益的、能够发挥作用的各种要素,比如科技水平、购买力、基础设施等。外部资源从所有权上看比较复杂,有些资源具有明确的产权属性,有些资源则属于公共资源,无论产权属性如何,只要可以被企业利用均可作为外部资源[①]。

从资源的上述分类中可以看出,顾客资源是一种外部资源,它不是企业所有和支配的。但是,内部资源和外部资源的划分不是绝对的,内部资源可以转化为外部资源,外部资源也可以转化为内部资源。经营资源究竟应该是内部还是外部取决于企业获取和使用这种资源的成本,如果内部化更加经济节约则应该内部化,反之,外部化对企业更加有利,前者我们称为内部资源的外置化,后者称为外部资源的内置化。

从传统眼光看,顾客资源是比较纯粹的外部资源,但是外部化的结果是导致企业获取和使用顾客资源的成本越来越高,因此,将顾客资源内置化更加有利。外部资源内置化需要借助于一定的手段和途径,近年来,围绕顾客资源出现的顾客资产管理、顾客满意和忠诚、关系营销、一对一营销等理论的主要意图是将顾客资源内置化。因此,可以认为顾客资源属于可内置化的外部资源。

(二)顾客资源属于战略性资源

根据企业资源的重要性不同,可以将其划分为战略性资源和一般性资源两类。所谓战略性资源是指对企业总体和长远发展发挥作用的资源,这种资源是反映企业优势、竞争能力和差别化的主要基础,是决定企业生存和发展"路径"的不可照搬与模仿的特有资源。一般性资源是满足日常生产经营活动的人、

---

① 企业资源是从可利用的角度提出的,如果某种资源完全被垄断,其他主体不可利用,则不视作外部资源。

财、物等业务运作所需要的各种资源,这种资源在企业之间具有可模仿性,难以形成核心竞争力和企业特色。

顾客资源长期以来不受重视,其原因之一就是忽视了顾客资源的战略属性。应该说,市场营销学是最关注顾客资源的领域之一,但是营销学并没有把顾客资源提高到战略层面,其他学科更难以做到这一点。

顾客资源的战略属性体现在多个方面:首先,顾客资源的数量、质量和变化左右着企业的兴衰成败,而不仅仅只决定指标层面的问题;其次,每家企业的顾客资源是不可重复的、不可复制的,也是不可模仿的,顾客资源的状况是决定企业竞争力的基础;最后,顾客具有终身价值,顾客关系的维持对企业长期利益具有重要意义。

(三)顾客资源具有价值创造性

应该承认,资源都是有价值的,但是有价值和创造价值是两种完全不同的属性。有价值是指资源的天然属性,与其结构、功能、性质有关,资源一旦被企业利用,就可以产生更大的价值,但是,这种增值的价值不是由资源本身创造的,是由利用该资源的企业创造的,即资源本身不会创造价值。

顾客资源则不同,它不仅本身有价值(人的价值),而且能够主动地创造价值。顾客价值创造力表现在许多方面,比如,顾客购买力会不断增加,对企业而言,具有更高购买力的顾客比以前"价值增值"了。再比如,顾客具有口碑效应,获得良好购买体验的顾客会将其体验传播给其他顾客,为企业吸引更多的顾客,这也是为企业创造价值。最重要的是在价值创造中离不开顾客资源的参与,如上所述,企业的价值创造是在交换中完成的,交换要有买卖双方,如果没有顾客的参与,价值创造过程就会中断。

(四)顾客资源具有非垄断性

从产权经济学的角度看,资源具有产权属性,为了便于交换,所有权应该是界定的、清晰的。从法律上讲,资源一旦具有产权属性就应该具有排他性。由此可见,产权经济学和法学都视资源为垄断性的,非此即彼的,公共产权由于垄断性差导致了许多问题。

从个人的角度看,顾客购买力是私人属性的,是垄断的,但是我们这里讲的顾客资源是基于企业立场而言的,这种情形下的顾客资源是非垄断的,也没有清晰的产权属性。顾客资源的非垄断性意味着顾客资源具有较强的竞争性、不稳定性和高流动性。首先,工商企业围绕顾客资源的争夺是十分激烈的,从外部看,顾客资源的原始形态具有公共属性(即产权的非特定专属性),因此,任何企业都可以参与竞争;其次,顾客资源不是固定不变的,具有比较大的弹性和伸缩性;最后,顾客资源流动性较强,在企业之间存在明显的转移性。

(五)顾客资源具有可分割性和可选择性

对于设备、土地等这些常规性资源而言,它们往往是一个完整的整体,一旦分割就会失去意义,比如设备被分割就不会发挥作用,土地被分割后其价值也可能大幅度降低,等等。但是,顾客资源具有较强的可分割性,其原因是顾客资源是单一个体(顾客)的集合,顾客资源的总量和结构是不断变化的,可以被分解为更加细小的资源。

顾客资源的可分割性导致顾客资源又具有较好的可选择性。首先,顾客资源具有不同的构成,通过对顾客资源的选择、组合,可以为企业业务结构的选择提供明确的方向;其次,顾客资源的质量存在差异,企业选择高质量的顾客资源对于提高经营业绩有积极作用;最后,顾客资源的差别化是企业实施差别化战略的重要条件,是构建企业经营特色的主要途径之一。

二、顾客管理的作用

顾客管理是企业管理面临的新课题,也是现代管理发展的新领域,研究和推进顾客管理不仅可以丰富和发展现代管理理论,促进管理科学的发展,而且对工商企业的管理实践具有十分重要的意义。顾客管理对企业的作用是传统管理所不具备的,这是由顾客资源属性决定的。对于企业而言,顾客管理可以获得以下五个方面的积极效果。

(一)增加关联销售

传统管理模式重视单笔交易,销售途径的扩展受到限制。然而,顾客在衣食住行等方面存在广泛的需求,这些需求是其生活体系的一部分,因此需求之间不是孤立的,一种需求必然引发另一种需求,我们把关联性需求引发的销售称为关联销售。很显然,要获得关联销售必须借助于顾客管理,通过维持与顾客全面而长期的关系,体察顾客需求的关联性,为赢得关联销售提供支持。另外,随着生活水平的提高,顾客的购买力呈上升态势,伴随这种态势,顾客必然产生对高端产品的需求,我们称之为消费的高级化。很显然,要获得高级化需求必须通过持续的关系培养,连续地追踪与该顾客的交易情况。无论是关联销售还是提高高级商品的销售,都能使企业获得追加利益,如果企业能够对每一位顾客进行有效的管理,利润的增加是必然的。

(二)减少与顾客的摩擦

在现代营销过程中,企业与顾客之间的摩擦时有发生,比如顾客的抱怨、投诉和不合作等现象。企业与顾客的摩擦源于生产与消费的分离,因此从根本上杜绝这些摩擦是不可能的,但是摩擦的存在对稳定顾客资源毕竟是有害的,因此需要通过一套管理方法来缓解这种摩擦。一般而言,两个行为主体之间的摩擦与陌生感有关,一旦行为主体是熟识的、融洽的,摩擦就可能降到最低程度。顾客管理的基本目标就是培育企业与顾客之间的长期合作关系,获得顾客的理解、支持和合作。因此,顾客管理对于消除顾客的陌生感,提高顾客对企业行为过错的容忍度具有积极作用。

(三)提升顾客的满意度

顾客满意度是顾客关系管理中十分重要的概念,它表明企业不仅重视交易本身,而且关心交易后的结果,它意味着企业从重视交易数量向重视交易质量的方向转变。近年来,许多企业开始测量顾客满意度,并把它作为考核的依据之一。当然顾客满意度目前还不是一个太精确的指标,但是,顾客满意度的提高,可以视作是顾客管理取得成果的一个有力证明。为了提高顾客满意度指标的精确性,国外企业采用了一些变通性指标,比如,采用"顾客推荐率"指标,它反映顾客的口碑效应,如果在销售的产品中有很多是通过口碑推荐销售出去的,那么就意味着顾客满意度较高。再比如,可以采用"顾客再购买率"指标,该指标反映了顾客的回头率,也可以间接地反映顾客满意状况。

(四)降低交易成本和缩短流通时间

企业与顾客要频繁地发生交易,但是长期以来,企业对交易成本认识不足。交易成本表现在许多方面,如顾客搜寻成本、信息沟通成本、商业谈判成本等。

随着商品流通体系的复杂化,交易成本呈现快速上升的态势。为了及时地了解和适应顾客需求,企业需要不断地获得来自顾客的"指示",顾客指示越多,交易成本越高。通过顾客管理可以更容易地掌握顾客的购买过程,对顾客的情况了解得更细致,来自顾客的指示越少,意味着交易成本越低,从而提高了组织运作效率,商品流通时间也缩短了。

(五)防止客户资源流失

Reichheld 和 Sasser(1990)对若干企业进行了调查研究,他们提出只有提高顾客维持率才能提高企业的收益率。如果顾客流失率降低 5%,利润就会增加 25% 到 85%。这一结论意味着顾客流失会损害企业未来预期的利润,这是因为补充流失的顾客会使企业在增加新顾客时支出更多的费用。忠诚顾客的增加是客户管理最大,也是最早获得的成果之一。体验到满足的顾客与其他条件相同但没有体验到一对一营销的顾客相比,其流失率是完全不同的。如果顾客的稳定率提高 10%,那么仅仅从获得顾客的成本方面看,企业所获得的价值也是显而易见的。如果顾客平均购买率再提高 10%,情况又完全不同了。

第三节 以顾客为中心的管理创新

顾客属性和地位的变化,为企业管理提出了新的课题。但是,不能把顾客管理单纯理解成是管理范围的拓展和管理职能的创新,从更深层次看,顾客管理反映着企业管理的思想和模式的根本变革,管理创新离不开"以顾客为中心"这一命题。

一、从产品管理向服务化模式转变

在产品日益丰富的今天,消费者已经弱化了对产品功能的要求,相反,对产品蕴涵的价值表现出浓厚的兴趣,因此,如何在产品上添加新的价值是企业经营模式探索的主要问题之一。产品价值必须与顾客的需求相一致,因此如何在产品研发、制造、销售等各个环节充分考虑顾客的要求,是价值创造的最主要问题,这也相应地要求企业向服务化模式转变。

(一) 把利润的源泉从商品转向服务

自 19 世纪后期出现了许多以大量生产方式进行生产的大企业以来,制造商只要按照自己的计划生产,以高于成本的价格销售,就能够获得利润。只要等价让渡商品所有权,就能够收回成本,产生利润。但是,现在,这种经营模式受到了严峻挑战。

原因有两个:第一,正如前面阐述的那样,信息的非对称性已经不复存在了,利润率更加透明,利润空间被大大压缩了;第二,现在已经进入商品过剩的时代,供应链中不存在瓶颈,换言之,企业面对的是供过于求的经济状态。在商品可以随时获得的情况下,人们关心的不再是商品本身,而是要发现其"便利性"上的价值。因此,与其说是买商品,不如说是买便利性。不仅在无形产品方面是如此,对有形产品来说,利润的获得也不是产生于实体销售,而是来源于服务销售。

在文具行业,卡友公司开发了一种名为"便利网"的新的销售渠道,以法人用户为对象,通过互联网开展邮购服务。这种做法就属于在实体商品销售之外为客户创造价值的经营模式。企业办公用品的采购主要由总务、行政部门执行,其中必然伴随管理业务,从公司总体上管理从订货到结算的活动需要花费相当的成本。但是,在利用由卡友提供的新渠道以后,即使从各地分散订货,由于信息汇总到厂家方面,因此也可以进行集中管理。这就意味着用户可以大幅度降低人事等方面的成本,由此增加了客户价值。

将办公用品廉价商店的低价优势和卡友提供的新渠道所获得的管理成本降低的好处相比,对用户而言,后者的价值更大。因此,企业建立以顾客为中心的经营模式,可以汇集众多的信息,从根本上改变传统的经营模式。

相同的情况还发生在日本交通公社推出的名为"BTS"(商务旅行系统)的出差代理服务中。该系统根据客户的旅行日程,提供从交通机构选择、宾馆预订,到办理机票、费用预算、经费分析和改善方案等一系列服务。用户利用该系统后,可以降低与出差有关的各类成本。

这种经营模式不只是追求商品销售单一目标,而是从总体上着眼于包括销售在内的综合服务。我们看一下便利店购物的情况。顾客去便利店除了要购买商品之外,还有一个重要的目的是购买便利。从这一点上讲,流通机构应该从销售商品进而获取差价这种"销售代理"的经营模式,转变为按照顾客需求提供服务并获取手续费的"购买代理"经营模式。

(二)顾客服务模式多元化

顾客服务模式是指企业选择一定的方式为顾客提供服务。在传统的管理理念下:一方面是企业为顾客提供的服务方式往往是简单的和单一的,无法满足顾客的不同需求,而且不同企业为顾客提供的服务方式也很类似,如,免费送货、上门维修等服务方式,这些服务没有体现出企业自身的特色,企业无法通过这些服务来提升自身的竞争力;另一方面是企业在组织机构和管理方法上不能很好地适应顾客服务工作的开展,导致其无法有效而高质量地进行顾客服务。

在以顾客为中心的管理理念下,为了为顾客提供更好的服务,企业从各种顾客的需求特点出发,努力寻找合适的、独特的、多元化的服务方式,以更好地满足不同的顾客需求和同一顾客的不同需求,而且,企业的组织也要从多层次、多方面给予支持,这正如菲利普·科特勒所说的各层次、各部门协同作战以满足顾客的利益。这是因为顾客的需求是多元化的,不同的顾客的需求是有差异的,即便是同一个顾客的需求也是多方面的,社会经济越发达,顾客需求的差异性就越大。以顾客为中心的管理要求企业在对其顾客进行有效的分类和定位的基础上,综合运用不同的服务方式来更好地满足顾客的需求,不断提高服务质量、提高顾客满意度,进而提高企业核心竞争力。例如中国移动通信公司为顾客缴费提供的服务就有几种不同的方式:移动营业大厅缴费、网上营业厅缴费、自助缴费终端、购买充值卡等,这正是根据顾客不同的缴费需求特点提供的多元化服务方式,满足了不同顾客对同一产品的不同需求。随着现代信息技术的发展,顾客服务模式正在向更加多元化的方向发展。

二、将顾客之间的互动与供应链结合起来

网络信息技术的发展,使得顾客之间的联系变得越来越容易,顾客会将他们共同关注的产品、技术、企业等各种信息通过网络进行快速传递,顾客之间的互动性加强。

如何更好地利用顾客之间存在的相互作用,是企业需要考虑的一个重要问题。在这一点上,我们可以考察松下计算机公司(PCC)的例子。该公司是松下

电器公司下属的一家子公司,该公司在推出一款名为"雷茨"的笔记本电脑中利用顾客之间相互作用的事例极具启发性。

"雷茨"笔记本电脑是1996年6月开始销售的,该款产品的推出,打破了松下公司在电脑领域长期低迷的局面,从推出之始,"雷茨"就表现出良好的人气,成为十分畅销的产品。该产品的成功得益于认真地听取了销售第一线的意见,配备了最新的产品说明,在同类产品中重量很轻。但是,要保持长期的畅销,关键取决于随后的第二代产品开发。一般而言,电脑平均每三个月要更换机型,如果做不到这一点,销售业绩就会一落千丈。

对PCC而言,幸运的是营销主管在偶尔浏览的电脑通信论坛(松下计算机产品用户交换信息的电子广场)上发现了"雷茨"专用的会议室。较早购买"雷茨"的用户们根据自己的理解将"雷茨"的使用方法、性能和优缺点等信息公告出来。对PCC来说,这些信息成了对企业的宣传,对使用方也发挥了积极作用。但是,与此同时,如果用户对产品和服务有不满,信息也会登载出来。实际上,用户对键盘和部分零部件等方面的不满经常成为电子会议室里讨论的话题。

当出现用户不满时,PCC能够迅速地做出反应,及早地采取对策。在电子会议室反映出问题的第二天,生产线上就已经实施了相应的改进措施。为什么能够做到这一点呢?原因是营销主管每天早上6点浏览电子会议室,一旦有不利的信息,上午7点半之前就将新的情况传给100名左右的研发人员和生产现场的管理人员,这是营销主管每天例行的工作之一。另外,从电子会议室用户的发言中获得的建议和想法会融入每三个月的产品更新之中,从而确保了"雷茨"在笔记本电脑领域中的领导地位。

1997年6月,PCC推出了"雷茨"的转型产品——"新雷茨",毫无疑问,该款机型的开发也广泛吸收了电子会议室关于"雷茨"的意见。该公司选取了15名经常参加电子会议室讨论的用户参与产品企划工作,由他们提供用户方面的一些建议和想法。营销主管以个人身份参加电子会议室的讨论,阐述自己的意见,逐步与其他参加者建立了信赖关系,为产品畅销发挥了重要作用。

三、建立与"共同语言"互惠的经营模式

在消费者通过计算机网络形成互动的过程中,好的口碑、舆论领导者的发

言具有很大的影响力,经常形成关于特定题目的"共同话题"。在消费者成为价值创造主体的今天,企业通过建立新的经营模式,构筑与这些"共同语言"的互惠关系,从而充分利用这些资源来提高企业的经济效益。在经营模式的构建中应该分别从企业、产品和平台三个方面着手。

(一)企业要设法聆听顾客的"共同语言"

PCC的事例给我们的启示是:企业应及时听取在顾客之间流传的各种信息,尽快地将这些信息反馈给供应链,供应链的各个环节要做出明确的、有效的反应,这一点对企业十分重要。从销售现场追溯到供应链,信息的传递需要一定的时间。如果被动地等收到反馈信息以后才采取措施,对生命周期十分短暂的计算机产品而言是十分危险的。为了克服这一问题,PCC构建了有效的信息收集、传递和使用体系,将电子会议室作为获取信息的重要来源,由此获知的信息迅速传给供应链,供应链的各个环节根据各种信息提出必要的改进措施。

的确有不少企业领导人不能容忍顾客不满问题的发生,一旦发现,会采用铁腕手段予以纠正,但所有的措施都是偶然的,不是系统化的结果,试想如果领导人没有发现问题所在又当如何呢?企业必须像PCC那样,把每天检查用户信息并反馈给供应链作为一种机制嵌入企业内部,构建起时常关注顾客的组织文化,在此基础上,认识到顾客之间的相互作用是企业经营模式的一部分。

在这里存在一个两难的问题,商品提供者一旦介入顾客之间的互动,就可能出现降低活力、导致顾客反感的问题。PCC也遇到了这样的问题,在获得"电池剩余电量标示不正确"这一意见后,公司调查后发现属于制造上的问题,于是在电子会议室中公布了公司的正式报告,向顾客提出了更换不良产品和咨询的建议。对此做法,虽然不少顾客做出了善意的反应,但是也有一些顾客对企业进入顾客主宰的电子会议室发表正式公告的做法提出了批评。

顾客是按照自己的路径和文化完成互动的,一旦企业参与进来就可能产生异样的感觉。实际上,企业加入到各种电子会议后,管理者要面对顾客提出的各种问题,顾客之间的互动反而难以发生了。由重要顾客领导的、企业不参与的电子会议室,可以使顾客之间的互动更加活跃,大多数顾客一旦发现企业在利用他们,马上会加以回避。

(二) 制造有利于顾客发言的产品

如何使产品具有某些让顾客共同感兴趣的东西是十分重要的。如果产品本身没有顾客共同感兴趣的东西,顾客之间的互动就难以发生,也就形成不了"共同语言"。这就意味着让产品本身具有传播性非常重要。

购买产品的个人消费者期望企业制造与自己个性相吻合的产品,他要求企业生产那些能够获得个人信息、充分表现自我特性的产品。此时,重要的是通过产品模块化实现顾客对个性的追求。在模块化以后,顾客只要自己动手选择、组合,就可以找到与自身相吻合的产品。得到个性化产品的顾客会将自己的感受与其他得到同类产品的顾客进行交流。

准确掌握来自顾客的信息,在产品中更好地反映这些信息,就会不断地提升产品的价值。企业传播出去的信息应该是以顾客信息为出发点的产品概念。由此可见,在产品制造阶段就促进顾客信息的流动和应用,对经营模式的建立是至关重要的。

一旦让顾客在产品价值创造中发挥主体作用,就可以消除不了解顾客情况的问题。企业通过掌握顾客的"共同语言",能够加深对顾客的了解。换言之,企业要作为"具有共同语言群体"中的一员深入到顾客的日常生活中。

这种做法体现了前面谈到的综合服务商战略的思想。综合服务商战略借助于与顾客的"共同语言",在吸收顾客需求的基础上,将产品供应商战略擅长的个别技术组合起来提供给消费者。综合服务商的优势就在于具有掌握"共同语言"的能力,能够与顾客一道推动产品的进步。

(三) 为"共同语言"构建平台

为了使企业具有"共同语言"的功能,必须构建一个将众多的、关心特定主题的顾客集合起来的平台(顾客交流的场所),利用这一平台,顾客之间可以进行互动。

为了创造不受时间和空间制约的平台,需要提供有形的沟通渠道,即信息网络。但是,仅具备单纯的有形沟通渠道还不够,如果沟通主体之间缺乏共同的语言和文化,即没有形成"共同语言"的话,顾客之间的互动也不可能发生。人们要相互交流产品信息、体会和意见,就不能缺乏共同的语言和文化。

顾客之间的互动在产生充分的价值以后,必须马上考虑把这种平台纳入到经营模式中,换言之,就是从平台中获得经济效益,否则构建平台就无意义了。这种思想在电话企业早期的经营中就体现出来了。对电话使用者而言,之所以使用电话能够产生附加价值,百分之百是由于谈话的内容。换言之,电话本身对使用者而言没有附加价值,但是提供谈话条件的电话公司却可以收取费用。

在建立平台时必须注意到平台的提供者属于消费者一方的代表,如果平台的提供者在平台利害关系者中采取偏袒任何一方的做法,这种平台就不可能成立。如果平台提供者站在实力较强的卖方立场上,就会失去作为平台参与者的买方的信任。为了发挥"共同语言"的作用,平台提供者必须以代表消费者利益和支持消费者利益的形式发挥功能。如果不以信赖为基础保证消费者的自主参与,"共同语言"作为价值创造平台的基础就丧失了。

以上我们考察了顾客之间互动这一现象,以及利用该现象开发新的经营模式的可能性。虽然不是所有的企业都应该向这种模式转变,但是由于该模式反映了利用顾客信息创造价值的思想,如果利用得好,可以为企业带来新利益,这是一个值得开发的新领域。

本章小结

顾客管理是基于顾客创造价值这一基本理念和事实而提出的,旨在将企业外部资源内置化的管理领域。顾客管理源于顾客分散化、大型化、互动化等新形势的发展,但是,鉴于顾客资源与企业其他资源相比具有很多不同的特性,因此,顾客管理的思想、方法与模式具有很多创新性。本章探讨了顾客管理对企业的意义,总结了国外一些企业在推进顾客管理方面所进行的探索。

习 题

1. 顾客地位发生了哪些变化?这些变化对企业有哪些影响?
2. 顾客资源与企业人、财、物等传统资源相比有哪些不同点?
3. 请访问一家企业,并由该企业的主管完成以下测试题。

序号	问题	同意				不同意
1	关于我们的顾客是谁这个问题,在我们企业中没有任何明确的想法	1	2	3	4	5
2	我们确切地知道将来在我们的顾客身上将要发生什么事情	1	2	3	4	5
3	对于我们的企业来说处于重要地位的顾客,在类型上没有任何变化	1	2	3	4	5
4	我们做事情的方法几乎没有发生变化	1	2	3	4	5
5	我们要频繁地对有关顾客的全部基本观点重新进行评定,并且考虑在我们的心中,理想的顾客应该是什么样的	1	2	3	4	5
6	领导从来也没有让我们的销售人员对不同类型的顾客分别进行考虑	1	2	3	4	5
7	关于顾客,我们没有任何太超前的想法——顾客总是告诉我们需要做什么	1	2	3	4	5

得分　25—35:在顾客管理方面,是鲜活的并且是良好的
　　　15—25:有生活的根据,但不是我们想要的那种
　　　2—15:漠不关心的程度很高,如果这种状况不改变的话,企业则不可能发展下去,甚至连生存都会有困难

案例:顾客的一封信

1990年1月21日加拿大多伦多市《星报》上刊登了一封顾客的来信,信中这样写道:"除非能碰到一家服务好的时装店,否则我是不会再买什么衣服了。今天我去逛了一家颇大的时装店,打算给自己买一件新的套装。可是你知道吗,我竟然没有得到应有的服务。当时有三名店员看见我和我先生进入,他们有马上过来服务吗?哼!我在那里试穿了好一阵子,最后空手出来,从头到尾他们连动都没动一下,好像根本就没有我这个人似的。像这样的服务我可不打算花上数百元买一件衣服,别说他们没做成这笔生意,就连未来的生意他们也不要再奢望。"

资料来源:严建俊,《顾客满意度测量》,中国纺织出版社,2003年。

问题:写信人身上带着足够的钱去买一件套装,遗憾的是并没有得到满足,导致生意没有做成的原因在哪里?请大家根据生活的经验和观察,举出一些像这样导致顾客流失的事例。

第二章 顾客满足理论

☞ **学习目标**

掌握并理解顾客满足的双重内涵;了解顾客满足理论研究的起源、主要研究领域和三大学派;熟悉顾客满足战略研究方面的主要进展和内容;掌握顾客个人满足与社会满足的特点与现实意义;掌握顾客满足的三种状态:正满足、零满足和负满足。

☞ **知 识 点**

顾客满足的内涵;顾客满足的行为研究学派;顾客满足战略的理论;顾客个人满足与顾客社会满足;正满足、零满足和负满足。

随着顾客资源的日益稀缺,企业围绕顾客资源的争夺也越来越激烈,为了赢得顾客,越来越多的企业开始从关心购买前的顾客转变到关心购买后的顾客,从关心顾客交易行为转变为关心顾客的忠诚行为。这些转变引发出来的一个新课题就是顾客满足问题,传统理论认为顾客只要能够得到价廉物美的商品就能获得满足,但是现在的情况发生了变化,即使买到一个不错的商品,顾客也未必获得满足。顾客不满足当然会流失,因此,从保全顾客资源的角度来说,提高顾客满足的程度和水平至关重要,顾客满足是顾客管理研究的出发点和核心。

第一节 顾客满足理论的渊源

一、顾客满足概念的表述

在我国,使用"顾客满意"这一词汇要比使用"顾客满足"这一词汇广得多,虽然满意和满足在词义上具有某些接近性,但是我们认为顾客满足要比顾客满意更加理想。原因是:第一,满意是一种情绪化的表现,满足则是理性化的结果,从管理科学研究的角度,显然后者更适于作为研究课题;第二,满意的表现形态是不同的,标准差异性很大,在计量和评价上存在困难(比如顾客满意度测量的难度等等),满足的表现形态是比较规范的,容易寻找规律性的东西;第三,满意是精神层面的,可以脱离物质而独立存在,满足则受物质与精神两个方面的影响,后者更符合管理学研究的特点。

尽管满意和满足存在词汇含义上的差异,但是在顾客管理领域中,人们广泛使用的顾客满意与顾客满足"谈论的是同一话题",基于"概念俗成"这一自然现象,我们认为没有必要将顾客满意改变为顾客满足,但是基于个人的词语偏好本书还是采用了顾客满足(customer satisfaction,CS)。

与其他新概念不同,顾客满足是一个容易被大家接受的概念,这一概念在理解上不存在"术语上的困难",即使一般的民众也比较容易接受这一概念。即使将顾客满足上升为"学术性概念",这一术语所表达的内涵、论题的对象等也没有本质区别,是一个边界比较清晰和准确的研究领域。当然,由于学者的不同偏好和分析角度,顾客满足概念在表述形式上还是存在差异。

顾客满足概念的准确性源于两个方面:首先,顾客满足研究的对象是顾客,这一点是清楚的;其次,顾客满足研究的范围是指顾客在购买商品和服务以后的表现与活动,在研究边界上不存在歧义。作为比较规范的概念,顾客满足包含以下两方面的要素:

(一)顾客满足是顾客的心理感受,是一种愉悦感

满足(满意)本身是一种心理性的状态,是一种心理体验,一种心理活动,因此,许多学者利用心理学概念和原理定义顾客满足。从心理学角度出发,顾客满足是指基于期望、知觉行为,以及不一致(期望与知觉行为的背离程度)的买后和消费后的评价,是伴随快与不快的充足反应(Anderson and Sullivan 1993;Anderson 1994a;Oliver,1997;Yi,1990)。

基于上述理解,关于顾客满足有如下等式成立:

满足(satisfaction) = 实受绩效(result) - 期望(expectation)

即一个人将一个产品/服务的可感知效果或结果与他的期望值相比较后形成的感觉状态,反映的是一种感受,美国等西方国家用顾客满意度或顾客满意度指数测定顾客满足就是试图将这种心理状态表现出来。营销专家Oliver认为:顾客在购买前根据过去的经历、广告宣传等,形成对产品/服务绩效和价值的期望,然后在购买和使用过程中感受到产品/服务的绩效或水平,最后把感受到的绩效与期望进行比较。顾客从中判断自己的满足程度,其结果可能有三种:大于、等于和小于。如果感受到的绩效与顾客的期望相符,顾客就会感到适度的满足;如果感受到的绩效达不到顾客的期望,顾客就会产生不满;如果感受到的绩效超过顾客的期望,顾客就会高度满足。

可以看出,能否实现顾客满足主要取决于:(1)顾客对产品/服务的预期期望,这种期望来源于顾客原先的购买经历,亲朋好友的建议或者营销者与竞争者所传递的信息及承诺;(2)产品/服务的实际表现;(3)产品/服务的实际表现与顾客期望的比较。由此可见,改变顾客预期,改变产品/服务的实际绩效价值就可改变顾客满意度。当然同时既改变预期,又改变实际绩效,可使顾客满意度最高。

(二)顾客满足是顾客的消费态度,是一种价值观

简单的心理愉悦与否对企业并不构成现实意义,重要的是顾客的愉悦感会对以后的购买行为产生重要影响,从这一层面看,顾客满足上升为一种态度,反映着顾客的理性判断和选购机理。因此,顾客满足是指顾客通过购买体验而形成的对厂家、商品的基本态度、信念,这种态度和信念将作为学习成果反馈到以后的购买过程中,对购买决策起到指南作用。

任何消费者都具有学习能力,每一次购物体验就是很好的学习过程,通过这一过程消费者形成对企业的认知和态度。消费者心理感受的不断积累会上升为消费态度和消费信念,理想的消费态度和信念可以使消费者掌握交易准则、减少误购风险、提高消费质量,因此所有的顾客绝不可能只停留在愉悦感上,因而企业也就必然重视价值观的形成和作用。

从态度和价值观的角度,顾客满足首先取决于顾客对产品/服务的评价。虽然顾客评价的指标因人而异,但评价的机理是一致的,即根据产品或服务与其需求的接近性做出评价;其次,顾客满足取决于顾客的消费体验。换言之,顾客满足程度与顾客消费全过程的经历、事件和情形有关;再次,顾客满足与顾客评价、体验的强化有关。态度、信念和价值观不是短期内形成的,是长期积累、沉淀的结果;最后,顾客满足与反馈性有关。评价越具体、体验越深刻的东西越能够反馈,形成态度、信念和价值观的可能性也就越大。

从企业管理的角度,顾客满足的上述要素具有不同的意义。愉悦性的顾客满足是外在的、形式的,为测量和监控满足提供了可能性。态度性的顾客满足是内在的、本质的,它难以测量,但对顾客今后的购买行为影响很大,是顾客管理的核心领域。

二、顾客满足理论的起源

顾客问题由来已久,应该说,自工商企业产生开始就存在一个如何处理、保持与顾客之间关系的问题,即使是古代小商小贩和近代以来的作坊也向来重视"老主顾"、"大客户"。但是,传统企业管理的核心是内部管理,顾客管理上升为科学和理论问题则是在20世纪以后。随着劳动生产率的提高,产品供应日益丰富,西方国家的市场供求关系发生了很大变化,销售问题日益突出,由此导致市场营销理论的发展。早期的市场营销理论虽然带有很多局限性,但是毕竟开辟了顾客研究的科学领域。

顾客问题的研究起源于市场营销,但是早期市场营销的主要目标是解决销售难的问题,因此,研究的重点是推销和广告等内容。推销和广告与消费者的心理有密切关系,因此,利用心理学的理论研究顾客问题是十分普遍的。随着顾客问题越来越重要,管理理论向顾客研究的渗透日益增强,衍生出顾客管理研究领域。

第二章 顾客满足理论

20世纪90年代是顾客研究的分水岭,在此之前,顾客研究是笼统的、理念和精神层面的,操作性的成果不多。在此之后,顾客研究的课题进一步细化和深入,出现了顾客满意、顾客忠诚、顾客服务、顾客资产等内容,另外,借助于信息和网络技术以及电子商务的发展,顾客关系管理等方面的技术、方法和手段日渐丰富和成熟。

90年代以后,顾客满足问题受到普遍关注,并成为管理研究的热门领域。科特勒(Kotler)在其《营销管理》(第8版)(1994年)中增设了一章关于顾客满足的内容,并将顾客满足作为一个基本概念贯穿于现代营销管理的各个方面。

从国外情况看,顾客满足问题的研究自20世纪50年代起获得了比较显著的发展,其发展路径大致集中在三个领域:

第一是市场营销领域(Drucker,1954;Mckitterick,1957;Felton,1959)。20世纪50年代,市场营销发生了革命性变化,其核心是将顾客导向作为市场营销的基本理念,市场营销不再是简单地推销产品,而是满足消费者需求,为顾客创造价值。在营销革命的推动下,企业明确了只有满足顾客才能创造利润。可以说,对顾客认识的变化为顾客满足研究的进展奠定了基础,但是,营销学中关于顾客满足问题的研究主要局限在理念、精神和思想层面,缺乏对顾客满足内在机理、实现形式等具体课题的研究。

第二是消费者行为领域(Cardozo,1965)。顾客满足是一个心理学色彩很强的研究命题,20世纪50年代后,社会心理学渗透到营销学中,使顾客满足概念具体化和可测定化,弥补了营销领域研究的不足,出现了消费者行为研究的新领域。消费者行为领域研究的特点是把顾客满足视作一种心理状态,着眼于顾客满足的形成过程,对影响顾客满足的因素进行研究,并分析了顾客满足与再购买行为、口头传播和投诉等之间的关系。该领域的研究十分活跃并取得了很多进展,迄今为止,大多数研究成果基本上是在该领域取得的,是顾客满足研究最集中、最有影响的领域,特别是1976年和1977年召开的美国营销科学研究院专题研讨会发挥了重要作用。Perkins(1991)作过一个统计分析,结果表明截至90年代初该领域的研究论文已经超过了1 200篇。

第三是战略管理领域(久保田進彦,1999)。消费者行为领域的研究侧重于对顾客满足问题的客观描述,但是企业如何利用这些成果提高顾客满足的水平则需要管理学的支持。20世纪90年代,顾客问题成为企业发展中的关键因素,人们意识到需要从更高层面考虑、落实顾客满足的体系、流程、途径和措施,于是提出了顾客满足战略的概念。顾客满足战略研究从培育持续的竞争源泉上看待顾客满足,重视对顾客满足的战略分析和制定顾客满足战略,将顾客满足与竞争优势、投资性、选择性等相结合,探索为获得最有效的顾客满足所需要的最佳资源配置模式。哈佛商学院和密执安大学是该领域研究的中心,前者的重点是研究提高顾客满足度、忠诚度和企业收益性的具体途径,后者则把重点放在市场特性、产品特性和顾客特性对企业收益性的影响上。

无论是市场营销还是消费者行为,由于研究领域的局限性,导致顾客满足涉及的许多问题得不到充分的解决,比如,顾客满足的管理体系、管理途径和管理方式等。战略管理对于弥补上述两个领域的不足发挥了积极作用,尤其是对企业的指导意义更加显著了。战略管理领域的研究将顾客满足提升到前所未有的高度,对于促进顾客满足问题的研究具有积极意义,但是,另一方面也助长了"顾客满足万能主义"和"顾客满足至上主义"的风潮。事实上,顾客满足战略的实施会伴随着费用的增加,影响利润,因此,过度地提高顾客满意度,即顾客满足的最大化是危险的(Anderson and Sullivan, 1993; Anderson et al., 1994)。

三、顾客满足研究的学派

如上所述,顾客满足的研究来源于三大领域,这些领域在研究视角、研究内容、研究风格上存在较大的差异,我们将之概括为三种学派。

第一种学派称为理念研究学派。该学派源于市场营销领域,出现在20世纪50年代,其主要特点是从营销理念层面研究顾客满足问题。该学派的代表人物有Drucker(1954)、Mckitterck(1957)、Felton(1959)等。该学派在讨论顾客满足时十分强调企业的持续发展取决于顾客导向这种"营销理念"。在该学派的作用下,顾客满足已经成为现代营销的思想基础,它对于树立现代营销观念发挥了突出作用,对营销学本身的发展影响深远,例如,美国营销协会(AMA)在定义营销概念时把以顾客为中心的理念放到了十分显著的位置。但是,由于只强调顾客满足的信念层面,缺乏具体的研究,该学派对企业的顾客满足活动没有产生直接的影响。

第二种学派称为行为研究学派。Cardozo(1965)将社会心理学研究应用到市场营销领域,并一直延续到现在。特别是1976年以Hunt为中心召开的美国营销科学研究院(MSI)研讨会,以及1977年Day, R. L. 在印第安纳大学召开的研讨会上对消费者满足结构的理论化、概念化和测定化等方面发表的成果为该学派的发展做出了巨大贡献。行为学派长期以来是顾客满足的主流学派,其不少成果已经成为顾客满足研究的基础。在此以后,关于顾客满足的研究呈现快速增长态势,1981 年 Journal of Consumer Satisfaction, Dissatisfaction and Complaining Behavior 正式创刊。该学派的主要特征是把着眼点放到消费者满足的形成过程上,他们认为顾客满足是消费者在购买产品和服务后的心理状态,它取决于购买前的预期、品质知觉、知觉行为等先天因素,可以对再购买意向、口碑意向、投诉行为等结果因素产生影响。

  第三种学派称为战略研究学派。该学派尝试将顾客满足引导到管理学研究的框架之中,试图将行为学派的研究成果予以延伸,研究的目的是通过制定有效的顾客满足战略,提高企业顾客满足的水平。由于该学派将顾客满足视作一个战略过程,吸收了战略管理学的研究方法,因此被日本学者久保田進彦称为"顾客满足战略研究"。[①] 该学派出现于 20 世纪 90 年代初,虽然在强调顾客满足可以创造利润这一点上与第一种学派具有相似性,但是,它积极地吸收了消费者行为领域的研究成果,提出了顾客满足战略的概念。顾客满足战略的意义在于提高顾客满足水平,培育和巩固忠诚的固定客户。换言之,该学派所讲的顾客满足是企业持续的竞争优势的源泉,顾客满足战略的妥当性可以对照选择性、竞争优势、投资性等进行判断。该学派的出现使得为有效实现顾客满足而探索最佳资源配置模式的实证研究开始流行,在顾客选择、品质改善、投诉处理等方面提出了具体的战略提示。适当的顾客满足战略虽然在短期会伴随着费用增加,但长期来看,可以提高顾客维持率,带来比较理想的收益。

第二节 顾客满足战略研究概况

一、顾客满足战略研究的出现

  如上所述,20 世纪 90 年代以来,顾客满足在管理领域和战略层面的研究

---

① 久保田進彦,"顧客満足戦略研究の概観",《商学研究科紀要》,第 48 号(1999 年),第 65 页。

十分流行,它代表着顾客满足研究的趋势。顾客满足战略研究的出现主要归结于三大原因:

(一) 顾客满足本身具有管理功效,可以帮助企业达到战略目标

顾客满足具有十分明显的管理作用,它追求的目标不是仅仅提高顾客满意度,更重要的效果是提高现有顾客的忠诚,并由此提高顾客的维持率(Oliver,1997)。顾客满足后的管理功效体现在许多方面:

首先,比起获得新顾客而言,维持老顾客,可以花费更少的费用和精力(Reichheld and Sasser, 1990)。顾客基础的稳定化意味着今后现金流的稳定化,因此,向营销计划投下的可能资源量增加,营销战略的自由度也随之增加(Anderson et al., 1994;Reichheld and Sasser, 1990,1996)。

其次,忠诚度高的顾客可以排除本企业之外的其他营销活动的影响,由此导致竞争对手争夺顾客的费用增加(Foenell, 1992)。相反,不满足可能使顾客的选择性增加,扩大可考虑的品牌集合(Sambandam and Lord, 1995)。

最后,顾客满足的好处在其他方面也得到了广泛的确认,比如,增加购买频率和购买量(Reichheld and Sasser, 1990)、降低价格弹性(Anderson, 1996;Garvin, 1988;Kalyanaram and Little, 1994)、降低退货和投诉处理的费用(Crosby, 1979;Garvin, 1988;TARP, 1979,1981)、降低未来的交易费用(Reichheld and Sasser, 1990)、降低获得新顾客的费用(Fornell, 1992)、诱发好的口碑和改善与媒体的关系(Anderson, 1994b;Howard and Sheth, 1969;TARP, 1979,1981)、提高企业声誉有利于新产品的成功(Robertson and Gatignon, 1986;Schmalansee, 1978)、构筑和维持与流通机构的关系(Anderson and Waitz, 1989;Montgomery, 1975)、提升品牌价值(Aaker, 1992;Keller, 1993,1998)等。

(二) 顾客满足与企业战略管理具有很强的融合性

在当今市场上,企业战略要达到目标,必须充分考虑顾客这一因素,以顾客满足为基石制定战略可以更好地适应现代市场环境。关于顾客满足与企业战略的融合性可以举 Fornell(1992)的例子,他将业务战略划分为攻击型和防卫型,前者是获得新顾客的战略,后者是维持老顾客的战略(如图 2-1)。

Fornell 战略模型的意义在于:任何战略的中心都是应对不同的顾客问题,不同的顾客情形,企业战略目标、途径和方法都是不同的。

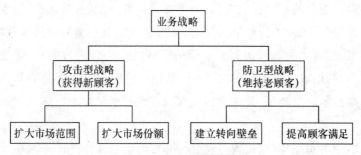

图 2-1　Fornell 战略模型

资料来源:Fornell,Claes, "A National Customer Satisfaction Barometer: The Swedish Experience," *Journal of Marketing*, Jan. 1992, Vol.56, p.8.

顾客满足战略在不同的市场上具有不同的意义。Fornell 认为在成熟市场和低成长性市场上,虽说扩大市场不是不可能的,但十分困难。由于存在竞争对手模仿等外部力量,此时也不应该采用转向壁垒这一选择。因此,扩大市场占有率与提高顾客满足在低成长市场和饱和市场上经常采用。

在同质市场上,扩大市场占有率以后会产生规模经济效应,产品价格的下降可以带来产品价值的上升,最终有利于提高顾客满足。在异质市场上,扩大市场占有率意味着顾客的异质性提高,如果采用标准化的产品来适应多样的、异质的顾客,则会降低顾客满足水平。如果采取差别化策略应付为数甚多的顾客,只要不存在理想的范围经济,也只能产生许多满意度很低的顾客。由此可以得出结论:市场的异质性越高,追求市场占有率越可能导致顾客满意度的降低。顾客满意度降低,意味着很容易受到竞争对手的攻击,因此,在低成长且异质的现代市场环境下,走提高顾客满足的道路具有相对的优势。

(三)营销模式的转变需要顾客满足战略的支持

在企业组织系统中,营销与顾客的接触最频繁、最紧密,因此,企业选择什么样的营销模式就意味着如何处理与顾客的关系。20 世纪 90 年代以前,顾客满足之所以没有上升到战略层面与传统的交易营销有关。交易营销强调的是交易活动,一旦交易完成,企业与顾客之间的关系也就结束了。在交易营销模式下,企业与顾客的接触是短暂的、一次性的,双方都抱着"机会主义"的心理进行交易。企业主要关心赢得顾客的技巧,不会从长期和全局的角度看待顾客满足。

交易营销面对的是消费大众,其营销方案是单一的、标准化的,随着消费层次的提高,顾客需求的差异性越来越高,无差别的大众营销的效果日益降低,在这种情况下,出现了关系营销。关系营销不再以一次交易为中心,而是注重培养顾客关系,强调顾客资源的稳定,基于顾客长期价值开展营销活动。在信息技术和网络技术的支持下,关系营销能够成功地开展针对不同顾客特点的一对一营销。

关系营销出现在 20 世纪 80 年代中期,它的出现使顾客满足问题受到高度关注。在关系型营销中,构建与顾客良好的关系并长期维持是一个重要目标,顾客满足是一个必要条件,它已经成为衡量关系营销管理活动和监督活动的重要指标(Rust and Zahorik, 1993;Hennin-Thurau and Klee, 1997)。

顾客满足战略研究目前基本上形成了哈佛商学院和密执安大学两个研究中心,虽然两者的观点和视角有很多不同点,但是考察其研究情况可以概括该领域的研究状况。

二、哈佛商学院的研究

哈佛商学院在顾客满足战略研究中把重点放在如何提高顾客满足水平、顾客忠诚与经济效益的关系等企业活动上。他们以实施顾客满足战略为前提,研究顾客满意度与收益性之间的关系,为企业实施有效的顾客满足战略提供明确的建议和对策。这些建议和对策落实到售后服务和顾客抱怨处置等工作中,并在员工录用和培训等早期工作中得以充分体现。

在这一学派中,有很多学者做出了重要贡献。比如,Hart(1990)讨论了处理顾客不满的重要性及其实践方法;Reichheld(1993)研究了员工满足与内部营销战略;Reichheld 和 Sasser(1996)对顾客流失的原因进行了实证分析等。当然,其中最重要的是针对不同类型顾客的企业应对战略的研究。围绕这一问题,发表了不少文章,而且这些论文具有很强的连续性,下面,按照年代顺序对主要论文的内容加以归纳。

Reichheld 和 Sasser(1990)对若干企业进行了调查研究,以此为基础,他们提出:只有提高顾客维持率,才能提高企业的收益率。如果顾客流失率降低 5%,则利润会增加 25% 到 85%。这一结论意味着顾客流失会损害企业未来预期的利润,这是因为补充流失的顾客会使企业在增加新顾客时支出更多的费用。该研究成果产生了很大的影响,成为很多学者(如 Kotler, 1997; Oliver, 1997)强调顾客满足和顾客维持的重要依据。

随后 Hart(1994)等提出顾客维持率是受顾客满足左右的观点。他们对施乐公司展开了大规模的顾客满足调查,得出了顾客满足与再购买意向具有正相关关系,而且这种关系不是单纯的线形关系的重要结论。满足度越高的顾客越具有再购买意向,而且,比起回答"满意"的顾客,回答"非常满意"的顾客再购买意向高出 5 倍。因此,提高顾客维持率可以提高收益率,维持高水平的顾客满意度对企业具有现实的意义。

Jones 和 Sasser(1995)在 Heskett(1994)的基础上,更加精细地研究了顾客满足与再购买意向的关系。他们以调查为基础,提出了顾客满足与再购买意向受竞争环境的影响的观点(参见图 2-2)。换言之,在竞争激烈的行业,如果不极大地提高顾客满意度,再购买意向就不会上升。与此相对应,竞争比较弱的行业,即使顾客满足度较低,再购买意向也会有较高的数值。立足于上述结论,他们提出顾客满足战略在竞争激烈和转换成本低的条件下更具有显著性和有效性。

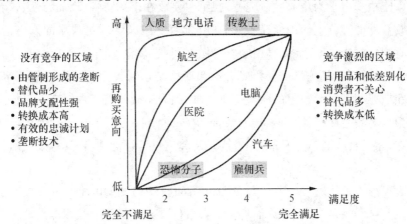

图 2-2 竞争环境对顾客满足与再购买意向之间关系的影响
资料来源:Heskett, James L., W. Earl Sasser, Jr., and Leonard A. Schlesinger, *The Service Profit Chain*, New York: Free Press, 1997, p.85。

他们将顾客划分为传教士、雇佣兵、恐怖分子、人质等类型,从而认识到满意度和再购买意向的关系可能决定顾客的特性。所谓传教士是指满足度高,再购买意向也高,对他人具有较强传播功能的优良顾客。所谓恐怖分子是指满足度和再购买意向均低,对该品牌的商品具有不满和攻击倾向的顾客。所谓雇佣兵是指满意度高,但再购买意向低,具有变化倾向的顾客。所谓人质是指虽然满足度低,但是由于转换成本的存在导致再购买意向较高的顾客,但是他们只要有机会就可能逃离。

Heskett(1997)对 Jones 和 Sasser(1995)的调查结果进行了再评估,从战略层面继续探讨了顾客类型。他们认为提高收益性的方法有三个:最有效的是使恐怖分子中立化;其次是保持传教士;最后是使已经满意的顾客更加满意。与此同时,他们提出即使继续提高满意度平均水平以下的顾客的满意度,收益性也不会有显著的改善,对这类顾客采取提高满意度的措施所花费的费用,不可能得到弥补,在经济上得不偿失。他们进一步对老顾客和新顾客的投资进行了比较,发现对老顾客的投资具有显著效果,但是如果市场没有进行适当的细分,那么对新顾客的投资也是有效的。

三、密执安大学的研究

以密执安大学为中心的研究,其视野主要放在市场特性、产品特性、顾客特性对收益性的影响上。因此,一系列研究都否定了顾客满足战略的万能论,认为只有制定与企业实际状况相吻合的战略才是有意义的。除 Fornell(1996)外,该学派的研究基础是由密执安大学和斯德哥尔摩大学的研究者们奠定的,他们在瑞典开展了大规模的顾客调研,并以此为基础开发了数据库。该数据库被称为顾客满足测量器(Swedish customer satisfaction barometer,SCSB),该数据库为在集合层面和行业中开展顾客满足研究提供了可能性,在其基础上出现了不少重要成果。

为了准确把握顾客满足的含义,Anderson(1994)和 Oliver(1997)考察了三个方面的顾客满足:第一个方面是指个人单位交易下的特定的顾客满足。这是针对每一次特定购买的商品或服务所做出的个人评价,对企业而言,它可以提供顾客与每种商品和服务接触后的个别体验信息。第二个方面是单位个人累积的顾客满足。这是基于商品和服务购买经验和消费经验的连续概括的个人评价,是个人对某种品牌和企业的总体评价。这种满足是决定某位顾客今后是否继续购买该品牌或该企业产品,即是否保持忠诚的先决因素。第三个方面是集合意义上的顾客满足。这是市场总体对品牌、企业或产业积累的满足。集合层面的顾客满足可以称为"市场层面的顾客满足"或"市场的满足"。该层面的满足意味着顾客基于经验和知识,对某种商品或服务将来消费的价值判断,是衡量企业竞争力的重要指标。

以密执安大学为中心的学派虽然从不同的角度展开研究,但其论文之间有不少相互重复的内容,通过对论文的归纳,该学派的研究成果可以反映在表 2-1 中。

表 2-1 以密执安大学为中心的顾客满足战略研究的成果

学者	市场预期、满足的性质对顾客满足的影响	对收益性的影响
Fornell（1992）	• 产业内供给的异质性、同质性和需求的异质性、同质性越一致,满意度越高。 • 在异质的市场上,产品差别化越强顾客的满意度越高。在同质市场上,产品越是标准化顾客满意度越高。顾客嗜好是差异的而市场未被细分,顾客满意度就较低。 • 在垄断市场上,如果顾客需求同质性高,满意度也就较高。	• 顾客满足对顾客忠诚影响的效果（顾客满足弹性）取决于环境的差异。 • 产业内竞争越激烈,顾客满足弹性就越大。 • 转换费用越高的产业,顾客满足弹性越小。 • 在部分市场上,随着不满的增加,更多的顾客会流失,这就是"不满的恶性循环"。
Anderson and Sullivan（1993）	• 市场的期望与知觉行为密切连动是"合理的"。 • 在市场集合层面,知觉行为对满意度有直接影响。 • 行为评价越容易,越可能发生不一致。 • 不一致的影响是非对称的,负的不一致对顾客满足的影响较强。	• 顾客满意度越高的企业越具有稳定的顾客基础和较高的社会评价,满意度受行为水平变动的影响。
Fornell 和 Johnson（1993）	• 期望与知觉行为为共变的。 • 差别化程度越高的行业,知觉行为和顾客满足越高。	
Anderson（1994a）		• 竞争激烈时、实行差别化时、参与水平较高时、转换费用较低时,顾客满足弹性较大。 • 顾客满足弹性按大小顺序分别是制造业、服务业、零售业。 • 随着差别化的深入,顾客忠诚逐步降低。 • 顾客满意度越高的企业,满意度越不容易受企业行为变动的影响。

(续表)

学者	市场预期、满足的性质对顾客满足的影响	对收益性的影响
Anderson (1994b)	• 市场层面的期望对顾客满足产生积极的影响。 • 市场层面的期望适应于知觉行为。期望更新的程度依赖于行为的时间变化和市场期望的不确定性。市场越成熟,更新越缓慢,期望越稳定。 • 市场层面的满足具有较强的"转入效应",是累积的、稳定的。 • 从短期看,期望提高对顾客满足产生消极影响。	• 由于顾客满足的累积性和稳定性,较高的顾客满足可以通过行为的短期变动对企业产生防护作用。提高顾客满意度是需要花时间的。 • 企业特性使收益性提高,ROI的行为弹性是0.25。 • 顾客满足对收益性产生较强的影响。 • 从短期看,市场份额上升会降低顾客满足,因此,市场占有率与顾客满足不能两全。
Johnson (1995)	• 市场层面的期望和市场层面的满足在作用机制上与个人层面不同。 • 期望是适应市场条件而变化的。 • 市场层面的满足是累积的,具有稳定性。	
Fornell (1996)	• 期望对顾客满足的影响在非耐用消费品、交通通信公共产品、零售、政府公共组织等较大,在耐用品、金融保险、服务业等较小。 • 一般而言,顾客满足有价格驱动型和品质驱动型,但其程度取决于产业。 • 比起信赖性,定制化对顾客满足的影响较大,这种倾向在服务产品上比实体产品更加显著。	• 顾客满足越是价格驱动型的,忠诚度越低,但是两者的关系受产业组织化因素的影响比较强烈。
Anderson (1996)		• 顾客满足的各年变化与价格容许性的各年变化具有正相关关系。 • 顾客满足水平与价格容许性水平具有负相关关系。 • 竞争越是激烈的行业,价格容许性越低(价格敏感性高),顾客满意度越高。

(续表)

学者	市场预期、满足的性质对顾客满足的影响	对收益性的影响
Johnson (1996)	• 在复杂的、异质的、购买频率低的服务产品方面,事前的期望不会影响满意度。在该方面,期望对行为变化具有缓冲作用。 • 在一般的服务产品方面,由于购买后的行为评价是困难的,因此属于期望驱动型的。在实体产品方面,行为信息的突出性和强弱制约期望的作用,因此属于行为驱动型的。	
Anderson (1997)		• 在顾客满足较大地依赖定制化的情况下,高水平地兼备定制化与标准化是困难的;在费用较大的情况下,顾客满足与生产率存在此消彼长的关系。 • 比起实体产品,服务产品容易在顾客满足与生产率之间产生两难困境。在实体产品中,顾客满足与生产率之间是正相关关系,在服务产品中则是负相关关系。顾客满足与生产率同时上升对投资收益率的影响仅在实体产品上是正相关关系。

资料来源:久保田進彦,"顧客満足戦略研究の概観",《商学研究科紀要》,第 48 号(1999 年),第 65 页。

以密执安大学为中心的学派提出了许多变量,为了更容易地理解将各种变量之间的关系用图 2-3 整理出来。图中所讲的顾客满足取决于总体的满意度(general satisfaction)、预期的一致度(confirmation of expectations)、与理想产品的背离度(the distance from the customer's hypothetical ideal product)三个变数。知觉行为通过价格既定下的品质评价(知觉品质)和品质既定下的价格评价测定,顾客忠诚则通过再购买意向和价格容许度测定。

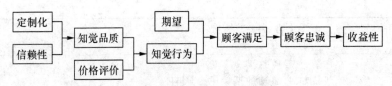

图 2-3　密执安大学学派各变量的关系

资料来源：久保田進彦，"顧客満足戦略研究の概観"，《商学研究科紀要》，第 48 号（1999 年），第 74 页。

第三节　顾客满足状态

一、顾客的个人满足与社会满足

顾客满足是一个内涵十分丰富的概念，一般意义上讲，顾客满足是不精确的，为了考察顾客满足的不同状态、便于顾客满足的评价和测定以及实施顾客满足战略，必须首先研究顾客满足的不同层面和构成。

Anderson 和 Oliver 从三个方面考察顾客满足是开创性的，其意义深远，借鉴他们研究的思路，顾客满足可以划分为个人满足和社会满足两个方面。

（一）顾客的个人满足

顾客满足的最基本部分是指消费者个人的满足问题，即"张三"或"李四"的满足问题。在大众营销模式下，企业可能关心顾客群体的总体满足状况，不会关心具体顾客个人满足与否。但是，在关系营销模式下，要开展一对一营销必须考虑"张三"是否满足？"李四"是否满足？个人层面的顾客满足使顾客满足概念具体化、精确化，也为顾客满足评价提供了可能性。

考察顾客的个人满足具有多种视角，由此可以进一步划分。

首先，根据获得个人满足所需要的购买次数，可以划分为一次性满足和长期性满足两类。顾客所获得的满足有可能是一次购买体验的成果，它带有针对性，与本次购买活动有关。这种满足就是 Anderso 和 Oliver 所讲的"个人单位交易下的特定的顾客满足，是针对每一次特定购买的商品或服务所做出的个人评价"。之所以称为一次性满足是因为这种满足很容易消失,与某些偶然因素有关,比如与营业员有关、与个人心情有关等。长期性满足就是消费者多次购买体验"积累"后获得的满足,由于反复购买使感性上升到理性,从而形成对企业或品牌的持久肯定和赞许。在获得长期性满足后,意味着顾客已经建立起比较稳定的企业评价和品牌认知机制。这种满足是长期积累的结果,也将长期发挥作用,因此,我们把这种满足称为长期性满足。

其次,根据个人满足的途径,可以划分为功能性满足和情绪性满足两类。顾客个人满足的途径有外在和内在两种。一般认为,顾客满足是因为顾客购买产品与其期望具有一致性而获得的,这种一致性是由产品功能决定的,我们把产品功能决定的个人满足称为功能性满足。但是,存在另外一种情况,有些顾客的个人满足可能与具体的产品功能无关,他并不在意功能部分,购买和消费本身就能带来满足感,我们把这种满足称为情绪性满足。以上两种满足类型具有不同特点:功能性满足的形成机理具有客观性和一般性,可以寻找出规律性的东西;情绪性满足的形成机理则存在主观性和特殊性,它可以解释不同顾客个人满足的差异。

(二)顾客的社会满足

迄今为止,绝大多数对顾客满足的研究停留在个人层面。以这种视野看待顾客满足必然导致许多缺陷:一是忽视了顾客个人满足的相互作用;二是忽略了个人满足的社会功效;三是限制了顾客满足提升的途径和方法;四是削弱了顾客满足的地位。

个人满足是顾客满足的微观层面,社会满足是顾客满足的宏观层面。毫无疑问,顾客满足包含着顾客的态度倾向、价值观念和言论评价等要素,这些要素的集合化和传播化必然导致顾客满足范围和层面的提高。根据社会满足的形成途径不同,可以将社会满足划分为"个人满足集合后的社会满足"和"个人满足传播后的社会满足"两种。

一种是"个人满足集合后的社会满足",我们简称为集合性社会满足。众所周知,消费者人数众多,每一个消费者的个人满足集合起来就形成了群体性满足,换言之,它是在个人亲身体验满足基础上累加而形成的所有顾客的总体性满足。考察集合性社会满足的意义在于三个方面:首先,社会满足比个人满足更重要,企业不能只关心张三、李四的满足状况,必须把追求绝大多数顾客满足作为主要目标;其次,个人满足是社会满足的基础,但是个人满足的功效比较小,积累起来以后会发挥更大的作用;最后,集合性社会满足与个人满足还存在不一致的地方,因为个人满足只局限于个人利益,社会满足则关心整体利益。

另一种是"个人满足传播后的社会满足",我们称为传播性社会满足。消费者是一个群体,消费活动具有很强的流传性和学习性,因此,即使没有亲身体验个人满足,因为亲朋好友的介绍、社会舆论的宣传等因素的间接作用也可能形成较大的社会满足。传播性社会满足是个人满足传播的结果,换言之,社会满足未必是通过个人满足体验后形成的结果。传播性社会满足的提出可以使我们更好地看待顾客之间的相互作用,特别是在互联网日益发达的今天,顾客之间的互动性和相互影响日益显著,其对社会满足的形成当然会发挥积极作用。

二、正满足、零满足和负满足

顾客满足不仅具有多种形式和多种层面,而且具有不同状态。顾客满足状态是指顾客满足的程度和水平,它反映顾客满足在数量和质量上的变化。很显然,揭示顾客满足的状态对于测量、评价和分析顾客满足是十分重要的。

根据顾客满足的性质和可能结果,我们将顾客满足的状态概括为正满足、零满足和负满足三种状态。

正满足是指顾客(个人或社会)从企业提供的产品、服务和营销活动中获得与其期望相一致或接近的良好体验,对产品和企业产生肯定等正面意见。获得正满足后,顾客产生愉悦感,其具有消费激励作用,通常由此引发的行为有重复购买、关心企业以及口碑宣传等。目前,顾客满意度的测评主要是针对正满足而言的,但是正满足在程度上是有差异的,笼统的顾客满意度测量是不精确的。

零满足是指顾客(个人或社会)对企业提供的产品、服务和营销活动没有切实的感觉,得不出具体的结论,没有产生明显的喜恶感情。换言之,顾客的购买体验不具有积累和反馈作用,不会影响顾客满足的已有状态。当出现零满足状态后,顾客不会采取赞扬、肯定和宣传等积极行为,也不会采取抗议、抨击、诋毁等消极行为,一般采取漠不关心的态度。在这种状态下,如果有同类产品的其他选择,顾客通常会流失;如果不存在其他选择,顾客虽然不会流失,但会控制购买力,将消费降至最低。

负满足是指顾客(个人或社会)从企业提供的产品、服务和营销活动中得到与其期望完全相反或不一致的体验,从而对产品或企业产生否定等负面意见。导致负满足的原因很多,比如虚假广告、有缺陷的商品、恶劣的服务态度等。获得负满足后,顾客会伴随愤怒、抗议等情绪与行为,会对购买习惯做出较大的修改,除非万不得已不会重复购买。

在讨论顾客满足状态时,人们经常提到"顾客不满足"这一概念。我们认为顾客不满足是指顾客没有得到满足,因此,既包括负满足,也包括零满足。换言之,顾客不满足是指企业提供的产品和服务(如品质、性能、服务、保证、商品说明等)使顾客感到迷惑,对其不具有激励作用的状态。负满足和零满足是基本形式。负满足可以称为 dissatisfaction,即"不满足",零满足可以称为 unsatisfaction,即"没有满足"。

三、顾客满足的作用

毫无疑问,所有的顾客都关心自身的满足状况,都想在消费活动中获得较高的满足水平。顾客满足对顾客而言是达到了消费目的,获得了心理愉悦,提高了生活质量。在为顾客创造价值这一现代营销理念下,关心和提高顾客满足是企业的重要职责,是体现企业使命和社会责任的主要内容之一。

顾客是企业最重要的资源,因此,提高顾客满足的水平,对企业具有更加深远的意义:

第一,顾客满足可以增加重复购买,提高收益性。满意的顾客更有可能成为忠诚顾客[1],因此,顾客满足最直接的结果就是能够增加顾客重复购买的次数。Anderson 和 Sullivan(1993)的研究表明,顾客满意度指数每增加一个百分点,顾客重购的概率将提高 0.0058(度量区间为 0,1)。其他研究也表明,无论是制造行业,还是餐饮、银行等服务行业,顾客满足都是影响顾客重购的重要变量之一。另外,较高的满意度可以减少顾客对于价格的敏感程度,降低价格弹性,降低未来的交易成本以及管理成本,省去处理顾客不满意所产生的成本等等。

---

[1] 温孝卿、任仲祥、张理主编:《消费心理学》,天津大学出版社,2000 年。

第二,顾客满足可以给企业带来范围经济。顾客对某一产品/服务高度满意,可以使其产生对该产品系列的信任、忠诚,而且这种满足会扩展到该企业其他相关,甚至不相关的领域,从而可能形成长期、持续的消费,为该企业开展多元化经营打下良好的基础。

第三,顾客满足能为企业带来良好的口碑效应和学习效应。营销大师 Philip Kotler 说:"满意的消费是最好的广告。"满意的顾客会向其他人宣传该企业及其产品/服务。A. V. Feigenbaum 博士在其论文《质量,不可回避的商业战略》中写道:"今天,当顾客对商品的质量满意时——即他喜欢他所购买的物品时,他会告诉 8 个人;而当他不满时,他会告诉 22 个人。"一个对欧洲 7 000 名消费者所做的调查报告表明,60% 的被调查者认为,他们购买新产品或新品牌是受到家庭成员或朋友的影响[①]。可见,顾客满足能产生巨大的口碑效应。通过满意顾客对产品/服务的良好评价来向周边群体传播从而影响其他潜在顾客的方式,在商品、服务同质化的时代,其效果和威力显得特别巨大。再者,满意顾客消费产品/服务所显示出的示范效应和榜样作用减少了其他潜在顾客的购买风险,为他们提供了一种学习效应,不仅增加了企业获得新顾客的可能性,而且大大降低了企业吸引、获得新顾客的成本。企业可以借满意顾客的口碑效应和学习效应来实现顾客延伸,使潜在顾客成为未来的现实顾客,从而扩大顾客范围。

第四,顾客满足能提高企业的认知价值和整体形象。企业由公众的认知而产生的价值就是企业的认知价值。对企业形象而言有三度:知名度、美誉度以及忠诚度。简言之,知名度是"我知道这个企业",美誉度是"这个企业不错",忠诚度是"我会继续消费这个企业的产品/服务"。所有企业都希望自己美名远扬。较高的顾客满意度会引导公众形成对该企业的正面认知和评价,从而提高顾客对企业的认知价值,帮助企业树立良好的整体形象。

顾客满足不仅仅是一个微观概念,顾客的社会满足具有很强的宏观属性,能够带来显著的社会效益。单个顾客的满意度反映了单个产品/服务的质量,而行业或国家的顾客满意度,则给企业和国家提供了一个从顾客满足的角度系统地观测行业或国家总体质量水平和消费倾向的指标。因而作为顾客满意的衡量指标——顾客满意度指数得到了政府和企业的广泛重视。越来越多的国

---

① 哈利·奥尔德著,时旭辉、贾爱娟、龙成风译:《心对心的营销》,经济管理出版社,2002 年。

家寻找办法在经济统计指标中增加顾客满意度指数,这是因为生活水平的提高和经济竞争能力的增强不仅依赖于经济资源的生产效率,而且依赖于这些经济资源的产出质量。顾客满意度指数是从消费者的角度,反映了消费者的购买信心和消费信心,是衡量企业资源产出质量的一个指标。密执安大学商学院的研究显示,市场价值、股票价格和投资回报与美国顾客满意度指数高度相关。1994年以来,美国顾客满意度指数的变化和道·琼斯工业股票指数的变化,总体上是一致的。

本章小结

对顾客满足问题的关注是导致顾客管理这一领域兴起的主要因素,早期关于顾客管理方面的研究主要集中在顾客满意度与再购买行为之间的相关性,因此提出了不仅要关注顾客的交易行为,还要关注顾客的忠诚行为,不仅要关注顾客的一次购买行为,而且要关注顾客的长期购买行为等重要观点。顾客满足的研究有三个研究领域和三大学派,其中密执安大学和哈佛商学院是两支主要力量。顾客满足状态包括个人满足和社会满足两个层面,可以分为正满足、零满足和负满足等。

习　题

1. 顾客满足的内涵是什么?顾客的个人满足与社会满足有何不同?
2. 简述顾客满足研究的主要领域,顾客满足战略研究的深入具有什么意义?
3. 对顾客满足状态可以从哪些角度进行考察?
4. 顾客满意度指标在宏观上具有什么意义?请举例说明。

案例:美国花旗银行

花旗银行设立于1812年,共有员工约88 000人,是美国最大的银行之一,营业网遍布世界89个国家和地区,总部设在纽约。花旗银行的营业部门主要分为个人金融部门和投资、法人部门两个大类。个人金融部门又分为四个部分,即国内客户部门、信用卡部门、国外客户部门、私人部门(以高收入者为对象)等。每个部分都有负责服务的主管,每个分公司内也设有专门担任服务工作的人员。在银行业,商品本身在各银行之间并没有太大的差异,因此,只有凭借服务水准的提高来达到竞争的差异化。在服务的改善上,需要有专门的机构来负责。花旗银行认为不论在任何一个管理层次上,服务都是非常重要的一环。这种重视服务品质的观念,已深入到经营者和第一线员工的心中。花旗银行认为银行的利益和生产力与服务品质有重要关系。花旗银行的服务目标是"热情而能干的员工适时提供服务,使顾客不致产生不便与问题"。

资料来源:严建修,《顾客的满意度测量》,中国纺织出版社,2003年。

问题:你认为花旗银行的服务理念和目标对提升顾客满足水平具有哪些好处?

第三章
顾客满足的形成机理与影响因素

☞ **学习目标**

熟悉顾客满足的形成机理;掌握期望、态度、偏好等是影响顾客满足的内生性因素,情景、事件等是影响顾客满意度的外生性因素;了解期望、认知、交易方式、客户服务、顾客价值等对顾客满意度的不同影响;了解顾客满足与顾客不满足的对应效应。

☞ **知 识 点**

"期望—不一致"模型;"目标—路径链"理论;内生性影响因素、外生性影响因素;期望、认知、交易方式、客户服务等与顾客满意的关系;顾客价值与客户成本。

  传统的交易营销主要追求销售数量,对销售质量及其交易后果关心不够。销售或交易本身不仅存在量的目标,而且存在质的要求。销售质量的衡量指标之一就是顾客满意度,如果销售数量很大,但其中绝大多数交易者都缺乏满足感,那么可以认为销售质量不高。顾客满足的水平越高,销售质量越高。在顾客资源比较充分的条件下,企业主要关心销售数量,随着顾客资源的日益稀缺,以提高顾客满足为手段提高销售质量显得更加重要。顾客满足的表现形态、形成过程和影响因素十分复杂,只有深入研究其内在的机理才能为顾客管理提供科学的依据。

第一节　顾客满足模型及其扩展

一、"期望—不一致"模型的提出

从顾客满足的定义和内涵中可以看出,顾客满足是一个不太精确的概念。为了有效地实施顾客满足战略,对顾客满足的基础概念加以整理,许多学者采用了模型化的方法,这些模型包含了买后评价对顾客满足的影响和买前评价对顾客满足的影响等因素。顾客满足模型不仅可以使对顾客满足的衡量精确化,而且可以将该领域中的各类研究内容综合起来。

顾客满足模型系20世纪80年代提出,从这一时期开始,国外一些学者开始探讨能够反映顾客与企业长期关系的模型(Anderson and Sullivan,1993)。随着对顾客满足的认识日益提高,相关研究成果不断涌现,90年代以后,顾客满足模型的开发更加受到重视,顾客满足模型的扩张也日益显著,考察顾客满足模型的发展,可以了解顾客满足研究的最新成果,掌握学术前沿,对于发展顾客满足理论和制定顾客满足战略具有重要意义。

消费者行为学派是以消费者个人为对象对顾客满足进行研究的,它们提出的"期望—不一致"模型是顾客满足模型化研究的代表性成果,也是顾客满足的基本模型(Anderson 1994;Oliver 1997;久保田進彦 1998)。

该模型由顾客满足、期望、知觉行为以及不一致(disconfirmation)等因素构成(见图3-1)。所谓知觉行为是指消费者对产品及其属性的主观评价,一般是以"好"或"坏"来表现。所谓期望是指消费者对产品及其属性水平的预测,有时是以单纯的预期为基础的。所谓不一致是指对期望与知觉行为背离的心理解释。知觉行为高于期望,会产生正的不一致。相反,如果低于期望就会产生负的不一致。

顾客满足主要取决于期望与不一致的影响,换言之,以期望为基准,正的不一致会提高顾客满足水平,负的不一致会降低顾客满足水平。在期望与知觉行为接近的情况下,不一致为零,不会对顾客满足产生影响。在以往的研究中,人们发现知觉过程也会对顾客满足产生影响,而且集合层面的期望和不一致与个

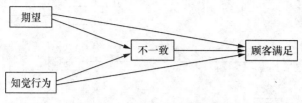

图3-1 "期望—不一致"模型

资料来源：Oliver, Richard L. , *Satisfaction*, Boston：Irwin McGraw-Hill, 1997, pp. 98—131。

人层面的作用是完全不同的。

二、"期望—不一致"模型的扩展及验证

LoBarbera 和 Mazursky(1983)等提出的模型如下：

$$I_{t-1} \to P_t \to SAT \to I_t \to P_{t+1}$$

其中：I 为购买意向；P 为购买或不购买；SAT 为顾客满足。

该模型反映了从购买意向到购买，经过顾客满足，对下一次购买产生影响。顾客满足作为买后态度的一种，是由从所购产品获得的购买经验中形成的（Oliver 1981）。该模型对以后的研究产生了重要影响，许多研究基本上是按照该模式展开的。

LoBarbera 和 Mazursky 为了检验该模型的实用性，调查了125名消费者的重购率，结果发现在人造奶油、卫生纸、毛巾、通心粉等商品上，消费者具有较高的满意度。很多研究也支持上述倾向，因此，可以认为顾客满足不仅能够改变购买意向，而且对重购率产生重要影响。

在顾客满足研究中，根据其定义的方法不同还存在一个问题，Oliver (1980)指出，在决定顾客满足的前期因素和后期因素中，应该十分重视顾客购买之前对产品的期望与顾客满足的关系。两者之间的关系如图3-2所示，该模型揭示了前期因素和后期因素之间的关系及其对顾客满足的影响。

首先，在前期购买意向对后期购买意向的影响上，如果考虑到消费者的购买特性就可以预测出：对某一品牌具有偏好的消费者持续使用该品牌的可能性很大。这一关系说明顾客满足具有"后续效应"，在考虑市场特性和目标顾客的基础上，通过考察前期购买意向对后期购买意向影响的大小，可以为企业提供重要的信息，因此，后续效应可以为企业制定经营战略提供帮助。

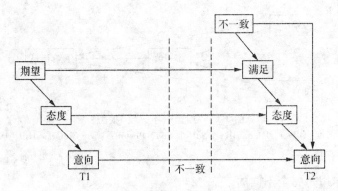

图 3-2　顾客满足决策的先天条件与结果认知模型

资料来源：山本昭二，"顧客満足モデルの発展－継時的視点による検討"，《商学論究》，第 46 卷，第 5 号，1999 年，第 42 页。

其次，从前期购买意向到重复购买意向的转换系数的大小，也能够揭示许多有益的信息。如果转换系数大，就表示顾客具有较高的忠诚度。如果转换系数与顾客满意水平无关，就可以判断顾客没有选购余地或者是做出更常规的反应。相反，如果重复购买意向由顾客满足决定，那么就可以理解为顾客的购买决策在很大程度上取决于购买经验。

最后，对某一品牌的喜恶态度如果跨越购买时期而迁移，那么顾客满足对购买意向的影响效果就较小。Oliver(1980)对流感疫苗接种进行了调查，结果表明，购买意向并非在所有调查样本中迁移，但是态度却发生迁移，顾客满足和 T2 的态度对重复购买意向的作用比较明显。

上述模型并不是仅仅研究影响顾客满足的因素，应该说它开辟了包含各种相关因素的、向更加综合性模型方向进行实证研究的道路。问题的关键不在于顾客满足概念的精确化，也不是仅仅注意顾客满足对重复购买意向的单纯影响，而是有可能分析各因素之间的关系，找到真正使顾客满足发挥效果的特定途径。

上述模型虽然在 20 世纪 80 年代的一些实证研究中得到过验证，但是 80 年代后期随着理论研究的进展，顾客满足模型又得到进一步的发展。推动模型发展的主要动力是理论界提出了顾客满足概念中经常使用的期望与实现值不一致(disconfirmation)的问题。在这之前的模型中没有很好地考虑期望不一致引发的顾客不满行为对重复购买的影响等问题。

考虑顾客不满因素基础上的顾客满足模型扩展的代表性成果是由 Fornell

和 Wernerfelt 于 1987 年提出的(如图 3-3 所示)。该模型研究怎样将满意度低下、具有不满行为的顾客挽留下来。为此,该模型研究了为什么发生不满行为以及从实证研究的角度分析不满意顾客的重购率究竟比没有不满的顾客低多少等问题。Fornell 和 Wernerfelt 的目的是对顾客挽留措施的经济性进行分析,提供具体的实证依据。

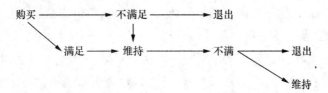

图 3-3　顾客满足与不满行为对应效果模型

资料来源:山本昭二,"顧客満足モデルの発展—継時の視点による検討",《商学論究》,第 46 卷,第 5 号,1999 年,第 43 页。

应该指出的是,该模型的意义在于提供了从买方分析顾客买后评价过程的方法,通过对不满行为采取措施和买后顾客之间的互动行为,可以对长期维持顾客发挥积极的作用。此外,由于为企业处理不满行为提供了新的思路,作为营销沟通媒介的顾客满足的意义进一步明确了。原因是从顾客购买某种品牌产生的新的行为(不满行为)上,重新认识了购买该品牌的顾客满足状况。

从结果上看,针对不满意顾客,找到有效和理想的顾客挽留措施具有实用价值,对此,不少学者进行了相关研究。例如,有的学者研究了顾客不满的原因、怎样的挽留行为才是有效的等。这些学者包括 Folkes(1984)、Kolodinsky(1993)、Keaveny(1995)、Mohr 和 Bitner(1995)、Blodgett、Granbois 和 Walters(1993)、Blodgett、Hill 和 Tax(1997)等。

Keavenk 对 25 类服务的 838 种品牌的商标转向行为进行了实证研究,结果表明,44% 的转向行为是因为服务的核心部分失败导致的,17% 是因为员工服务失败导致的。这些数据可以说明,卖方掌握着防止顾客流失的各种手段,然而遗憾的是到目前为止,对顾客不满处置措施及其实施效果的实证研究还十分缺乏。

三、顾客满足模型的动态化扩展

前面介绍的顾客满足模型只不过考虑了第一次购买对下一次购买意向的

影响两个时段的问题,但是,下面提出的问题需要在更长的时间范围内考虑影响效果。

期望值的长期变化是构成顾客满足的因素之一,顾客满足与期望值和实现值之差具有正相关关系。但是,如果不断重复购买高品质的产品,并由此获得了满足,那么期望值会逐渐降低。在这种情况下,即使企业连续地提供无变化的高品质产品,顾客满足却不再提高。人为地降低期望值在战略上不利,因此,只能永远提供品质更好的产品。

然而,实际上是做不到的。某种产品从开始销售,经过一定的时间,产品生命周期进入成熟阶段,一旦技术革新停滞,很难再向市场投放高于顾客期望的产品,只能投入改良产品。在这种情况下,只有市场份额最大的企业才能保持高品质和市场占有率。以前的顾客满足模型认为其他企业也能够同样连续地提供高品质产品,然而实际上是很困难的,因为比较优势在发挥作用。以前的顾客满足模型认为提供劣质产品的企业也存在提高顾客满足的余地,即使没有新产品,企业也能够发挥竞争优势。

传统模型也许可以说明企业之间的差距会得到缩小,但是认为进入成熟期后市场占有率会自然地接近,则是不可思议的。消费者在购买之前产生期望时,会选择品质更高的产品。传统的顾客满足模型虽然可以解释顾客短期的重复购买决策,但是不能描绘企业之间的长期竞争。

面对新的问题,Boulding(1993)引入了影响顾客满足的两个期望值,即消费者拥有行业标准期望值(should expectation,SE)和对特定品牌的期望值(will expectation,WE)。假定,如果比起 SE 而言 WE 提高,即使 WE 与实现值之差较大,消费者对该品牌的忠诚不减。

上述研究实际上构筑了以服务品质取代顾客满足的模型,基本模型如下:

$$PS_{ijt} = f_3(WE_{ijt-1}, X_{it}, SE_{ijt-1}, Z_{it}, DS^*_{ijt})$$

式中 PS 为知觉的服务品质,DS 为事后测定的实现值,X 和 Z 各为影响 SE 和 WE 的外部信息(i 为个人,j 为对象,t 为时间)。主要假设是:

$$\partial f_3 = \partial WE_{ijt-1} > 0$$

$$\partial f_3 = \partial SE_{ijt-1} > 0$$

$$\partial f_3 = \partial DS^*_{ijt} > 0$$

Boulding 通过对宾馆房间的评价和再购买意图的实验,验证了上述假设,从而在总体上确认了上述假定的意义。当消费者掌握的行业标准期望值与对品质的平均期望相同时,消费者会把这种品质作为下限考虑。在模型中如果 DS_{ijt} 降低到 SE_{ijt-1} 以下,可以认为消费者不会继续购买,将这种品质作为下限考虑是有利的。

那么 SE 因何而发生变化呢?最大的因素是其他卖方提供的产品品质。如果其他卖方的产品品质高,很容易理解 SE 会提高。再有一个因素是消费者对品质的要求提高。随着环境和嗜好的变化,如果消费者要求更高品质的产品,那么 SE 也会提高。

根据以上理由,引进两个期望值对顾客满足模型的发展是相当有意义的,为企业制定有效的营销战略提供了基础,但是该模型也存在模糊性等问题。

第二节 影响顾客满足的因素

一、顾客满足影响因素的确定

顾客满足模型揭示了顾客满足的形成过程和机理,为顾客满足研究提供了不同的研究和分析框架,但是,由于顾客满足的形成是十分复杂的,存在不少个体的差异,因此,顾客满足模型只能是一般性、理论性描述,为了揭示顾客满足的形成机理,有必要研究影响顾客满足的因素。

影响顾客满足的因素是顾客满足和顾客管理研究领域中的基础问题和核心问题,对该问题的研究具有重要理论和现实意义。毋庸置疑,顾客满足受到诸多因素的影响,但是究竟哪些因素是主要因素?哪些因素是决定顾客满足程度的关键?这些问题不仅具有理论研究价值,而且对于指导企业提升顾客满足程度,提高顾客管理的水平具有重要的实践价值。

确定顾客满足的影响因素必须依赖于科学的研究方法。迄今为止,关于顾客满足的研究主要依赖于两种方法,即规范研究和实证研究,前者以理论、模型和逻辑推导研究为主,后者通过顾客调查等实证手段获取相应的数据和信息并以此得出研究结论。我们在研究顾客满足影响因素的过程中也是借助于上述两种研究方法,研究路径如图 3-4 所示。

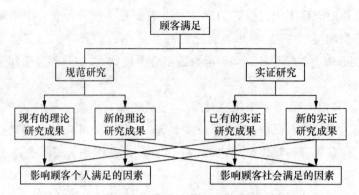

图 3-4 顾客满足影响因素的确定路径和方法

在第二章,我们将顾客满足划分为个人满足和社会满足两个层面,由于个人满足与社会满足具有不同的特点,形成机理具有显著差异,因此,必须分别探究其影响因素。在顾客满足问题的研究中,有许多学者关心顾客满足的影响因素,特别是对期望、认知、态度、交易的持续性等因素进行了诸多研究,他们对这些因素的研究是建立在规范研究和实证研究相结合基础上的,这些成果在今天则成为规范研究的基础。

根据已有的研究成果,以及对顾客满足状态的分类,我们可以分别从顾客的个人满足与社会满足两个方面概括影响顾客满足的因素(如图 3-5 所示)。

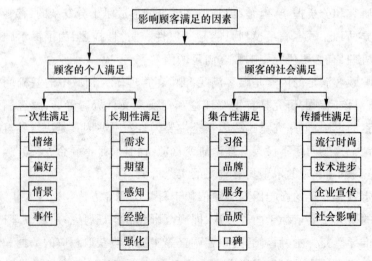

图 3-5 顾客满足影响因素及其构成

图3-5是根据顾客满足类型不同归类确定的影响因素,其中影响顾客个人满足的因素大多数属于个体内在因素,如期望、偏好、感知等,当然也包括部分外在影响因素,如情景、事件、经验等。研究表明,内在影响因素更容易引起顾客的长期满足,而外在因素更多地影响一次性满足。在影响顾客社会满足的因素中,绝大多数属于外在因素,比如习俗、流行时尚、服务、品质、技术进步、企业宣传等,内在因素对社会满足的影响是微弱的。

二、对顾客满足影响因素的理论认识

近年来,我国一些学者开始从事顾客满足的实证研究,其中有一些成果涉及影响因素问题,但是他们对影响因素的归纳有很大的差异。之所以出现上述现象,原因是多方面的,不仅仅在于实证研究所选择的行业与产品、抽取的样本、接触的对象以及分析方法和技术等存在差异,而且在于顾客满足这一特定研究对象本身的特点。事实表明,单纯的顾客访问或实证研究不能有效地解决顾客满足影响因素问题,其主要原因在于:

1. 顾客满足是一种心理状态,或者说是一种心理反应存在明显的个体差异,由此导致实证研究存在高度的离散性,这种离散性使得顾客满足影响因素的研究异常复杂,并难以找寻一般的规律。

2. 顾客满足的状态存在差异,不仅仅存在程度的差异,而且存在类型和形态的差异,比如存在高度满足状态、低度满足状态等,在不同的满足状态、类别和形态下,决定因素是有区别的。

3. 顾客满足的形成、发展具有很大的偶然性,即使在不存在个体差异的情况下,当事人在购物、消费过程中也可能遇到极其复杂的偶然因素,而这些偶然因素会对顾客满足产生相当大的影响。

4. 顾客满足具有较低的稳定性,事实上,顾客满足在很大程度上受制于社会、经济、科技、文化的发展阶段和水平,任何一个顾客的满意条件和标准是不断提升的,这就导致影响顾客满足的因素始终处于变化之中。

由于以上问题的存在,需要对顾客满足影响因素的研究进行更多的理论探讨,从而在以下几个方面取得理论认可,这对于正确地看待不同的结论具有重要意义。

第一,要科学地看待顾客满足影响因素研究的目的。当前,由于不少企业热衷于顾客满足问题,在实践上比较重视顾客满意度的测评,因此给理论界提出了一个非常现实的课题——寻找影响顾客满足的因素。然而,并不是所有的现实课题都能够转化为一般性理论课题。从理论上探索影响顾客满足因素的重点或目的在于揭示顾客满足形成的一般机理,而不是找出影响顾客满足的具体因素。

第二,要正确处理一般影响因素和具体影响因素的关系。从原理上讲,的确存在影响顾客满足的一般因素,或者说"总有一些因素经常地影响顾客满足"。但是,一般因素的存在并不意味着它是一个"适当的"理论命题,如果过多地突出一般因素的研究反而会导致机械地、静止地看待顾客满足。相反,具体的、有针对性的研究才能反映顾客满足的多样性、丰富性和变动性。但是具体因素的研究显然不是基础研究的重点,它往往是服从于特定企业、特定产品、特定对象、特定情景下的应用成果。在上述条件下揭示的影响因素依赖于它产生的特定条件,因此不具有一般的、理论的推广意义,原因是这些条件不能简单地重复出现。

第三,要认识到区别单一因素和复合因素的影响是困难的。影响因素的研究往往是甄别出一些单一因素,并且测量这些单一因素的影响权重和影响程度。在影响因素研究上一般都倾向于上述思路和手法,但是在顾客满足上上述思路和手法很难奏效,其原因在于影响顾客满足的因素是相互交织、相互融合的,难以测量是哪一因素并且在多大程度上影响了顾客满足。换言之,在顾客满足上我们只能知道有这样一些因素发挥作用,但对于它们究竟是如何发挥作用的却难以测量。不仅如此,影响因素的复合状况、作用机理和影响程度在"不同的时间和地点"也是不同的。

第三节 顾客满足影响因素研究

一、不同层面的期望对顾客满足的影响

密执安大学学派在顾客满足影响因素问题研究上主要集中在集合层面,因此能够揭示市场的总体期望和满足对企业经营的作用。市场总体期望和满足

的作用机制与个人层面的具有不少区别(Johnson,1995)。

Anderson 和 Sulivan(1993)及 Johnson(1995)发现了市场的期望(集合层面的期望)具有应变性。通过应变性,市场的期望包含了过去的消费经验,是市场积累的知识。因此,与知觉行为差距相对较小,具有与知觉行为共变的特征。换言之,市场的期望是与知觉行为密切连动的"合理的期望"。因此,市场的期望对顾客满足具有正面的影响。换言之,只要知觉行为伴随着市场对企业的良好评价,那么长期而言可以提高该企业的顾客满意度。

Anderson 等(1994)对期望的更新程度进行了研究。他们认为期望的更新程度受生产方和消费方的影响。生产方的影响因素是经营行为的变化大小,变化越大越容易更新。例如,技术革新的激烈变化给市场带来冲击,期望更新就加速。消费方的影响因素是对某种产品和服务市场期望的"不确定性",不确定性越高更新就越快。对产品和服务缺乏亲历和经验的情况、相对于回头客而言的新顾客较多的情况、对产品和服务具有重要经验属性和信赖属性的情况等,市场的期望是不确定性的时,容易出现期望更新。另外,广告的大量发布也可以加速期望更新,虽然广告只提供片段的经营行为信息,但是受此诱导的新顾客会获得消费经验,进而反映到期望中。在成熟的市场上,经营行为具有相对的稳定性。另外,如果顾客掌握了企业经营活动的丰富知识,市场期望的不确定性就较小,更新就比较缓慢。换言之,在成熟的市场上,市场的期望具有稳定性,不会发生急剧的变化。

Anderson(1994)及 Johnson(1995)对市场的满足(集合层面的顾客满足)进行了调查,提出了积累的、稳定的特性。根据调查,以往的顾客满足对现在的顾客满足具有"转入效应",这种转入效应的存在意味着顾客满足是积累的和稳定的。就是说,现在的顾客满足越高,他们将来的满意度也越高。因此,在市场层面具有较高满意度的企业即使一时经营不当,也很少会遇到顾客满足的降低。相反,在市场层面满意度低的企业,提高顾客满意度是需要时间的。

影响顾客期望形成的因素有很多,可以概括为:广告宣传和销售人员的说明、无利害关系的第三者的意见、以前享用企业提供的服务时感觉到的满意程度、多次从不同企业获得服务的经验的平均值(即一般的服务水准)。顾客期望的形成还与客户和企业之间关系的具体情况有关。我们可以把客户分为三种:没有享用过企业提供的服务的客户;首次与企业接触的客户;多次获得、享用企业提供的服务的客户。这三种不同类型的客户对企业服务形成顾客期望的过程和方式是不同的。

在此我们引入顾客容忍范围的概念以便更直观地论述顾客期望对顾客满足的影响。顾客容忍范围在本质上代表着客户在享用企业提供的服务之前及享用服务过程中的一系列期望,这些期望与顾客渴求的服务(即客户希望得到的服务水平)和必要的服务(即客户愿意接受的服务水平)有关,顾客容忍范围就介于两者之间(见图3-6)。这样企业提供的服务在客户身上会有三种结果出现。

图 3-6　顾客容忍范围

第一种结果是客户经历或获得的服务落在这个范围之内,这时客户实际获得的服务与顾客期望大致相同,客户认为企业提供的服务是自己所能接受的,可能会感到满意。但是由于顾客期望只是基本上得到了满足,客户的满意程度并不会很高。如果在市场上出现了在满足客户需求方面优于本企业的竞争者,客户就会转投这些竞争者。

第二种结果是企业提供的服务落到了必要的服务水平以下,这种服务就是客户所不能接受的,客户会对企业感到失望甚至愤怒,自然不会得到满足,其结果很可能是客户离企业而去,并且很可能将自己这种经历告知他人,企业形象会受损。

第三种结果是客户经历的服务超出了自己渴求的服务水平,这时客户会感到非常满意。如果这种情况反复多次发生,客户就会从满意的客户进而成为回头客乃至忠诚客户,成为为企业带来其他客户的原动力,企业的发展与壮大正是得益于此。

二、知觉对顾客满足的影响

在集合层面,顾客满足的提高可以考虑两个途径,即提高期望水平和知觉水平,哪种途径效果更明显呢? Anderson(1994)对 Anderson 和 Sullivan(1993)的研究结论进行了再探讨,他指出期望和知觉对顾客满足的相对影响力依赖于不一致发生的可能性。随着不一致发生的可能性的增加,知觉行为的影响较强,而期望的影响较弱。他从生产方和消费方两个方面提出了不一致发生的可能性。生产方的原因包括标准化(经营行为稳定化)的困难性、经营行为的明确性、针对目标顾客的产品差别化程度等。消费方的因素是指容易使顾客知觉经营行为变化的因素,如参与产品过程的水平、使用频率、专门知识等。具体而言,当经营行为稳定时、经营行为评价困难时、缺乏专门知识时,顾客知觉不一致的可能性较低,顾客满足成为期望驱动型。因此,正如 Fornell(1996)指出的那样,在这种条件下,期望是针对顾客满足的预测指数。

期望与知觉行为的相对影响力是一个重要研究课题,因此,学者们针对每种产品进行了专题调查。Anderson(1994)提出服务产品的顾客满足属于行为驱动型,期望的影响相对较小。在实体产品上,知觉行为的直接影响较少,对负的不一致的影响较大。另外,Johnson(1996)公布了作为复杂的、异质的、购买频率较低的服务产品的银行个人住房信贷的调查结果,他发现对于这种产品,期望不会对顾客满足产生影响。Fornell(1996)等在产业之间进行了比较研究,他们将企业和组织划分为非耐用消费品、耐用消费品、交通通信公共产品、零售、金融保险、服务业、政府和公共组织等七种类型,分别进行了调查研究。结果表明,期望的影响在非耐用消费品、交通通信公共产品、零售、政府和公共组织等行业较大,而在耐用消费品、金融保险、服务业等行业较小。

提高知觉行为有诉求品质和诉求价格两种方法,Fornell(1996)研究了两种方法的影响力。如上所述,他们在对七个领域进行调查时,提出价格对非耐用消费品、交通通信公共产品的影响较大。他们是这样得出上述结论的:首先,非耐用消费品产业由于商业品牌和廉价商店的普及而出现价格竞争,价格影响力显然是与此相吻合的。交通通信和公共产品是生活必需品,因此,价格发挥着重要的作用。其次,在耐用消费品、服务业、政府和公共组织等领域,知觉品质具有相对较高的影响力。另外,在零售业,知觉品质和价值都不具有较大的影响力,据此他们认为,零售业的顾客满足是立地驱动型的。

知觉品质的提高是提高知觉行为的重要途径,提高知觉品质有提高定制化和提高信赖性两种方法。所谓定制化是指产品与个人需求之间的适应性,所谓信赖性是指通过产品标准化和规格化,减少缺陷。但是,这两种方法对顾客满足的影响力不是同等的。Fornell(1996)测定了定制化和信赖性对知觉品质的影响力,他沿用七大领域进行了调查研究,在所有的领域,定制化的影响力比信赖性的影响力都大。而且,定制化比起实体产品而言在服务产品方面发挥的影响力更大。基于上述结果,他指出按照顾客和市场需求组织商品和服务的做法,比缩减制造过程和服务过程的品质变动,更有利于提高知觉品质。

正如上文所阐述的那样,不一致是顾客满足的重要决定因素,正的不一致对顾客满足发挥积极的作用,负的不一致产生消极的作用。但是,两者的作用程度是同幅度的吗?如果一方具有较强的作用,即非对称的,那么企业应该采取哪些措施呢?

Anderson 和 Sullivan(1993)对影响顾客满足的正的不一致和负的不一致的影响效果进行了比较,他发现负的不一致比起正的不一致而言,对顾客满足的影响更大。另外,Anderson(1994)也提出了相同的报告。Anderson 和 Sullivan (1993)基于上述结果,提出在管理顾客满足过程中,借助于不满处置和有效的顾客服务、掌握控制负的不一致的影响的能力是十分重要的。他们主张企业在改善经营活动之前,应该为维持经营行为投入必要的资源。

如上所述,从长期眼光来看,市场期望的上升对顾客满足会产生正的影响,但是,Anderson 认为短期内期望的上升将使顾客满足降低,就是说,一旦顾客期望急速上升,在短期会对企业利润产生不良影响。因此,企业应该从长期的观点评价顾客满足战略的成果,同时,如果出现由于社会流行、媒体引导导致市场评价急速上升的情况的话,企业必须认识到可能发生短期的顾客满足降低的问题。

三、交易方式对顾客满足的影响

当长期交易时,交易对手之间会出现某种惯性和信赖。如果特定的买方与卖方长期进行交易,可以认为顾客满足会持续地维持在一定的水平。这种状态一旦持续下去,即使提供的品质低于期望,引发不满行为和改变购买意向的概率也很低。

例如,两者为了交易进行专用投资,改变购买行为在感情和经济上会遇到障碍。这就意味着存在促使双方交易继续保持下去的力量,在这种情况下,任何一方即使体验过别的较高的满足,也不会破坏长期交易关系,换言之,其他的满足体验并不能切断原有的交易关系。

Bolton(1998)对长途电话使用者在使用期间影响连续交易的因素进行了

实证研究,购买期间(调查期间内的使用保持期间)就是调查期间的电话服务持续期间。购买经验可以通过使用期间的长短、期间内的服务失败及其处理措施、调查期间期初的满足状况等测量。可以利用以下公式推定每个变数对交易持续期间的影响效果。

持续期间 = 满足 + 满足 × 购买经验 + 满足 × 不满足的经验
         + 满足 × 不满足的经验 × 购买经验 + (1 – 满足) × 对策
         + (1 – 满足) × 对策 × 购买经验

通过测评得到如下结果:第一,如果购买经验多即使用期间长,顾客不满对购买行为的影响较弱;第二,顾客满意与不满意情况的出现及其解决措施之间具有对比关系;第三,直接的满足比积累的满足效果明显,但是,对结果影响最大的因素是以前的持续使用期间,它意味着产生了交易惯性。

四、客户服务对顾客满足的影响

客户的体验来自两个方面:其一是企业所提供的产品和服务,称之为核心服务;其二就是企业如何提供这些产品和服务,这就是所谓的客户服务。客户实际体验的客户服务是由企业的一系列经营管理决策和活动决定的。企业在为客户提供服务时会不断地了解客户对于服务的期望是什么,而后根据自己对于顾客期望的理解为客户提供服务。

但是在现实中企业对于顾客期望的理解和所提供的服务与客户真正的期望可能存在某些差距。这些差距有:管理人员对顾客期望的理解与客户预期服务的差距;管理人员对顾客期望的理解与服务质量标准的差距;服务质量标准与实际服务的差距;实际服务与市场沟通活动的差距以及客户感知的服务与预期的服务之间的差异。

可见客户服务是一个系统的概念,在整个服务过程中环环相扣,只有每个环节都做得很好,才会实现顾客满意。只要有几个甚至一个环节出现了纰漏,就会严重影响顾客满意的实现。

在为客户提供服务及高品质服务方面,不同的企业做法不同,因而产生的结果也不同。

第一类企业尚未认识到客户服务的价值,更不用说对于客户服务质量重要性的认识了,不过这类企业的数量是很少的。这类企业在客户服务方面所耗费的人力、物力都很少,很难使客户感到满意,导致与客户之间的联系只发生几次或更少。这类企业在使顾客满意方面收效甚微,只能在新客户保持很高比例的情况下才能存活,吸引客户所耗费的成本非常高,无论在赢利还是在企业规模上的增长都是微乎其微的。这类企业的最终结果是逐渐失去市场份额,利润逐渐萎缩。

第二类企业虽然已经认识到客户服务的重要性,但是对于客户服务质量重要性的认识不够。这类企业虽然试图与客户建立良好的伙伴关系,并且试图在客户心目中建立客户之友的形象,但是它们往往只是在极为有限的时间里对员工进行有关服务和质量意识的培训,且效果不明显。所以这类企业使客户感到满意的程度也不是很高,和第一类企业相似,它也十分依赖新客户,回头客很少。

第三类企业了解客户服务的重要性,也懂得提供高品质的服务能够使客户感到满意,并促进企业赢利的增长。因此它们通过多种方法和途径让客户了解到它们有良好的客户服务,而且它们认为为客户提供高品质服务是在为客户做出某种贡献。因此,这类企业与前两类企业相比在使客户感到满意方面已经取得了长足的进步。这类企业的不足在于它们没有意识到,随着客户受教育程度的不断提高和市场竞争的日益激烈,客户的要求也在不断提高并且越来越趋于多样化。而它们并未根据这种趋势做出调整,没有使自己成为高水平的客户服务提供者,在使客户感到满意方面的工作还是有些欠缺。在赢利和市场份额方面还是不能大幅度增长。但是这类企业经过努力就会迈入成功企业的行列。

第四类企业就是那些在实现顾客满意方面成功的企业。这类企业认识到客户服务对于持续的业务增长来说至关重要,因此,它们不断努力以进一步提高服务质量。这类企业不但已经在为客户提供高品质服务方面做得很好,而且还根据不断变化的市场环境和客户需求,不断改进企业的服务水平和服务质量,以求在客户服务方面做得更好。它们通过自身的努力,赢得了客户的信任,也实现了顾客满意,是客户心目中理想的合作伙伴。

五、顾客价值对顾客满足的影响

顾客价值就是客户对自己所获得的利益和自己为获得这些利益所耗费的成本的权衡与比较。客户所获得的利益包括:(1) 产品价值。即客户购买核心产品或服务时可以得到的产品所具有的功能、可靠性、耐用性等;(2)服务价值。指客户可能得到的有关产品的培训、安装、维修服务等;(3)人员价值。客户通过企业市场营销人员建立相互帮助的伙伴关系,或者能及时得到企业市场营销人员的帮助;(4)形象价值。是指客户通过购买企业核心产品或服务及享用企业提供的客户服务,使自己成为一个具有特定素质的客户,也就是说如果企业具有良好的形象和声誉的话,客户可能会被人羡慕,或者说客户因购买企业核心产品或服务及享用企业提供的客户服务而与企业发生联系,从而体现出一定的社会地位等。

客户获得以上的利益,都不可能是无偿的。客户需要付出一定的代价以取得企业提供的核心产品或服务以及客户服务所具有的价值。这些代价或成本包括:(1)货币成本。即客户取得企业提供的核心产品或服务以及客户服务时支付的货币;(2)时间成本。指客户在选择产品、学习使用和等待服务时所花的时间和所需要付出的成本或损失;(3)精力成本。客户为了学会使用、保养产品,为了联络企业市场营销人员,或者为安全使用产品所耗费的精力;(4)心力成本。客户在使用产品、保养维修产品等方面付出的心力。

可见,顾客价值其实是客户进行购买行为所获得的利润,即客户在购买、使用产品或服务时遵循的是"利润最大化"的原则。

顾客价值对顾客满意的影响方式比较复杂,有关研究表明,客户不同层次的满意源于不同层次的价值感知。这方面的一个代表性研究是 Woodruff 教授基于信息处理的认知逻辑,利用"目标—途径链理论"(means-end chains)所提出的顾客价值层次模型(见图3-7)。①

Woodruff 在他的这一模型中指出,客户根据"途径—目标模式"形成期望价值,从最低一层开始,客户会首先考虑核心产品或服务及客户服务的具体属性和属性效能;第二层,客户在购买和使用核心产品或服务及客户服务时,客户会就这些属性及效能对实现其预期结果的能力形成一定的期望和偏好;在最高层,客户还会根据这些结果对客户目标的实现能力形成预期。在顾客价值层次模型中,客户会以自己的目标作为衡量各类结果重要性的标准。同时,这些结

---

① "目标—途径链理论"又称为"阶梯理论"(laddering theory),此理论假设任何消费行为都必须经过三个主要阶段:首先,消费者暴露在厂商所设定的"消费属性"(attributes)中;其次,在消费过程中消费者开始经验此次消费的"消费结果"(consequences);最后,在此过程中满足其内心潜藏的"消费目标"(goals)。

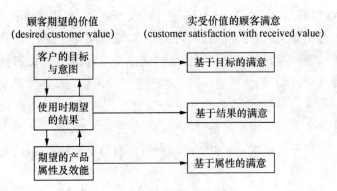

图 3-7 顾客价值层次模型

资料来源：Woodruff,"Customer Value: The Next Source for Competitive Advantage", *Journal of the Academy of Marketing Science*, 1997, Vol.25, No.2。

果也是引导客户考虑产品会具有何种具体影响的导向。客户会以这些期望的属性、期望的结果和期望的目标为标准来评价产品或服务，以形成自己的实受价值，最终形成"基于属性的满意"、"基于结果的满意"和"基于目标的满意"三个满意层次。

通过图 3-8 可以更进一步看出顾客价值与顾客满意的关系。图 3-8 中的总体的顾客满意是客户评价一次或多次购买、使用产品的经历后所形成的客户情感。而客户既可以按照顾客价值层次模型以及以往的消费经历预期产品的价值，也可以根据顾客价值层次模型中产品的属性、效能及使用结果来评价自己购买、使用产品的经历。可以看出，顾客实受价值或者是直接影响总体的顾客满意，或者是通过比较一个或多个标准（如预期、经验）形成期望与实际效果

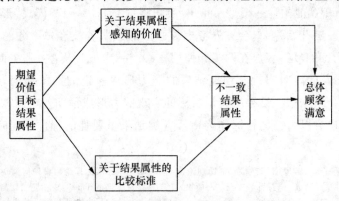

图 3-8 顾客价值与顾客满意的关系

的不一致,来影响顾客满意。

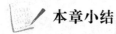

本章小结

顾客满足的形成机理是顾客管理理论和应用的关键问题之一,这方面最有力的理论是"期望—不一致"理论模型。顾客满足的形成机理虽然具有规律性,但是影响顾客满足的因素却具有复杂性、多样性和特殊性。目前,围绕影响因素研究最多的是顾客期望、态度、认知等内生性因素,而情景等外生性因素对顾客满意水平的影响也十分显著。

习 题

1. 请根据你的理解,完成如下填空题:

具体事例	必定使人产生不满的事	应做到的最低限度	能令顾客感到高兴的事
购买手机			
话费查询			
短信服务			

2. 根据"期望—不一致"理论模型,分析顾客满足的形成机理。
3. 为什么在影响顾客满意度的研究中存在不同的观点?
4. 全班同学分成若干小组,自拟一份顾客满意影响因素调查问卷,反映期望、知觉、顾客价值、客户服务等因素对顾客满意度的影响。

 案例:食品制造商

一家企业原来主要是经销土豆,目前它在原来业务的基础上,增加生产许多系列食品。现在,企业生产速冻土豆片和其他一些土豆制品,其中包括土豆粉,土豆粉主要被其他食品制造商用来作为他们产品中的一种原料。此外,还有一些冷冻的、精制的产品,如土豆华夫饼干。由此看来,企业运作中所经历的渠道是相当复杂的,虽然企业知道他的直接用户姓甚名谁,但是对其产品最终用在了哪里却知之甚少。

像大多数食品制造商一样,这个企业也处于持续的压力之中,这些压力来自于多样化的零售商人,零售商既降低了产品的价格,又依靠革新和增强产品性能来提供较高水平的附加价值。所有这一切都使利润受到了冲击,所以企业投入了很大精力,考虑是否可以利用零售商没有顾及的空隙,为当前进行着的商战战略找到一些比较现实的方法,供企业运作时选择使用。销售人员和销售部主管的观点是明确的——他们担心撇开现有的渠道商可能得不偿失。销售部提出提高现有渠道的分销能力是最迫切的,企业应该从提高土豆粉加工质量入手,通过生产流程革新挖掘出一些利润。与此同时,企业的总经理已经与许多饮食服务公司进行了初步讨论,其中包括两家著名的汉堡包连锁店,这两家汉堡店正打算用土豆泥生产一些油炸土豆食品,为他们那崭新的早餐食谱增添一道亮丽的风景。

问题:请指出该企业存在哪些类型的顾客?该企业面临着在现有渠道商与新渠道商之间进行选择的问题,销售部主张在现有渠道商上做文章,但是,核心的问题是提高现有渠道商的满意水平,你认为影响渠道商满意度的因素有哪些?

第四章

顾客满意度调查与测评

☞ **学习目标**

熟悉顾客满意度调查的步骤,掌握顾客满意度调查问卷的设计,以及数据获取方式和统计分析方法;了解顾客满意度指数、乔装购物、顾客保持指数、顾客报告卡等其他测量方法;了解顾客购买行为测量中采用的常用指标。

☞ **知识点**

顾客数据库;顾客满意度调查样本的选取;问卷中问题的分类;收集资料的方法;顾客满意度指数;顾客保持指数;顾客报告卡;顾客购买行为测量;乔装购物。

在激烈的市场竞争中,为顾客提供比竞争对手更好的服务是企业占领市场的关键,为了达到这一目的企业必须及时与顾客沟通,不断获得顾客的反馈信息,纠正顾客服务中存在的问题,提供优质服务满足顾客不断变化的需求,以实现顾客满意。企业及时有效地获得顾客反馈信息很重要,对顾客满意进行评价就是一个行之有效的获取顾客反馈信息的途径,它为企业创造了让顾客提出真实意见的良好的条件和渠道,企业可以了解哪些方面需要采取必要的或紧急的措施,提高顾客满意度。

第一节 顾客满意度调查

企业在为顾客提供服务时会不断地了解顾客对于服务的期望,而后根据自己对于顾客期望的理解去为顾客提供服务。在现实生活中,企业对于顾客期望的理解和提供的服务与顾客对服务真正的期望之间存在着差距,这种差距越小,顾客满意度越高,反之,则越低。顾客满意度调查是企业常用的评价顾客满意的方法,企业实施时应按以下步骤进行。

一、前期准备

企业在进行顾客满意度调查之前应该明确这样的问题:企业目前的外部顾客有多少;有哪几类目标顾客群(如优质顾客、一般顾客、小顾客);企业为顾客提供什么类型的服务;企业的竞争对手有谁;与他们相比企业的竞争优势和劣势在哪里;有哪些因素影响员工和外部顾客的满意;企业中哪些部门是和外部顾客直接接触的,又有哪些部门是为与外部顾客直接接触的第一线员工提供支持的。这些问题是企业开展顾客满意度调查必须要明确的。

如果企业存有顾客的相关资料(已经建立顾客数据库的更好),就可以比较容易地回答前两个问题。企业为顾客提供何种类型的服务、企业的竞争对手有谁、企业的竞争优势和劣势在哪里等问题是与企业的经营战略和管理措施有关的,企业也比较容易明确。

对影响员工和外部顾客满意的因素的了解是企业分别设计内部顾客满意度体系和外部顾客满意度体系的依据。最后的两个问题与企业的组织结构设计有关,企业在明确它们时也不会有难度。

二、拟订调查方案

顾客满意度调查方案一般是以文件形式出现,由参与调查的人员共同拟订。调查方案的确定,实际上是一个策划的过程,策划得好,调查所获得的效果就会好,策划得不好,很可能导致顾客满意度调查的失败,从而浪费人力、物力。

制订调查方案的第一步是确定调查目的。这是因为企业进行一项调查既要耗费时间又要支付成本,如果调查目的不明确,对企业而言无疑是巨大的资源浪费。一般情况下,企业进行顾客满意度调查可以分为两种情况:第一是定期实施并有固定内容,即持续的跟踪调查;第二是不定期实施,只是根据企业现实需要而进行的。不论是哪种情况,都应事先确定目的,即使是第一种情况也要根据调查开始前的具体情况对调查内容和调查方法进行适当的调整。

一般来说,无论企业进行的是什么项目的满意度调查,其目的都是帮助企业了解顾客的优先要求(对于顾客而言,什么因素最重要或者他们最想得到什么样的服务)、顾客的容忍范围、顾客认为企业在满足其优先要求方面做得怎么样、他们认为企业的竞争对手在这方面做得怎么样以及企业为了改善现状应该采取什么措施。

在调查方案中还要明确选取样本的方法。企业的顾客人数众多,虽然普查统计是能够获取最为准确结果的调查方法,但是采用这个方法,企业的人力、物力耗费过大。在大多数情况下,顾客满意度调查中应用最普遍的调查方法是抽样,这种方法是从目标总人数中选取一小部分人作为样本,而这部分样本是企业所有的顾客中最具有代表性的(使样本具有代表性是抽样调查有效性的关键所在),涉及的调查对象只是企业所有顾客中的一小部分(大多数顾客满意度调查的样本都是在100—200人之间),既可以保证调查结果的客观性,又可以节省成本。企业在进行顾客满意度调查抽取样本的时候,一般按下列的步骤进行:

1. 根据调查目标确定抽样方法。如果企业进行的是持续的跟踪调查,那抽取非随机样本甚至方便样本就可以达到目的。如果企业是根据企业现实需要而进行顾客满意度调查的,就必须选取随机样本才能保证样本的代表性。

2. 确定样本结构。也就是要列出企业的顾客名单。

3. 对选取的样本进行分层。样本人数越多,层次分得越多,能代表每个部分及整体顾客的情况的真实性就越强。

4. 分析单位顾客的价值。这是针对外部顾客而言的。在大多数消费者市场上,顾客群中每个单位顾客为企业带来的价值都是相似的,而在工业市场上,每个单位顾客为企业带来的价值却相差甚远,大顾客所带来的价值可能是小顾客的许多倍。在这种情况下,如果企业认为每个顾客带来的价值相同,就不能真正代表市场的经营情况。这就需要企业抽取一个分层随机样本并准确地将顾客归入不同部门或层次。

5. 考虑抽样变量。这也是针对外部顾客而言的。针对消费者市场的调查,顾客往往是个人,购买决策是个人做出的;而在工业市场调查中,顾客往往是一个企业或机构,其购买决策是由企业或机构内的决策机构做出的。在抽取样本时必须考虑这些因素,并在调查中予以反映。另外,还要考虑其他因素,如对于消费者要考虑其社会级别、家庭生活圈,对于企业或机构要考虑购买行为的出资人等。

6. 决定抽样方法。一般情况下,抽取随机样本是抽样方法中的最佳选择,但有时也可以做出其他选择。比如在消费者市场上,个体顾客的身份不明确,不可能抽取随机样本,这时可以选择抽取配额样本,利用一些统计数据确定配额。而在工业市场上做顾客满意度调查,抽取随机样本既方便又有效,这个随机样本中每一个顾客就是一个组织。

除了以上内容,在调查方案中还应明确具体的调查内容、资料的收集方法以及调查结果的撰写、参与人员的分工和联系方式等。表4-1是一个调查方案的示例:

表 4-1 顾客满意度调查方案

分类	描述
目的	确定培训专题项目的顾客满意水平
时限	2008 年 1 月至 6 月
样本	所有男性和女性购买者:最少 100 个购买者调
格式	查表
分析工具	书面调查,有表示量度的答复
资料收集	百分比、直方图、帕累托图
时间	2008 年 6 月
报告	分发给所有员工
后续措施	根据调查结果,在关键领域内提高服务质量

三、设计问卷

设计一个合理的问卷,是为了下一步有效地收集资料。因为无论企业采取哪种收集资料的方法,问卷的运用都是必不可少的。

（一）问卷中问题的分类

设计适当的问题可以帮助企业从顾客那里获得尽可能多的信息。按照问卷中问题的答案是否是标准化的，可以将问题分为封闭型和开放型两种。封闭型问题的答案都是标准的，一般由顾客选择其中的一项或几项作出回答；开放型问题是由顾客按照自己的意思回答，不受答案的约束，可以更好地反映顾客的感觉和想法。这些问题按目的又可以划分为以下几种类型：

1. 关于行为的问题。用于调查顾客过去做过什么或现在正在做什么，通常都是以事实为基础，易于顾客回答，一般放在问卷的开头。

2. 关于观点和看法的问题。由于顾客满意度调查主要就是关于顾客的观点和看法的调查，所以这种问题往往占问卷的很大部分，并且置于关于行为的问题后面，以便被调查顾客有更多的时间来进行思考、选择和决定。

3. 关于分类的问题。以分类为目的的问题通常放在最后，以避免某些细节问题引发顾客的敏感。但是在选取配额样本时，必须把分类问题放在前面以确定调查对象的资格。

（二）选择合理的量表方法

选择合理的量表方法有利于调查结果的归类和总结，所以在问卷中有效的量表方法是不可或缺的。较为常用的量表方法有：利克特量表、语意差别量表、数字量表、序列量表、斯马图量表等。

利克特量表用于测量顾客对于一句表述的同意程度；语意差别量表是在两种相反意见之间列出几种不同程度的态度，让顾客选择与自己情况最符合的形容词表明自己的态度；数字量表要求顾客对自己的态度倾向给出一个分数，常见的有三等刻度、五等刻度、七等刻度、十等刻度和100点刻度；序列量表要求顾客表明其对各项因素的态度的相对强度，并按重要性或偏好进行排序；斯马图量表又叫"完全描述性语句量表"，用于收集顾客最关心的方面的资料，范围由"理想"到"难以接受"的程度不等。它不但可以对企业表现进行评分，还可以包括顾客对企业的感受。

这几种量表方法各有优缺点。利克特量表简单易懂，但这种量表法不大精确，在转化为量化数据时，需要调查者赋予每一级一个分数。而且这种方法的覆盖面也有限，只适用于表现好的或表现非常好的企业。语意差别量表可以表现顾客具体的满意程度,也可以用于量化调查结果及与竞争对手作比较,但是缺乏定性分析,调查对象填写不便。序列量表可以避免给任何两个级别相同的分数,还可以突出企业在哪些方面做得最好,以及确定企业是否在顾客最关心的方面做得更好。但是顾客会觉得序列量表很难填写,可能会缺乏耐心敷衍了事。斯马图量表最为精确,对于每一项调查项目都配有清楚的量表标准,但是它极有可能会使顾客失去耐心。数字量表法对于企业进行顾客满意度调查是最好的方法,这种方法对于顾客来说简单易懂,并且可以比较容易地做出选择,企业对调查结果进行统计分析和描述的时候也比较方便,可以比较容易地确定顾客最关心的问题。一般的顾客满意度调查均采用此法。

(三) 注重问卷的格式

企业无论采取哪种收集资料的方式,一份设计合理的问卷都是必不可少的,所以设计合理的问卷很重要。问卷的设计应当注意格式问题,比如把比较容易回答的问题放在开始部分,这样能够使顾客在被调查时产生成就感。一般来说,问卷应包括这样的内容:

1. 开场白,向顾客表达敬意和谢意,以拉近企业与顾客的距离。
2. 关于顾客偏好的开放式问题。
3. 关于顾客偏好的量表,向顾客提问对他而言最重要的是什么,用于确定顾客的第一偏好。
4. 关于顾客偏好的封闭式问题。这种问题答案是标准化的,顾客可以做出选择,调查者可以通过这些问题调查顾客的一系列观点和看法。
5. 关于在顾客心目中企业所处行业中各企业的排名的问题,企业借此了解自己的长处和不足。
6. 关于未来趋势的开放式问题,虽然顾客满意度调查是对企业现今及过去顾客满意与否的调查,其主要目的还是为了使企业提高自身使顾客满意的水平,因此,有必要收集一些关于顾客对企业的希望和要求的信息以及有助于预测顾客未来需求的信息。
7. 关于企业今后改善措施的开放式问题,通过顾客的回答,企业可以确定哪些是长期的战略性措施,哪些是目前急需解决的问题。
8. 分类信息,这是那些尚未拥有顾客详细资料的企业进行调查时必须弄清楚的。

(四)问卷中应该注意的问题

1. 应使顾客正确地理解问题。成功的问卷设计关键之一是做到每个问题只包括一个属性或观点,避免出现双重问题,为此不能使用语意不明确或有歧义的词语,不能将两个单独的小问题当作一个问题来问,也不要使用词义极其相似的描述性词语,以免顾客难以作答。另外,问卷中不应使用冗长而散乱的问题或定义,以免顾客略去不填或随便作答。

2. 避免问题出现倾向性。问题本身有时会向顾客做出一定的暗示。最容易产生倾向性的提问形式是引导顾客回答满意,而忽略了不满意的可能性,如"您对我们……有多么满意"就带有一定的倾向性,如果换成这样的表述:"请对我们的表现做出评价",就可以减少问题对顾客的暗示。

3. 被调查的顾客应该具备问题中所涉及的相关经历及经验。在调查开始前,应该设定明确的目标,设置一些问题确定被调查的顾客是否有资格参加调查,以此保证问卷的有效性。

四、收集资料

这是顾客满意度调查最关键、最主要的环节。一般而言,企业调查所收集到的资料可分为原始资料(第一手资料)和第二手资料。顾客满意度调查也不例外。

原始资料是从事调查的工作人员亲自收集的,与调查项目的顾客满意度测评直接有关。原始资料是比较精确的资料,收集原始资料的方式很多,包括观察、问卷、访谈等。企业可以凭借原始资料更为准确地了解所要调查的顾客的特征。例如,如果拥有同样收入的男性顾客所购买的企业产品或服务比女性顾客多,则可以考虑市场营销的重点是否应该侧重于男性顾客,同时可以确定两大顾客群的满意度;如果女性顾客群满意度低一些,则可以进行另外一项调查来了解出现这种情况的真正原因,以采取相应的措施提高其满意度。然而,原始资料与第二手资料相比,耗费的成本要大得多。

第二手资料包括企业收集的内部资料和财务报告,还包括来自于公共出版机构、研究机构及政府的调查资料。第二手资料可以为企业节约大量的成本和时间,但是它们可能并不完全适用于顾客满意度测评。例如,资料已经过时,不很准确,对企业做出有关顾客服务工作的决策可能帮助有限。企业在测评顾客满意度时,可以充分利用第二手资料,以便有针对性地收集原始资料,以最少的耗费获得尽可能好的效果。

下面介绍几种可供企业采用的收集原始资料的技巧。

(一)现场采访

调查者和被采访的顾客进行面对面的交流,同时也可以借助事先设计好的问卷。采用现场采访的形式,调查者可以更好地理解被采访顾客的观点、态度,与顾客建立起良好的关系,提高所获得信息的数量及质量。这种方法可以在很多地点进行,比如在街道上进行、邀请顾客来企业接受访问等等。现场采访的时间一般比较短,调查者为了在较短的时间里收集到足够的测评顾客满意度的信息,提问往往以量化的问题为主。现场采访的限制在于它的有效性依赖于调查人员的训练有素,一个未经训练的调查者很容易在无意之中影响被采访的顾客,导致收集到的信息失真。现场采访的成本一般比较高,为了避免影响调查效果还需要对被采访顾客进行严格的事先抽样。另外,在现场采访中被采访的顾客可能不太愿意回答调查者提出的私人的或较敏感的问题,对此要求现场采访人员必须具有专业的技能。

(二)电话采访

电话采访如果由训练有素的调查者来进行,那它就是一种十分有效的收集顾客满意资料的方式。一个训练有素的调查者能够专心一致地与顾客交流,使顾客可以更好地作答,以获得更多的信息。另外,训练有素的调查者可以从被采访顾客的语气中推断出答复的真实性和可靠性。但是电话采访最主要的缺点是被采访的顾客可能随时挂断电话甚至不接电话,使采访不能顺利进行,而且被采访的顾客不可能随时接受采访。针对这些问题,一个成功的电话采访,必须事先设计好问卷,并且提出的问题要简洁明了,调查人员可以迅速记下顾客的回答,最好事先准备一个范本,内容包括调查者如何作自我介绍、如何提问、如何应答、如何将离题的顾客引回正题等。成功的电话采访还要求调查人员要在调查开始时、进行中和结束后不断地向被采访的顾客表示感谢,使被采访的顾客更乐意回答问题,使电话采访可以顺利进行。为了保证电话采访的有效性,一项重要的工作就是对调查人员进行培训,否则电话采访难以落实。

(三) 问卷

这是最为普遍使用的资料收集技巧。企业可以采取邮寄、分发等形式开展问卷调查。问卷通常包含许多的问题和陈述,被调查的顾客在预先设计的表格上选择问题下面的答案。问卷可以使用多种形式和设计方案,关键是要使被调查顾客觉得轻松友善、容易理解和回答。同时,不要把调查问卷做得太长。

(四) 专题小组

通常由5—10人(顾客)组成,与小组的主持人(企业外的调查人员)会面交谈,回答关于企业产品与服务方面的问题,并且描述对企业产品与服务的满意度。专题小组在市场调查中广泛应用,但是有一点值得注意,那就是专题小组的价值受制于专题小组的特定参加者。因此,为了使专题小组获得的资料更有效、信息更充分,专题小组应尽量选择各种有不同特点的顾客,他们对服务质量的看法和满意程度应该不尽相同。专题小组的主持人必须由企业外部的深谙专题小组面谈要旨的专家担任,并且要求主持人与专题小组的成员及专题小组要讨论的内容没有任何利害冲突。这样,专题小组调查结果的可信度才会高。

五、整理分析资料

收集完资料后,如果不对其进行整理和分析,这些资料就没有意义。对于资料的整理,要根据调查中的问题来进行。如前文所述,调查中的问题分为封闭型问题和开放型问题两种。由于封闭型问题的答案是标准的,整理时按每一个答案有多少人选择或不选择进行统计,然后分别汇总。对于开放型问题来说,由于它是由顾客按照自己的意思回答的,可以不受答案的限制,因此,获得的资料可能更有价值,但是这种问题的整理相对来说比较困难,不过调查人员可以考虑将具有相同或相似倾向的回答进行归总,将其分为几大类,再比较各类倾向的比重。

在对资料进行整理后,就要对其进行分析,对顾客满意进行量化,得出企业顾客满意度。确定顾客满意度的方法很多,如直接计算法、百分比法和加权平均法等。直接计算法只计算满意顾客的人数以及对服务特性满意的项数,过于简单;百分比法又难以反映顾客对服务特性的认识,对于满意程度的区别也较为简单。因此,企业一般采用加权平均法计算顾客满意度。第一步,企业要确定服务特性。企业为顾客提供的核心产品、服务和顾客服务有许多特性,对于每一次的顾客满意度调查,企业应将调查中涉及的特性一一列举。第二步,确定满意程度的刻度。顾客满意度调查往往采用数字量表,企业应根据本次调查中数字量表的刻度确定满意程度的刻度,以便于计算。最后是权数的确定。既可以根据以往的调查结果中体现出的顾客优先要求确定权数的大小,也可以采用头脑风暴法等方法确定。表4-2是运用加权平均法计算顾客满意度(以四个特性和五级刻度为例)。

表 4-2 加权平均法计算顾客满意度

特性	刻度				
	刻度 $1(X_1)$	刻度 $2(X_2)$	刻度 $3(X_3)$	刻度 $4(X_4)$	刻度 $5(X_5)$
特性 $1(K_1)$	N_{11}	N_{12}	N_{13}	N_{14}	N_{15}
特性 $2(K_2)$	N_{21}	N_{22}	N_{23}	N_{24}	N_{25}
特性 $3(K_3)$	N_{31}	N_{32}	N_{33}	N_{34}	N_{35}
特性 $4(K_4)$	N_{41}	N_{42}	N_{43}	N_{44}	N_{45}

将表4-2中的刻度和特性赋予不同的权数,可以得出顾客满意度的计算公式:

$$CSD = K_1 \times X_1 \times N_{11} + K_1 \times X_2 \times N_{12} + \cdots + K_4 \times X_5 \times N_{45}$$

$$= \sum K_i \times X_j \times N_{ij}$$

其中:$I=1—4, j=1—5, K_i$ 为各特性的权数,X_j 为各刻度的权数,N_{ij} 为人数。

以生产手机的企业为例,企业进行了一次针对核心产品——手机的满意度调查,顾客对于手机这个产品感兴趣的因素很多,不妨假设性能、质量、品牌和外观这四项因素对于大多数顾客最重要,我们按重要程度不同赋予它们的权数分别是:0.4,0.3,0.2,0.1(见表4-3)。本次调查采用的是五级刻度即很满意、较满意、一般满意、较不满意和很不满意,也分别赋予其不同的权数为:1.0,0.8,0.6,0.3和0(见表4-4),在对资料进行整理时具有不同倾向和选择的顾客的人数已经确定,接下来就可以具体计算顾客满意度了(见表4-5,表中的人数是假设数据)。

表 4-3 影响因素及权数

特性	性能	质量	品牌	外观
权数	0.4	0.3	0.2	0.1

表 4-4 五级刻度及权数

刻度	很满意	较满意	一般满意	较不满意	很不满意
权数	1.0	0.8	0.6	0.3	0

表 4-5 顾客满意度的计算

特性	刻度				
	很满意	较满意	一般满意	较不满意	很不满意
性能	80	5	5	5	5
质量	75	10	11	2	2
品牌	50	34	10	1	5
外观	68	18	7	5	2

$$\begin{aligned}CSD &= 0.4\times1.0\times80+0.4\times0.8\times5+0.4\times0.6\times5+0.4\times0.3\times5\\&+0.3\times1.0\times75+0.3\times0.8\times10+0.3\times0.6\times11\\&+0.3\times0.3\times2+0.2\times1.0\times50+0.2\times0.8\times34\\&+0.2\times0.6\times10+0.2\times0.3\times1+0.1\times1.0\times68\\&+0.1\times0.8\times18+0.1\times0.6\times7+0.1\times0.3\times5\\&=0.4\times88.5+0.3\times90.2+0.2\times83.5+0.1\times88.1\\&=87.97\end{aligned}$$

其中,性能、质量、品牌和外观的顾客满意度分别为 88.5、90.2、83.5 和 88.1。需要指出的是,例子中所涉及的样本数为 100,当样本人数不是 100 时,将算得的顾客满意度折算一下就是最终的顾客满意度,即最终

$$CSD = CSD\times100/N\left(N=\sum n_{ij}\right)$$

六、撰写调查报告

在对收集到的资料进行整理和分析后,紧接着的工作就是总结了,它通常以调查报告的形式出现。

一份比较完整的调查报告由五部分组成。第一部分,在调查报告的开头要概括调查的情况,包括调查的时间、调查的顾客人数、调查的方式等。第二部分,说明本次调查采用的抽样方法,为了说明调查具有可信性,必须详细说明使

用的抽样方法,强调随机抽样的随机性和非概率抽样的客观性,如果调查使用的是定额统计分析,则列举事实以支持对被调查人群的分析,如可以采用人口统计或使用鉴定过的资料来源来说明。第三部分,介绍本次调查的研究方法,说明已经在抽样调查中找到合适的顾客,并且问题的设计也很合适,简单证明使用了正确的评比量表,采用了科学的调查方法,已经适当地向顾客说明了调查的目的、性质及意义。第四部分,要公布根据本次调查所获得的资料而计算出的顾客满意度。第五部分,在报告的最后指出企业最需要改善的地方,由于调查人员直接参与调查,对顾客情况的了解要多一些,理解也要深一些,由他们提出建议比较客观和现实,因此,应当由调查人员组成小组讨论如何改善。不过应该注意的是,他们只负责指出企业改进的方向,不负责提出具体的改善措施。

七、进行持续跟踪调查

企业对于调查结果应该有正确的态度,善于从调查所获得的资料和统计数据中分析、把握顾客的真实感受,以利于企业的持续改进。同时,企业应该认识到调查结果可能是不完全的,这是由于:其一,调查问卷中的问题不可能是完全的,一次顾客满意度调查是不可能涵盖所有的问题的,否则调查效果也不会太令人满意;其二,被调查的顾客也不可能是完全的,这在讨论选取样本的方法时已经讲述;其三,顾客的回答也不可能是完全的,顾客的回答可能只是代表他的主要倾向而非全部倾向,或者只是现在的感受而非将来的感受。有鉴于此,企业不应该满足于现有的顾客满意度而停步不前,而应该树立持续不断地进行顾客满意度调查的理念。因为顾客满意度调查只有持续进行才能收到最好的效果,才能涵盖所有应该解决的问题和所有的顾客,并可以了解随着时间的变化,企业在某些未达到顾客期望的方面及竞争对手做得比较好的方面是否取得了改善和进步。

第二节 顾客满意度的其他测评方法

一、顾客满意度指数(CSI)

顾客满意度指数是一种建立在消费心理学、消费行为学及计量经济学基础上的质量评价科学指标。它将质量的技术性、符合性标准转变为以顾客对企业核心产品、服务及顾客服务的感受和体验来评价质量。

顾客满意度指数在很大程度上反映各行业的市场发展状况,对于企业确定未来发展方向具有决定性的参考价值。顾客满意度指数分为企业的顾客满意度指数、行业的顾客满意度指数和国家的顾客满意度指数三种。

企业的顾客满意度指数的计算与顾客满意度的计算方法相同,用0—100之间的数值表示。行业的顾客满意度指数是用各企业的顾客满意度指数以销售收入加权计算得出的。举例说明:在某行业有三家企业,在一年内A企业实现销售收入100万元,B企业的销售收入为80万元,C企业的销售收入是20万元,A企业的顾客满意度指数是88,B企业的顾客满意度指数是90,C企业的顾客满意度指数是85,由于它们在行业总销售收入中的占比分别是50%,40%和10%,则行业的顾客满意度指数为:$88 \times 50\% + 90 \times 40\% + 85 \times 10\% = 88.5$。国家的顾客满意度指数则是用行业的顾客满意度指数以销售收入加权计算得出(计算方法同上)。

顾客满意度指数可以作为衡量企业在同行业中实现顾客满意能力的标准。但是,一个企业实现顾客满意的能力高还是低是不能用计算出的顾客满意度指数来绝对化的,这是与企业所处行业有关的。不同的行业顾客满意的实现程度不同。如在将同质商品供应给差异性市场的行业,顾客满意水平较低,而将高质产品供应给无差异市场的行业顾客满意度指数较高;在重复购买者面临高昂转换成本的行业,顾客满意水平较低;在业务需要重复进行的行业可以比较容易地建立起较高的顾客满意度指数等。应该说企业实现顾客满意能力与其所处行业密切相关;如果企业所处行业本身就很难实现较高水平的顾客满意,要求企业实现80或90的顾客满意度指数就不太现实;如果企业所处行业比较容易实现较高水平的顾客满意,企业的顾客满意度指数为80或90也不足为奇。

以移动通信企业的顾客满意指标(CSI)为例,其顾客满意指标包括以下的内容:

1. 绩效。其主要构成因素为:通信质量高;信道不拥挤;合理的资费标准;及时地进行维护和抢修。

2. 保证。其主要构成因素为:服务承诺;提供业务及维修的及时性;充足的网络资源;性能优良的网络设备;员工素质精良;准备充足的备用设备;相近、准确及时的话费清单;等候时间短。

3. 完整性。其主要构成因素为:多种产品种类可供用户选择;提供停车场所;手机种类、规格齐全;附设银行服务机构或自动取款机;提供等待或休息的场所。

4. 便利性。知识全面的咨询人员;全年 7×24 小时顾客服务;遍布全市的营业网点或代理商;付费清晰明了、方便;充足的服务人员;营业时间较长;使用说明书清晰;方便使用的联系方式;相关的必要培训。

5. 情绪(环境)。其主要构成因素为:礼貌、热情的服务人员;服务人员外表整洁;良好的气氛;良好的顾客投诉处理控制;宽敞、明亮的营业厅;地面洁净和空气清新;防窃安全措施有效。

从以上指标可以看出,使顾客满意的因素不仅仅涉及直接面对顾客的服务人员,还牵涉到与通信质量密切相关的网络技术人员,顾客抱怨的对象往往是营销或服务人员,但是追究其原因则很大程度上关系到网络技术人员。

二、乔装购物

乔装购物就是由研究人员乔装成普通顾客,模仿顾客在购物时的所有举动,记下企业的表现,并完成评价表。评价表主要包括这样的内容:第一列是企业核心产品、服务及顾客服务的特性;第二列是研究人员通过实际感受对这些特性的评价,并评出一定的分数;第三列是研究人员对这些得分的评论。

乔装购物不但可以提供可以量化的数据,还可以用于对主观标准的定期测量,如员工态度。乔装购物成功的关键是研究人员必须受过良好的训练,模仿行动必须逼真,以取得可信的结果。

三、投诉率

顾客投诉是顾客对企业的核心产品、服务及顾客服务不满意时所发出的牢骚和责难,反映顾客满意程度的下降。即便如此,对于顾客投诉企业不应消极应对,应该有正确的认识,即顾客投诉是顾客对企业不满的积极反应,是顾客对企业信赖和关心的表现。所以企业应当鼓励顾客投诉,将其作为衡量顾客满意的重要指标,妥善保存和利用顾客投诉的记录,作为企业找到需要改进和提高的方面的重要工具和参考。

企业可以通过设立一定的指标对顾客投诉进行监控,如顾客投诉率,它是投诉的顾客人数占顾客总人数的百分比；再如企业统计在一定时段内的顾客投诉次数，通过这样的指标企业可以在一定程度上了解在哪些方面需要改进。不过企业需要明确的是顾客投诉率低或顾客投诉次数少并不一定代表顾客满意的程度高了，因为投诉的顾客只是不满意顾客中的一小部分，而且在一定时期内顾客投诉次数少了并不是说该时期企业做得好了，很可能只是前几段时期内的遗留问题还没有显现出来。

四、顾客保持指数

顾客保持指数反映企业使顾客持续满意的能力以及企业在市场中的竞争能力，当顾客满意度调查反映企业的顾客满意得分上升，而顾客保持指数却下降时，表明虽然企业的服务水平并未下降，竞争对手却以高于企业的速度提高了服务水平，从而抢走了企业的顾客，企业应当以更快的速度提升服务水平，减小这种损失。

顾客保持指数可分为两种：一种是顾客保持直接指数，就是企业要知道一定时期内以往的顾客还有多少继续与企业交往，这可以用坐标图或条形图的方法，使企业较为清晰地了解每个时间段新增的顾客以及他们继续与企业来往的情况。另一种是顾客保留率，就是在一定时期内的顾客总数中留下来的顾客所占的比重，一般以百分比表示。

五、顾客报告卡

顾客报告卡是一种企业能迅速获知顾客对于企业的感觉的方法。企业设立顾客报告卡最大的优点是简短、容易填写、便于打分。企业设计顾客报告卡时应将有关核心产品、服务和顾客服务的特征写入表中，再对这些特征设计量表，让顾客根据量表对每个特征作出评价。企业收回顾客填写完毕的报告卡后，根据事先确定好的赋予每个等级的分值（如极好是5，极差是1），把顾客选择项对应的分值加总起来，就是顾客对于企业的实际感受。然后企业归总所有顾客填写的报告卡，就可以得到顾客对企业的总体评价了。

表4-6是某企业为外部顾客提供的报告卡示例（与为员工提供的报告卡类似）。

表 4-6　某企业为外部顾客提供的报告卡

某企业感谢您提出意见：

	极好	好	一般	差	极差
产品质量	5	4	3	2	1
员工态度	5	4	3	2	1
交货速度	5	4	3	2	1
价格	5	4	3	2	1
反馈	5	4	3	2	1
技术服务	5	4	3	2	1

六、顾客购买行为测量

1. 重复购买的次数。一段时间内，顾客对某一种产品重复购买的次数越多，说明对这一产品的满意度可能越高，反之，则可能越低。

2. 购买时挑选商品的时间。顾客在购买产品时，挑选的时间越短，满意度可能越高，反之，则可能越低。

3. 对待竞争产品的态度。顾客对竞争者表现出越来越多的偏好，则表明顾客对该企业的满意度下降。

4. 对产品价格的敏感程度。顾客对产品价格的敏感程度也可以用来衡量其满意度的高低。敏感程度越低，其满意度可能越高，反之，则可能越低。

5. 对产品质量事故的宽容度。顾客对产品或品牌的满意度越高，对出现的质量事故也可能越宽容，反之，则越不宽容。

6. 顾客生命周期。这是顾客与企业进行业务往来的时间长度的衡量指标。在多数企业中，能长期留在企业中的顾客满意度高，从而忠诚度也高，否则，他们早就离开这家企业了。在加拿大曾经有个关于远程通信的调查，那些与地方远程通信提供商往来 15 年的顾客，在范围为 10 分的满意度中平均得分为 8.1 分，而那些往来时间只有 5 年甚至更短的顾客的得分只有 7.3 分。

7. 顾客保持率。它是指在一定时期内企业顾客的保持程度。一般而言，顾客保持率与满意度成正相关关系，即保持率越高，其满意度有可能也越高，保持率越低，其满意度也越低。

8. 顾客流失率。这是与顾客保持率相对应的指标。一般而言，顾客流失率越高，表明顾客的满意度越低，顾客流失率越低，其满意度有可能越高。保留率可以用五种实际的再购买行为来衡量：近期购买、频繁购买、大量购买、固定购买和长期购买。

在顾客满足这一经营理念下,市场营销工作首先是确认显在和潜在的顾客满足状态,根据满足状态的不同,在营销上采取有效的顾客创造和维持的措施。

本章小结

顾客满意度调查是获取顾客满意状况信息的主要手段,其问卷设计通常需要对所拟问题进行分类。顾客满意度调查除采用量表方式之外,还可以利用顾客满意度指数、乔装购物、投诉率、顾客保持指数、顾客报告卡、顾客购买行为测量等其他工具和方法。顾客满意度调查包括事前调查法和事后调查法,通常应根据需要灵活选择。

习 题

以下为美国某航空公司的问卷调查表,请分析该调查表的结构。如果要了解乘客满意度,你认为问卷还可以做哪些修改?

感谢您搭乘本次航班,为了给您提供更好的服务,请协助完成这份调查表。谢谢您的合作!
Ⅰ.班机方面
  Q1. 您搭乘的舱位是
    1. 头等舱 2. 商务舱 3. 经济舱
  Q2. 机票费用由谁支付?
    1. 自己 2. 公司 3. 亲戚、朋友 4. 其他
  Q3. 本次旅行的目的是
    1. 业务 2. 观光 3. 其他
  Q4. 本次旅行可否搭乘其他航空公司的班机?
    1. 不可以 2. 可以(具体理由是:价格 时段 服务 其他)
Ⅱ.服务方面
  Q5. 请对我们所提供的服务做出评价:
    5. 优 4. 良 3. 尚可 2. 差 1. 不知道
    a. 预约
      柜台效率   5 4 3 2 1
      柜台态度   5 4 3 2 1
    b. 机场
      柜台效率   5 4 3 2 1
      柜台态度   5 4 3 2 1
      搭乘顺序   5 4 3 2 1
      行李处理   5 4 3 2 1

(续表)

c. 机舱	
空服人员效率	5 4 3 2 1
空服人员态度	5 4 3 2 1
机内整洁度	5 4 3 2 1
机内舒适度	5 4 3 2 1
餐饮服务	5 4 3 2 1
音响服务	5 4 3 2 1
影视服务	5 4 3 2 1

Q6. 您对本公司的印象如何?
1. 值得信赖 2. 高效率 3. 富有亲切感 4. 革新 5. 便利 6. 收费低
7. 有能力   8. 负责

Q7. 您认为所支付票价的价值如何?
5. 优 4. 良 3. 尚可 2. 差 1. 劣

Q8. 您对搭乘本次班机的总体评价是
5. 优 4. 良 3. 尚可 2. 差 1. 劣

Q9. 与其他航空公司相比,本公司
   a. 整体服务   3. 较佳 2. 相同 1. 较差
   b. 相对机票价格   3. 较佳 2. 相同 1. 较差

Ⅲ. 旅客资料

Q10. 您从事的行业：_____

Q11. 您的学历：_____

Q12. 您的年龄?
1. 未满18岁 2. 18—24岁 3. 25—34岁 4. 35—49岁 5. 50—60岁
6. 61岁以上

Q13. 您的性别?
1. 男性 2. 女性

案例：篆刻与订单

某通信设备公司,其产品在业内处于前列,产品性价比也不差。一年来,该公司的游经理多次拜访某集团单位的设备采购部王经理,但未能获得对方对产品的认可和采购,每次都不欢而散。该单位每年使用的同类产品价值高达几千万元,游经理尝试了很多方法但都未能如愿,难以同对方建立良好的顾客关系。一次偶然的机会,游经理发现对方办公桌上放着很多篆刻作品,经询问才知道,王经理喜欢篆刻到了如醉如痴的地步,这些作品也全是王经理个人的得意之作。拜访归来,游经理赶紧搜集相关的篆刻书籍资料,努力学习篆刻知识,待到累积了一定的基础知识后,又去拜访王经理。这次游经理闭口不谈产品,而是以篆刻为题谈古论今,并以篆刻爱好者的身份欣赏王经理的作品,不断向对方请教,并高度赞赏王经理在篆刻方面的造诣,双方大有相见恨晚的感觉。尤其是王经理,多年以来身边的朋友不少,但真正喜欢篆刻和懂得篆刻的人几乎没有,如今遇到一个知己,真是心花怒放,双方的关系升华到前所未有的地步。此后不久,游经理又亲自陪同王经理观看了一次篆刻展览,双方个人之间的感情日益升温,不久,游经理从王经理那里获得了每年2 000多万元的订单。

资料来源:子秋,《本土顾客管理案例精解》,广东经济出版社,2005年。

问题:请结合案例谈谈了解顾客产品需求之外的其他需求对顾客调研的意义,如何开展此类需求调研?

第五章
顾客资产评价与分析

☞ **学习目标**

掌握顾客终身价值、顾客资产、顾客份额等重要概念,了解顾客资产价值理论的研究状况,学会顾客资产价值的计算方法,理解顾客资产与其他企业资产的不同点,掌握顾客资产的驱动因素,学习顾客资产质量评价的两个不同维度。

☞ **知识点**

顾客资产;顾客终身价值;顾客份额;顾客权益;顾客资产特性、构成及其计算方法;顾客资产驱动因素;顾客资产质量;顾客赢利性和顾客忠诚性。

顾客价值意味着顾客是一种资产,如果企业能够紧紧抓住顾客,则意味着顾客资产就是企业资产的重要组成部分。顾客资产概念的提出,一方面,提高了企业对顾客问题的重视,另一方面,也促进了企业资产理论与实践的发展。顾客资产是一种新型资产,它本身具有诸多特点,顾客资产的组成和影响因素比较复杂,为顾客资产计算和评价带来了较大的困难,因此,顾客资产评价和分析是顾客管理研究的难点和重点之一。

第一节 顾客资产价值理论的发展

一、顾客资产的理论研究及其进展

(一)顾客资产的含义

"顾客资产"一词是由 Robert Blattberg 和 John Deighton(1996)提出的。他们首先给予了顾客资产一个比较完整的定义:企业的顾客资产(customer equity)就是企业所有顾客终身价值(life time value)的贴现和。

顾客终身价值可以用以下方程式表达:

$$\text{LTV} = \sum \pi t (1+d)^{-t}$$

其中:π 为顾客价值(从销售和非销售价值中扣除成本的余额);d 表示贴现率(把顾客终身价值换算为当年的价值);t 表示顾客保留时间长度。

LTV 总额如下所示:

$$\iiint_{i\ n\ t} \overset{\text{顾客}}{(P} \times \overset{\text{商品}}{M} \times \overset{\text{时间}}{S} \times \overset{\substack{\text{顾客}\\\text{市场}}}{} \overset{\substack{\text{毛}\\\text{价值}}}{} \overset{\substack{\text{顾客}\\\text{份额}}}{\alpha} - \overset{\substack{\text{其他}\\\text{价值}}}{} \overset{\substack{\text{成}\\\text{本}}}{C})(1+d)^{-t}\mathrm{d}t\mathrm{d}n\mathrm{d}i$$

顾客终身价值吸收了一对一营销等顾客导向型营销所提倡的"个客份额"[①]、"商品和服务的幅度"、"现存顾客和潜在顾客"等重要概念。

美国哥伦比亚商学院的 Sunil Gupta 和 Donald R. Lehmann 在其论文《将顾客视为资产》中,阐述了一个全新的顾客终身价值(customer life value)模型。它不仅是一种顾客价值衡量标准,还是一种思维方式和运营企业的新方式。它鼓励经理阶层着眼于企业的长期性操作和运营。同时,它也促使经理们重新衡量

---

① 个客份额表示在企业提供的特定产品和服务中,某一类顾客占有多大的比例。算式为:个客份额 = 向某类顾客的销售额 ÷ 顾客的全部需求。个客份额反映的是一类顾客对企业销售额的贡献度,利用这一指标可以补充市场份额指标的不足,因为市场份额只能反映企业在总体市场中的地位和竞争力,而个客份额能够反映在全部顾客中企业掌握了哪些和多少顾客。

企业绩效和传统决策方法。在两位作者看来,对顾客终身价值的任何计算,都必须考虑以下三个因素:(1) 利润。即企业从顾客处获得的年收入与向顾客提供服务的成本之差;(2) 挽留率。顾客期望与企业继续进行业务往来的百分比;(3) 折扣率。它指的是资本的当前成本。通过对这三个因素的计算获得的数据会使企业重新审视自己的顾客策略。

在顾客关系管理中,顾客价值是进行顾客分类管理的基本依据。许多研究都围绕顾客价值进行了有益的研讨,如 Roger Cartwright 认为顾客的终身价值存在累加效应;Roland T. Rust 等则进一步提出了顾客终身价值的计算方法;Robert Blattberg 和 John Deighton 提出了"顾客资产"的概念,认为企业的顾客资产就是企业所有顾客终身价值的折现现值的总和;Robert Whelan 和 Paulo Cole 也提出了顾客关系价值的概念。

有关顾客资产的研究目前仍十分零散,研究重点和成果尚存在很大差异,下面以时间为序对顾客资产理论进行梳理。

(二) 20 世纪 80 年代到 90 年代中期的研究

Ford(1980)概括出企业与顾客之间关系发展的五个阶段,即开始阶段、早期阶段、发展阶段、成熟阶段和后期阶段,并指出企业在发展顾客关系的过程中,应把各部门的战略很好地结合起来。Gurnmesson(1987)的观点表明,企业应加强对顾客关系生命周期的管理,而不是对产品生命周期的管理。Joan Koobcannie 和 Danald Caplin 提出企业应从战略的高度、高层领导观念的转变和措施落实等方面入手,达到牢牢维系顾客的目的,并提出如何增进顾客关系的十二步骤战略措施。

Griffin(1995)提出了顾客份额的概念。所谓顾客份额(customer share)是指一个企业所提供的产品或服务占某个顾客总消费支出的百分比。企业不应只关注市场占有率,还应思考增加每一位顾客的购买额。他们认为,应该用顾客份额所带来的长期收益即顾客终身价值来衡量企业的绩效水平。

之所以用顾客份额的概念代替市场份额的概念是基于以下两个原因:一是传统的营销模式是采用以企业交易量为基础的短期利润来衡量成败;而越来越多的营销实践表明,企业愿意投资于能赢得顾客忠诚的项目,虽然短期内这有可能使企业遭受一定的损失,然而保持顾客将会使企业获得长期的较大的效益。二是以单向信息传递为特征的大众传播正在逐渐失去其往日的魅力,信息技术革命使企业可以通过交互式的媒介与单个目标顾客随时进行对话交流,这使企业与顾客建立长期的关系成为可能。

另一方面,许多企业认识到顾客维持与顾客终身价值的关系,因而注重提高顾客维持率指标。所谓顾客维持率是指在一定的期间内进行反复购买的顾客占该企业全部顾客的百分比。顾客份额应该是划分顾客忠诚的一个重要指标。那么提高单个顾客份额的途径主要有两条:一是让顾客增加对现有商品或服务的购买;二是提供顾客所需要的其他商品或服务,如提供满足他的关联需要和后市场需要的商品等,扩大能满足顾客需要的商品范围,从而增加顾客份额,结合顾客维持来创造最大的顾客终身价值。顾客份额概念的提出进一步丰富了对顾客终身价值概念的认识。

(三) 20 世纪 90 年代中后期的研究

20 世纪 90 年代后期,营销学者进一步扩大了研究范围,对顾客权益或顾客资产、顾客终身价值等领域的研究兴趣激增(Berger and Nasr,1998;Gupta,2001;Rust,2000),并开始关注先行因素的识别及其与顾客赢利性的关系。顾客终身价值作为一个词汇出现得较早,但是作为一个系统的并且能精确计算的概念则应归功于 Reichheld 的研究(Reichheld,1990,1994)。Reichheld 的研究表明来自忠诚顾客的利润随着时间的延续而增加。这种利润增加来源于五个方面:基本利润、收入增长、成本节约、口碑效应和价值溢价。其中成本的节约又表现在吸引新顾客的营销成本减少,交易成本减少等方面。

Reichheld(1993)的研究明确表明不同顾客具有不同的顾客价值。顾客价值与顾客保持率和保持年限呈正相关关系,从而说明不同的顾客可能具有不同的顾客价值。Reichheld(1996)认为顾客终身价值是指在维持顾客的条件下企业从该顾客持续购买中所获得的利润流的现值,主要取决于三个因素:一是顾客购买所带来的边际贡献,二是顾客保留的时间长度,三是贴现率。Roger Hallowell(1996)认为顾客终身价值不仅取决于特定时间内顾客的消费水平和消费频次等因素,而且取决于顾客忠诚度、顾客挽留效果等因素。[①]

Alan W. H. Grant 和 Leonard A. Schlesinger(1995)认为获得每位顾客的全

---

① Roger Hallowell, "The Relationship of Customer Satisfaction, Customer Loyalty and Profitability: An Empirical Study", *International Journal of Service Industry Management*, 1996, Vol.7, No.4, pp.27—42.

部利润潜力是每个企业的根本目标,因为源于顾客关系的利润是所有企业活力的源泉。

Dorsch 等人(1996)以零售商为对象,对交易的权益类型(顾客权益、商店权益和所有者权益)进行了探索。

Berger 等人(1998)识别出基于顾客终生价值的营销模型。

Mitani(1999)强调,应该从顾客的需要出发来看待顾客终身价值的概念。他指出有四种容易流失的巨大需要。事件需要、更新需要、关联购买需要和后市场需要。事件需要和更新需要与顾客维持时间有直接的联系,是一种时间上的延伸。而关联需要和后市场需要则涉及顾客的商品种类和品种的宽度需要,是一种横向的商品范围的延伸。无疑,对这些需要的满足,不仅可以增加顾客忠诚度,而且能提高顾客终身价值。

Storbacka(2001)将 CRM 中的顾客份额分为三个层次:钱包份额(share of wallet)、情感份额(share of heart)和思想份额(share of mind)。钱包份额取决于顾客的行为——有多少顾客最终选择某个供应商;情感份额取决于顾客的知识——有多少顾客了解某个供应商的信息;思想份额取决于顾客的情感——有多少顾客在情感上心仪某个供应商。[1]

Reinartz(2003)的研究为企业经营顾客资产提供了新的思路,即针对不同顾客资产采取不同的营销方案:如对最佳顾客实施"忠诚方案",对有价值的短期顾客实施"吸引方案",对价值低的长期顾客实施"保持方案"。

(四) 2000 年以来的研究

美国著名营销学者 Zeithaml、Rust 和 Lemon(2000)开发出顾客资产的驱动要素模型和决策支持系统,在《驾驭顾客资产》[2]一书提出的顾客资产模型中,他们将顾客资产的驱动因素定义为价值资产、品牌资产和维系资产,使企业可以关注营销战略以及判定战略投资对企业和竞争对手的顾客资产的财务影响。他们对顾客资产理论进行了具体的阐述,认为企业要真正实现以顾客为中心的经营思想,必须注重顾客的终身价值,把顾客作为企业最重要的资产进行经营,

---

[1] Kaj Storbacka and Jarmo R. Lehtine, *Customer Relationship Management*:*Creating Competitive Advantage through Win-Win Relationship Strategies*, McGraw-Hill, 2001, p.132.

[2] Roland T. Rust, Valarie A. Zeithaml, and Katherine N. Lemon, *Driving Customer Equity*:*How Customer Lifetime Value is Reshaping Corporate Strategy*, New York, The Free Press, 2000.

使其价值最大化。

该理论指出,顾客满意并不是维系顾客的唯一推动要素,因而不提倡使所有的顾客满意,也不提倡使顾客完全满意,而是主张在对所有顾客进行赢利性分析的基础上,有选择、有区别地服务顾客,不仅仅关注顾客当前的赢利能力,更关心企业将从顾客一生之中获得的贡献流的折现净值。管理人员应根据本企业可从不同的顾客那里获得的经济收益,把顾客划分为几个不同的类别,理解不同类别顾客的需要,为不同类别的顾客提供不同的服务,以明显地提高本企业的经济收益。他们认为企业管理人员可采用"顾客金字塔"模型,分析不同类别顾客的需要,根据本企业可获取的经济收益,合理地分配本企业有限的资源,按照各类顾客要求的效用,为他们提供定制化产品和服务。要减少低效营销活动的经费,增加高效营销活动的投资,企业应采用有效的计量方法,评估所有营销投资的效果。应根据企业可从终身顾客那里获得的收益(顾客终身价值)评估各个顾客的价值,根据企业的顾客资产,比较各个战略营销方案的效果。管理人员根据各类营销投资的效果,选择最能增加顾客资产的营销方案,就能最有效地增加企业的价值。

顾客的保留率对企业的长期成功显得越来越重要,许多企业已经把经营焦点从顾客获取率转移到顾客保留率上来(Russell,2001)。Reichheld对顾客保留率和顾客价值关系进行了研究;加拿大营销学教授James(2002)从经济学角度对顾客关系的价值进行了研究。

Lehmann等人(2001)试图通过顾客权益来增强顾客关系、明确努力方向和预测顾客对产品与服务的可能反应;Dorsch等人(2001)剖析了顾客权益管理与销售经理的战略选择问题。

Blattberg等人(2001)使企业能够理解顾客获取挽留与交叉销售对企业顾客资产的贡献,为企业管理各项投资提供了依据。

Berger等人(2001)探索了顾客权益中的促销资源分配问题。

Bell等人(2002)剖析了顾客资产管理范式的诞生及其实施过程中的七大障碍,并提供了"基于顾客资产的营销模型",同时,其他研究则开始探索用于评价顾客资产的财务模型(Hogan and Hibbard,2001)和验证顾客资产模型的假设,加深对关系开发过程及其对顾客资产的贡献的理解(Bolton and Lemon,2002;Hogan,Lemon, and Libai,2002;Reinartz,2001;Thomas,2001)。

这一不断成长的研究流派表明,通过理解顾客基础的价值和积极管理顾客资产,管理者可以提升整个企业的价值,最终提升股东价值(Gupta,2001)。

在我国,由于体制等方面的原因,服务管理的研究长期落后于企业实践的迫切要求。相关的少数研究,目前主要局限于服务质量和顾客关系方面,而有关 CRM 的研究可以说才刚刚起步,真正意义上的理论探讨很少,而相关的实证研究则是空白。一些学者已经开始关注顾客资产问题,并发表了一些文章,但多数属于理论引进和跟踪研究,尚处在概念介绍和对国外相关研究的零散回顾阶段。[①]

我们认为顾客资产是广义的,它包括容易量化的顾客购买价值和不易量化的一些隐性价值,如顾客信息价值、顾客口碑价值、顾客交易价值、顾客知识价值。而经过评估计算后得出的货币化的顾客资产称为顾客资产价值,只包括顾客购买价值,是一种狭义的顾客资产。

二、顾客资产理论的来源及其与相关领域的关系

20 世纪 50 年代之前,企业的经营观念主要是生产观念、产品观念与推销观念,其共同特点是企业与顾客的关系处于一种支配与被支配的环境中,相互间的地位是不平等的,企业运用其经济力量促使顾客按照自己的意愿行事,很少关注顾客的真正需求与期望,顾客地位比较低,企业还没有认识到顾客关系的重要性,顾客关系管理还没有得到企业的认同,企业的经营理念是"非顾客导向"的。

50 年代市场营销观念的出现与发展,是企业对长期忽视市场需求所导致的生产过剩与竞争激烈进行反思的结果。企业开始关注整体市场需求,通过市场调研等途径对市场行为进行研究与分析。这时企业认识到,产品生产、销售通路、售后服务管理等都是非常重要的。不过市场营销发展的初期是面向大众市场的,在目标顾客界定与顾客个性化需求方面,缺乏应有的关注。而且,市场研究的方法大多是以偏概全,缺少对最有价值顾客群体的重视。企业已逐渐认识到顾客的重要意义,但用于维持顾客关系的措施过于泛化,对所有顾客采取基本相同的手段。这一阶段是市场导向的,或者可称为顾客关系管理的萌芽阶段。

---

① 国内在顾客资产方面的研究开始起步,出现了一些成果,如发表在《经济管理》,2002 年第 24 期上的《顾客资产的构成与测量》一文,该文介绍了顾客资产构成和测量中的几个基本问题。

20世纪80年代以来,随着关系营销和数据库营销理论与实践的发展,顾客关系管理得到初步发展。有关研究表明,在早期的数据库营销阶段,企业已经意识到掌握丰富的顾客信息能为其带来巨大的价值,于是许多企业就投入一定资金用于建立数据库或者用于收集顾客信息。Frederick Newell(1997)认为数据库不仅是一种销售技术,而且是一种行销与态度的重建,特别反映在企业如何看待顾客的态度上,它可以告诉企业如何通过数据库找出最有潜力的顾客、如何交叉销售、如何保持企业的顾客、如何降低企业与顾客的沟通成本。

现在,西方的顶级企业里流行这样的看法:不要把企业当作产品和服务的组合来管理,也不要把它当作部门的组合来管理,而要把它看作是顾客的组合。这种理念认为不要把顾客仅仅看成交易的对象,更重要的是把他们看成企业的资产。

近年来,众多学者从不同侧面对顾客关系做出研究,顾客满意、关系营销、品牌资产、顾客忠诚的概念得到众多研究者的关注,顾客终身价值指的是顾客一生能给企业带来的利润,瞄准的是顾客未来收入流,时下营销领域的热点"顾客关系管理(CRM)计划"以及上述营销思想的目标指向就是顾客的终身价值,这些理论的本质和出发点都基于顾客资产的不菲价值,是顾客资产的理论来源。

(一)顾客满意

20世纪60年代,著名管理学家彼得·德鲁克指出:公司的首要任务是创造顾客。过去,营销学一直强调发现潜在顾客(有未满足需求的顾客)和刺激顾客需求,90年代以后,企业营销管理开始突出强调的是顾客满意,因为只有满意的顾客才会宣传企业,并成为忠诚顾客,而忠诚顾客是企业最重要的顾客资产。

20世纪80年代的顾客满意战略从情感出发,试图找出一种评估企业与顾客关系的可量化的方法和途径,前提是建立和维系与顾客的长期良好关系能为企业带来可观的利润。在过去10年里,营销学者对顾客挽留给予了关注,认为它是顾客资产的价值源泉、类似的观点引发了学者们对顾客忠诚先行因素(Crosby,1987;Dick and Basu,1994)和购买意图(Anderson,1993)进行研究的浓厚兴趣,推动了有助于平衡顾客获取与挽留投资的战略模型的开发(Blattberg,

1996)。ReichheLd(1996)的研究进一步证实:如果忠诚顾客增长5%,那么企业利润将依行业不同增长25%—95%。此时,企业所面临的竞争形态已由最早的生产导向(大规模生产单一品种供应市场),经由第二阶段的市场导向(以成本领先和差异化抢占市场份额),开始进入顾客导向(发现和创造新的顾客需求,以开拓并巩固新的顾客市场)。顾客满意策略即是通过为顾客创造令他们满意的价值来取得竞争优势。

20世纪90年代,当企业之间的竞争从产品质量转向服务质量时,顾客满意度的管理便成为企业的一个重要战略手段,用于提高企业的顾客保留率和企业的利润水平(Jones and Sasser,1995;Reichheld,1996)。许多公司开始实施顾客满意战略,利用调查、访谈、客户服务中心、投诉建议等各种方法监控企业的客户满意率。但是,Reichheld同时指出,顾客满意并不意味着他们对企业的忠诚。Jones和Sasser(1995)通过对施乐公司等的调查研究进一步考察了满意度和忠诚度之间的关系,发现满意度和忠诚度之间并不是简单的线性关系,还和许多限制因素有关,如垄断、专有技术、高昂的转换成本等。只有真正满意的顾客才会保持对企业的忠诚,"满意"和"完全满意"的顾客,两者的忠诚度往往大相径庭。许多学者因而提出企业追求的不应是顾客的满意,而是100%的满意,也就是一种超出期望的愉悦状态(Deming,1986;Joiner,1994)。Johnson和Gustafasson(2000)提出的"客户综合衡量和管理"模型,则把企业在内在质量、顾客满意、顾客忠诚和最后的财务业绩之间建立起一个统一的框架体系,最终也说明了顾客满意和忠诚在当前以顾客为中心的组织中对于顾客关系管理的重要性。

(二) 服务营销

Ron Karr和Don Blohowiak认为,企业应通过优质、高超的顾客服务建立、巩固与发展企业与顾客的关系。Steven[①]利用内部服务、外部服务、服务三角形等概念阐述顾客为本和顾客价值的真谛。

20世纪90年代初以来,国内外学者对服务质量与企业获利能力之间的关系进行了大量的研究。他们的研究结论是:服务性企业投入相同的资源,为不

[①] 斯蒂文·阿布里奇著,戴骏译:《服务·服务·服务——企业成长的秘密武器》,吉林人民出版社,1999年。

同类别的顾客提供相同的服务,并不能获得相同的投资收益。不同类别的顾客对服务质量有不同的要求,服务性企业为不同类别的顾客服务,可获得的经济收益也会有明显的差异。服务性企业投入不同的资源,为不同类别的顾客提供不同的服务,才能提高经济收益。

(三) 关系营销

Berry(1983)提出"关系营销就是保持顾客";Barbara Bund 和 Jackson(1985)提出"关系营销就是锁住顾客,用两种纽带将顾客锁住……一种是结构纽带,另一种是社会纽带";Copulsky 和 Wolf(1990)提出"关系营销就是利用数据库去'瞄准'消费者,去保持消费者,与消费者建立连续关系";Morgan 和 Hunt(1994)指出"关系营销是指所有目的在于建立、发展和维持同顾客成功的交换关系"。Payne(1994)认为"关系营销是通过创建、培养和延续顾客关系来长期拥有顾客增加销售量和实现交叉销售,从而最大化企业从顾客手中获得的价值。"[①]对关系营销概念的界定较为全面的当属 Christian Grönroos,他于1990年及1996年先后对关系营销下了定义,而1996年的更为全面:"关系营销是为了满足企业和相关利益者的目标而进行的识别、建立、维持、促进同消费者的关系,并在必要时终止关系的过程,这只有通过交换和承诺才能实现。"关系营销的出现使竞争的焦点"从吸引顾客转向了挽留和关怀顾客"。[②] Don PePpers,Martha Rogers 和 Bob Dorf(1999)指出,个性化营销(或称为关系营销或顾客关系管理)使企业能以所收集的顾客信息与顾客告诉企业的信息为基础,对顾客开展个性化的行动,从而增加顾客价值。

当大多数企业仍然与顾客只保持交易关系,将更多的人、财、物投入于发展新顾客时,一些企业已发现与顾客保持长期关系的重要性,并采取各种措施以建立、巩固、发展与顾客之间的营销关系和服务关系,关系营销成为许多营销经理、服务经理、营销专家的常用语。关系营销将介于产品与顾客之间的人际关系放在价值链之中,重视对各种关系的管理,以期向顾客提供更高价值。它强调在企业与其他利益相关者之间建立、保持并巩固一种长远的关系,认为培养

[①] Payne. A, "Relationship Marketing-Making the Customer Count", *Managing Service Quality*, 1994, vol. 4, no. 6, pp. 29—31.

[②] Annika Rabald and Christian Grönroos, "The Value Concept and Relationship Marketing", *European Journal of Marketing*, 1996, vol. 30, No. 2, pp. 19—30.

并维持与顾客的良好关系是企业营销成功的基本保证。20世纪末期,信息技术和互联网的发展,把市场权利重新从企业转移到顾客手中,顾客拥有了前所未有的选择权和话语权(Schultz,1992;Adrian and David,2001)。市场性质的转变引发了传统的以4P营销组合为核心、以交易为特征的营销管理理论被一种新型的以4C为取向(Lauterbm,1992)、以维持顾客关系和获取顾客终身价值为中心理念的"关系营销"理论(Christopher,1991)所替代。4C强调企业要重视顾客问题,4R——related(顾客关联)、reaction(市场反映)、relationship(关系营销)、return(利益回报),强调企业与顾客的关联和关系营销,这充分体现了新营销观念的精粹——一切从顾客的需要和欲求出发。

(四)品牌资产

1989年提出的品牌资产(brand equity)理论,旨在指出顾客的品牌忠诚成为企业竞争的制胜武器,然而却似乎将企业的经营思路引入一个误区。品牌忠诚度,作为顾客对企业忠诚程度的标志,成为企业重要的无形资产记入会计账簿。企业通过评估、转卖、特许经营或作为资产投资参股等方式从品牌资产上获得了种种看得见的利益,因此,更为大力地强化品牌形象。他们在品牌识别上花费了大量的资金和精力,却往往忽视了隐藏在品牌资产后的忠诚顾客。而事实上,品牌出现的初衷,就是为方便顾客的识别和记忆。任何一个强势品牌,其身后莫不是有一群忠心耿耿的忠诚顾客。

(五)顾客忠诚

对顾客资产的强调始于对顾客忠诚的研究。Jones和Sasser(1995)认为,顾客忠诚度不仅包括顾客对所购买的产品和服务的满意程度,更重要的是他们继续购买该产品和服务的可能性。James(2002)进一步指出,顾客忠诚度不仅仅是一种行为——购买频率、钱包份额、口头宣传等,更重要的是顾客和公司各渠道接触交往时的感受和情感体验,关键在于将行为上的联系转化成具有情感特征的联系,使之具有信任、信赖、社区感、共同目标、尊重、依赖等内涵。当企业和顾客建立类似的忠诚关系以后,能够给企业带来巨大的效益,主要有以下三方面效应:通过顾客的重复购买提高企业效益;通过获得顾客的低花费和为有经验顾客服务的高效率降低企业成本;通过顾客忠诚度增强员工的自豪感和满意度,反过来进一步加强顾客忠诚度,进而减少雇佣培训员工的成本。在

《掌握顾客关系》一书中，Cartwright，R.介绍了顾客关系、服务顾客与关怀顾客背后的原则。他认为，顾客满意不是企业的最终目标，只有让顾客感到愉悦而不是满意，才能促进顾客忠诚。[①]

Joan Koob Cannie 和 Donald Caplin 从长期顾客价值的角度发展了一个有利于人们理解顾客关系价值的公式。即：

利润 ＝ 每位顾客的长期利润 ＋ 对10位朋友的口头宣传
　　　＋ 避免重复一遍的成本而节省的钱 － 处理投诉的费用

冯云廷和李怀斌（1998）指出，忠诚顾客会提高企业长期业务绩效、促进产品开发、保证顾客重复购买、增进顾客或用户友谊、降低营销费用以及增强营销能力。一般来说，顾客留在企业的时间越长，顾客越有价值。长期的顾客会购买更多，对价格更不敏感，公司同其交易时所花费的时间更少，并且他们会带来新顾客。Reichheld 和 Sasser（1990）的研究指出，顾客忠诚度如果提高5%，公司的赢利能力可以翻一倍，因为公司销售收入的70%来自于忠诚的顾客。忠诚顾客的真正价值还不在于此，而是在于它表现了一种对未来的收入流的贡献（James，2002）。

20世纪90年代，随着顾客满意研究的进一步深入，愈来愈多的研究结论与"顾客满意"发生了分歧，发现"顾客满意与顾客忠诚之间的正相关性"以及"顾客忠诚与企业绩效之间的正相关性"并非存在于所有的企业之中。美国学者 Reichheld 的研究发现有65%至85%的满意或非常满意顾客"跳槽"。美国学者 Jonson 和 Hart 的研究表明，在服务性企业顾客忠诚对企业的赢利性产生正效应，而在产品生产性企业顾客忠诚对企业的赢利性产生负效应。率先开展顾客满意度调查的美国汽车制造业的顾客满意率超过90%，然而实际上再次购买相同品牌汽车的顾客只有30%至40%。不少以"服务所有顾客"为宗旨的企业陷入了"满意困境"之中。学术界开始思考、探寻能使顾客满意和企业赢利有机结合的新观念。Blattberg 和 Deighton 首先提出了"顾客资产"的概念。

---

① 罗杰·卡特怀特著，涂欣、方晓、惠晓霜译：《掌握顾客关系》，广西师范大学出版社，2001年。

第二节 顾客资产的特征与价值评价

一、顾客资产的本质和特点

(一)顾客资产的本质

1. 顾客资源具有资产的价值特性

在市场经济条件下,大家都认同顾客资源重要,但如果说顾客资源是资产,许多人可能会不以为然。事实上,从资产的本质可以看出,顾客资源不仅应该是资产,而且应该是现代企业中蕴涵着极高价值的资产。

国际会计准则委员会于1989年发布的《财务报表编报框架》中将资产定义为:资产是因过去的事项所控制的、可望为企业带来未来经济利益流入的资源。我国企业会计准则对资产的定义是:企业拥有或控制的能以货币计量的经济资源。顾客究竟能否被视为资产?根据美国财务会计准则委员会对资产的定论,资产必须具有以下三个要素:(1)必须是一项经济资源,可提供未来收益;(2)为企业所拥有或控制;(3)可以用货币计量其价值。

顾客资产的定义的导向性是明显的:(1)顾客及顾客资产在企业中占据首要地位,而品牌及品牌资产退居次要地位并必须服从顾客资产管理需要。相应地,企业管理理念也应从长期以来的"品牌导向"转为"顾客导向",企业的核心竞争力主要集中在顾客资产上。(2)顾客资产把顾客看作"资产"或"资本"而不是其他东西。顾客资产像其他的生产要素(人力资本、物质资本等)一样具有内在增值性,它能产生收益现金流,具有投资风险,这和一般的资本如人力资本和物质资本具有共同性。顾客是企业的利润来源。简单地说,顾客是一种重要生产要素,需要纳入企业要素管理范围。这完全不同于早期管理模式中对顾客的认识。在早期管理模式中,企业生产函数不包括顾客资产。(3)既然视顾客为资产,必然涉及如何"资本化"顾客资产,并且像管理其他资产一样建立一个资产账户,以便进行评估、优化并正确衡量相关的投入和产出问题。否则顾客资产只能停留在概念阶段,无法导入管理实践。(4)打破了过去一切为了市场占有率而不计较顾客成本的管理模式。如何以最小成本获得顾客、以最小成本巩固顾客资产、争取最有价值的顾客才是提升企业资产质量的核心。

从理论上讲,顾客资源的确具有资产的价值特性,顾客资产是企业所拥有的顾客资源中,能够为企业带来预期的经济利益,并可进行资产化处理的部分,其本质就是把顾客当作企业的一项资产。企业的经济活动中,除了融资之外,顾客资源是企业最终实现交易并获得现金流入的唯一入口。企业如果没有顾客资源,其产品或服务就不能实现交换,那么企业的一切活动将是无效的。可见,企业拥有的顾客资源和其他资产相结合,具有间接为企业创造现金流入的能力,具有资产最本质的特征。

对于一个企业来讲,顾客资源要具有与其他资产一样的价值,必须具备以下两个条件:(1)顾客资源必须真正被企业拥有并被企业所控制。拥有是前提,控制是根本。现实生活中,许多企业的确具有相当数量的顾客群体,但这些资源掌握在业务人员个人手中,一旦某个业务人员离去,就将带走一批顾客。顾客资源及其有关顾客资源的相关资料几乎由业务人员个人拥有,而不属于业务人员所在的企业。显然,这样的顾客资源不被企业真正拥有,更不被企业所控制。因此,这些企业的顾客资源当然不能成为企业的资产,只能是业务人员个人的财富。(2)顾客资源价值只有得到有效提升并得到充分利用,才能发挥其作为资产的作用。许多企业已经拥有了完整的顾客资源,并能对其加以控制,也建立了完整的顾客档案,但他们只是把这些档案作为资料保存而已,并未有效地对其进行开发和利用。显然,这样的顾客资源仍然不能成为企业的真正资产,自然也就不能发挥其作为资产的价值作用。资产只有在不断地运用和流动中才能实现增值,顾客资源这一特殊的资产也是如此。

2. 顾客资产是现代企业中蕴涵丰富价值的战略资产

面对新经济时代的思潮冲击,安达信公司曾研究了全美公开上市的一万家企业在过去二十年间的营运资料,归纳出企业价值包括了实体资产、财务资产、顾客资产、员工及供应商资产、组织资产等五大资产。现在学者对企业价值资产的研究已经从有形的投资资本(如资产、产品、技术等)转向智力资本和顾客资本的研究(Evdinsson and Malone,1997;Patricia,2002)。Patricia(2002)认为,顾客资本是指所有顾客关系的总和,它可以从三个方向来衡量:一个企业顾客关系网的宽度、深度以及质量。

据《商业周刊》报道,针对1999年美国一百家最具市场价值的企业所做的研究调查,主要发现下列四项特点:百家企业员工总数(total employment)较十年前减少近三十万人;资本集中率(capital-intensive ratio)较十年前普遍降低;企业获利(total profits)较十年前增加二倍以上;市场价值与账面价值差距(market gap)逐年扩大。以上四项特点显示企业经营及价值创造的来源已发生重大的改变。传统企业价值主要是来自于资产负债表所显现的实体资产及财务资产,也就是传统的土地、设备及投资等,而在新经济时代,许多企业在资本市场中的市场价值,远远超过财务报表的账面价值。这两者之间的差距,主要来自投资人对企业未来经营价值的期望。这不仅挑战了传统的企业价值概念,也让许多管理专家开始思考——究竟除了传统实体与财务资产外,企业还能以哪些资产创造价值?

在传统的管理理念以及现行的财务制度中,只有土地、厂房、设备、现金、股票、债券等是资产。随后企业资产扩大到无形资产,包括品牌、商标、专利、知识产权等。随着科技的发展,开始把技术、人才视为企业的资产,对其百般重视。然而,这种划分资产的理念,是封闭式的,而不是开放式的。无论是传统的固定资产和流动资产论,还是新出现的人才和技术资产论,都只是企业能够得以实现价值的部分条件,而不是全部条件,其缺少的部分就是产品实现其价值的最后的阶段,同时也是最重要的阶段,在这个阶段的主导就是顾客。顾客在企业经营中的地位之高、作用之大,使得它必然成为影响企业经营的一个关键因素,同现金、银行存款、存货、商标、专利等一样成为企业总资产的一部分。因此,顾客也是一种资产。一个和企业维持着长期关系、具有高度忠诚的顾客带来的不仅是他个人一生反复购买的价值的超额利润,更有因口碑效应带来的潜在价值。这些顾客已经脱离了交易的性质,成为真正意义上企业的战略资产,而且这种资产和竞争优势是竞争对手难以模仿的。赋予顾客"资产"的含义,那么顾客就可以像那些为企业带来直接利润的资产,比如货币资金、存货、产成品一样处于重要的地位。更进一步,如果我们称之为"资产",将其纳入会计核算的范围,那么顾客资产就可以具有可用货币衡量的准确价值,那么顾客的增加、顾客的流失以及每个顾客带来的收益的变化等经营现象就能引起每一个员工乃至企业管理者的足够重视。在现代社会,新的融资渠道和手段不断涌现,有形资产不再是阻碍企业经营的唯一瓶颈,而代表市场需求的顾客,才是企业利润的根本源泉,成为影响企业生存和发展的战略资产。

（二）顾客资产的特点

1. 价值性。顾客之所以能成为资产而并非仅为资源，就在于其不但稀缺而且能创造价值。顾客资产对企业的价值不仅直接表现在其购买产品的总额，还在于其为企业提供的强大的信息与知识价值。关系营销强调企业不只是追求单次交易所产生的顾客价值，而是要通过建立、维持和发展与顾客的长期关系来获得最大的顾客终身价值。顾客资源，特别是忠诚顾客资源富有战略价值，能为企业创造超过同业平均利润水平的超值利润，为企业打造长期性的竞争优势，然而，这种价值性往往难以被他人所察觉与评估。

2. 共享性。从会计核算来讲，占有和使用资源是要支付费用的。根据资源费用的支付方式与产品成本的关系，可将经济资源分为非共享资源与共享资源。顾客资源是一种共享资源，即产品的成本水平与分摊资源费用的产品数量无关的资源：一方面，分享这类资源的产品数量越多，分摊到单位产品中的成本就越低，顾客资源的共享性节省了企业大量的营销费用；另一方面，一个企业拥有的顾客资源还可能为另一个企业所共享，这主要是因为这一部分顾客资源的其他需求可能构成那家企业的目标市场。这使得企业在向顾客提供产品或服务获取利润的同时，可通过联合销售、提供市场准入、转卖等方式与其他市场合作获取直接或间接的收益。如超级市场中"可口可乐"与"乐事"薯片的捆绑销售，实际上是后者花钱向前者购买了其顾客资源的共享权。

3. 不确定性。与固定资产、流动资产、人力资本等内生性资产形态相比，顾客资产的形成、维持和运用均不能由企业单方面决定，它在很大程度上取决于顾客的价值观、态度和其他心理特征。此外，顾客忠诚度的培养和维系还受到竞争对手竞争策略的改变和行业环境改变的影响，因此，企业的顾客资产具有极强的动态性和不确定性。

4. 不可替代与不可模仿性。在市场竞争中获胜所需的条件组合，例如土地、人力、资本、信息等等，可以很快被竞争对手模仿。然而，详细而灵活的顾客信息和顾客资源，即有关顾客及其爱好的信息和良好的顾客关系本身，却很难被模仿。在严格的同一市场中，本企业顾客的增加意味着竞争者顾客的流失，同行业中几乎不存在两个企业都拥有同一忠诚顾客群的情况。并且，一旦顾客与企业建立起长期的联系，就会对企业形成强烈的认同感和归属感，一般情况下不会随环境的变化而发生质的改变。竞争对手只能学习和模仿本企业吸引顾客的某种策略,顾客忠诚一旦形成,竞争对手往往要花费数倍于本企业的成本来抢夺市场。

5. 较弱的投资性。固定资产、流动资产、人力资本等资本形态均可通过直接投资、专利技术入股、管理模式的输出等方式而形成权益资本。而企业顾客资产的载体是顾客,顾客本身所特有的能动性、多样性和选择性使得企业无法将顾客的忠诚度作为投资的工具,而只能将顾客资本中的营销渠道、服务力量等当作权益资本来获取投资收益。

6. 二重性。在既定的市场中,顾客资源具有稀缺性。即顾客对某一类产品的需要总是有上限的。因此,在这一类产品的市场竞争中,某一顾客资源的配置给定后,就排除了同时用于其他方面的可能。这也就是前面提到的在严格的同一市场中顾客资源的不可替代性。但另一方面,由于顾客需要的层次性和多样性,顾客资源又是一种可以不断开发、永续经营的资源,表现在可以同时配置于不同的市场,可以重复使用,且不影响其效用。

7. 延展性。企业拥有顾客忠诚是一种基础性和核心性的能力,它能有力地支持企业将业务拓展到更有生命力的新事业领域中去。企业能吸引并保留忠诚顾客从表面上看可能是因其具有高质量的产品、优质的服务,或具有号召力的品牌推广,但其根本上是源于企业以顾客为中心的核心思想。

二、顾客资产的构成与计算

(一) 顾客资产的构成

顾客资产由顾客购买价值、顾客信息价值、顾客口碑价值、顾客交易价值和顾客知识价值构成。[①]

1. 顾客购买价值(customer purchasing value, CPV)

顾客购买价值是顾客由于直接购买为企业提供的贡献总和。顾客购买价值受顾客消费能力、顾客份额和单位边际利润三个因素影响,其计算公式为:

$$PV = 顾客消费能力 \times 顾客份额 \times 单位边际利润$$

[①] 汪涛、徐岚:"顾客资产的构成与测量",《经济管理》,2002年第24期。

2. 顾客信息价值(customer information value,CIV)

顾客信息价值是顾客为企业提供的基本信息的价值,这些基本信息包括两类:一是企业在建立顾客档案时由顾客无偿提供的那部分信息;二是在企业与顾客进行双向互动的沟通过程中,由顾客以各种方式(抱怨、建议、要求等)向企业提供的各类信息,包括顾客需求信息、竞争对手信息、顾客满意程度信息等。这些信息不仅为企业节省了信息收集费用,而且对企业制定营销策略提供了较为真实准确的一手资料。顾客信息价值基本上可视为一个常量,因为在企业的既有规范和处理流程下,每一个顾客都可能为企业提供这样的信息,企业对这些信息的处理没有选择性,即这些信息为企业提供的价值基本上没有差异性,每个顾客提供的信息价值可视为是相同的。

3. 顾客口碑价值(public praise value,PPV)

顾客口碑价值是顾客由于向他人宣传本企业产品品牌而导致企业销售增长、收益增加时所创造的价值。满意的顾客通过对产品或服务给予良好的评价并向其周边的群体传播来影响其他潜在顾客的购买行为,间接地为企业创造更多的收入和利润,而且经由现有顾客推荐而来的顾客,往往质量会比一般顾客更胜一筹。顾客口碑价值的大小与顾客自身的影响力有关。顾客影响力越大,在信息传达过程中的"可信性"越强,信息收受者学习与采取行动的倾向性越强。同时需要明确的是,顾客影响力有正有负:正的顾客影响力有利于企业树立良好形象,为企业发展新顾客,对企业有利;负的顾客影响力来自于顾客对企业的抱怨,它将企业的潜在顾客或边缘顾客推向企业的竞争对手,企业若不及时处理,后患无穷。此外,顾客口碑价值还与影响范围有关,即顾客口碑传播的范围越广,可能受到影响的人群越多。当然,顾客口碑的价值最终仍需体现在受影响人群为企业带来直接收入的大小上,因此,受影响人群的购买价值的高低与顾客口碑价值正相关。顾客口碑价值的计算公式为:

$$PPV = 影响力 \times 影响范围 \times 影响人群的平均购买价值$$

4. 顾客交易价值(customer transaction value,CTV)

顾客的交易价值是企业在获得顾客品牌信赖与忠诚的基础上,通过联合销售、提供市场准入、转卖等方式与其他市场合作获取的直接或间接收益。顾客交易价值受产品关联度、品牌联想度、顾客忠诚度、顾客购买力以及交易双方讨价还价能力等因素的影响。交易价值的计算,可依据会计的当期发生原则,将企业通过交易获取的收益平均分摊到有交易价值的顾客上。

5. 顾客知识价值(customer knowledge value,CKV)

顾客知识价值可以说是顾客信息价值的特殊化,是可以转换为直接技术的特殊信息,只有对产品技术非常熟知和了解的那部分顾客才可能具备知识价值。这是因为不是每一个顾客都具有顾客知识价值,而且不同顾客的知识价值高低不同。企业对顾客知识的处理是有选择的,它取决于顾客知识的可转化程度、转化成本、知识贡献率以及企业对顾客知识的发掘能力。对顾客知识价值的计量可以通过对顾客知识进行专项管理,由相关部门对每一项顾客知识转化后的收益予以综合评估核定。

因此,顾客终身价值应该是上述五种价值的总和,反映到计算公式上,应为:

$$LTV = \sum (PV_t + PPV_t + KV_t + TV_t)(1+i)^{-t} + I_v$$

顾客资产不是均质的,正由于不同类型顾客的终身价值不同,顾客资产的价值构成如图 5-1 所示,同样数量的顾客群体、不同的顾客结构①,可能会导致顾客资产的巨大差异。

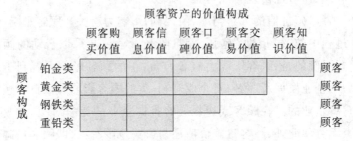

图 5-1　顾客资产的价值构成模型

资料来源:汪涛、徐岚:"顾客资产的构成与测量",《经济管理》,2002 年第 24 期。略有改动。

(二)顾客资产价值的计算

在对顾客终身价值的早期研究中,Reichheld(1996)的观念较有代表意义,他认为顾客终身价值是指在维持顾客的条件下企业从该顾客持续购买中所获得的利润流的现值,主要取决于三个因素:一是顾客购买所带来的边际贡献;二

---

① 此处有关顾客构成的类型是按照顾客价值来分类的,详见本书第七章图 7-3 顾客价值矩阵图及其相关解释。

是顾客保留的时间长度,即计算周期;三是贴现率。用数学公式表示为:

$$LTV = \sum a_t(1+i)^{-t}$$

其中,a 表示顾客购买所带来的边际贡献,i 表示每年的贴现率,t 表示顾客保留的时间长度。

影响顾客终身价值的最主要的两个因素是计算周期和贴现率,在顾客生命周期的不同时间内,其对企业所做的贡献有所不同,同时由于时间价值的存在,在计算顾客终身价值时,必须要对不同时期的贡献进行贴现,计算出顾客终身价值的现值。一般而言,在贴现率不变的情况下,成为企业顾客的周期越长(即计算周期越长),那么,纳入计算的顾客价值就越多,顾客的终身价值就越大;在计算周期一定的情况下,贴现率越高,未来的收益就越低,则顾客终身价值就越小。

顾客终身价值计算分为单个顾客终身价值计算和企业顾客群体终身价值计算:

(1) 单个顾客终身价值计算

第一步:确定顾客生命周期;

第二步:计算顾客生命周期内每年给企业带来的利润净额;

第三步:对顾客生命周期内每年的利润净额进行贴现;

第四步:求和。

顾客的生命周期为 T,在第 t 年中给企业所带来的贡献为 Q_t,而企业在顾客身上的投入为 C_t,贴现率为 i,那么该顾客的终身价值现值表示为:

$$LTV = \sum [(Q_t - C_t) \cdot (1+i)^{-t}]$$

(2) 企业顾客群体终身价值计算

企业顾客群体终身价值计算与单个顾客终身价值计算相似,不同的是需先计算出顾客群体的平均生命周期和顾客群体的生命周期平均利润,计算过程可分为以下四步:

第一步:计算出企业顾客群体流失率;

第二步:计算顾客群体平均生命周期,通过企业平均顾客流失率来计算,例如,流失率为 20%,则顾客群体平均生命周期为五年;

第三步:计算顾客群体年平均利润;

第四步:计算出顾客群体终身价值现值。

严格地讲,顾客群体终身价值的计算,应该是先算出企业每个顾客的顾客终身价值,然后求和。但基于商业企业的特点,顾客数量较多,分别计算难度较大。为了简便起见,先做一个假设,即企业老顾客的流失数量与开发的新顾客数量相等,且其业务量会保持相对的稳定。

$$LTV = \sum [(Q_{qt} - C_{qt}) \cdot (1+i)^{-t}]$$

其中,Q_{qt}表示顾客群体年贡献收入,C_{qt}表示顾客群体年支出成本。

从公式可以看出,这里定义的顾客终身价值仅仅是顾客的边际贡献在时间上的累积。对于影响顾客终身价值的三个变量,由于顾客的单位边际贡献取决于企业在一定时期内的成本控制能力,营销策略难以对其发生作用,而贴现率与政府的宏观政策密切相关,是企业无法控制的外部因素,因此,企业要力求使顾客终身价值达到最大,只能有赖于将各种营销策略落实到如何与每一个顾客建立尽可能长久的关系,使顾客流失率降到最低。

然而,将重心转向极力延长顾客保留时间的企业在实践中渐渐发现,延长顾客保留时间或许能使该顾客在本企业的终身价值得以提高,但是企业却无法感受到切实的利润增长以及竞争优势。事实往往是,自己花费了大量成本得到的长期顾客在数年内为企业提供的利润还不及他某一次的购买为竞争对手创造的利润。

造成这种事实的根源是,企业将长期顾客等同于赢利顾客,因而只重视了与顾客建立长期的关系,却并没有具体重视与顾客这种长期关系的质量,换言之,一个顾客可以同时与多家企业保持长期关系,然而其购买力却是有限的,顾客总是在其有限的消费计划中不断选择对不同品牌的支出份额。为此,Griffin(1995)提出企业应用顾客份额来代替市场份额,即考虑尽量提高本企业所提供的产品或服务占某个顾客总消费支出的百分比,而并非简单地追求其所吸引和保留的顾客数量及时间。由此,顾客终身价值的计算公式也得以扩展,如下所示:

$$LTV = \sum R_t \times S_t \times M_t \times (1+i)^{-t}$$

其中,M表示顾客购买所带来的单位边际贡献,S表示顾客份额,R表示顾客总消费支出能力。

可见,在扩展后的影响顾客终身价值的因素中,引入了顾客份额,它引导企业在制定营销策略时至少去认真思考这样几个问题:一是着力选择和悉心培养那些顾客份额较高的顾客群体,把他们而不是全部顾客作为发展长期关系的对象;二是从顾客的角度而非企业的角度去调整和发展产品品类,以使企业的所有产品在满足顾客不同的需要时能产生协同作用而非相互冲突,最终以确保顾客份额得到提高为目的。

"顾客份额"概念的提出,使企业的认识逐渐走出了过去一味地把所有顾客的保留率作为首要追求目标的误区,然而他们对顾客终身价值的认识却大多局限于顾客购买价值上,即强调顾客持续购买为企业带来的显性的现金流,而忽视了顾客为企业创造的其他隐性价值。

于是,也有学者(胡左浩等,2001)将顾客终身价值继续进行扩展,加上了顾客的间接贡献,计算出广义的顾客终身价值,公式为:

$$LTV = \int_k \times \int_n \times \int_t (P \times S \times M + A)(1+i)^{-t} d_t d_n d_k$$

其中:P代表单个顾客市场规模,它反映单个顾客的实力和潜力;S代表单个顾客份额,它反映顾客忠诚度的高低;M代表单位边际利润,它反映在单个顾客上的直接赢利能力;A代表间接利益,它来自忠诚顾客的口碑价值等方面;t代表顾客维持时间;n代表商品范围;k代表顾客范围。

在该公式中,顾客终身价值是顾客在一定时期内所创造的直接价值(购买价值)与间接价值的总和的现值,其中顾客直接价值受顾客消费能力、顾客份额和单位边际利润影响,反映单个顾客直接购买为企业创造的价值;与之相对,顾客间接价值是顾客通过影响他人而为企业间接创造的价值,主要来自顾客的口碑效应。

计算顾客终身价值也可以采用简单的"RAD"法,"RAD"源于英文的三个词:retention(保持)、acquisition(获取)、development(发展),这三个词分别代表企业在维护与顾客之间关系的不同阶段所采用的三种策略。"RAD"法简化了顾客份额的计算方法,其实没有必要去计算顾客几十年的购买力,"RAD"关注的是顾客的短期价值,它只计算一定时期内的购买力与购买份额(通常是以半年或一年作为一个周期)。虽然如此,这种方法实际上还是关注顾客的长期价值,只不过是对顾客的整个生命周期分阶段予以关注而已,这样更具实际的可控性和可操作性。

第三节 顾客资产质量分析

一、对顾客资产质量两个维度的分析

在新的营销范式下,营销的总体目标是通过维持与顾客的长期关系来获得顾客的终身价值。对于顾客资产质量可以从两个维度进行衡量:一个是企业所拥有的顾客赢利性的高低,属经济维度,用于测算顾客给企业带来利润的高低,以此来评判关系是否值得维持,它以顾客赢利性为中心;另一个维度是企业拥有的顾客的忠诚度,属情感维度,用于估计企业和顾客之间关系的优劣,它是一种除了经济联系之外情感联系的深浅度量,它以顾客忠诚度为中心。

顾客资产质量两个维度的构成如图 5-2 所示:

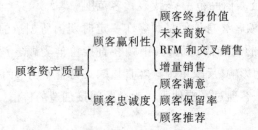

图 5-2　顾客资产质量的二维结构

资料来源:汪涛、李真贞,"顾客资产的质量分析",《经济管理》,2003 年第 10 期。略有改动。

根据赢利性和忠诚度这两个维度,可以把顾客资产分为优质顾客资产、时尚类顾客资产、问题类顾客资产和低质顾客资产,如图 5-3 所示。

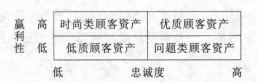

图 5-3　顾客资产质量矩阵图

资料来源:汪涛、李真贞,"顾客资产的质量分析",《经济管理》,2003 年第 10 期。

优质顾客资产:赢利性高忠诚度也高的顾客资产,即双高资产,这是战略业务单位拥有的最好的顾客资产,只要花较少的维系费用,就能为战略业务单位带来大量的利润。

时尚类顾客资产:赢利性高但忠诚度低的顾客资产,这类顾客是战略业务单位最应施加影响的一类群体,只要通过适当的营销策略来增加顾客的忠诚度使之成为优质顾客资产,就能大量地增加战略业务单位的资金流。但是,时尚类顾客资产需要战略业务单位对其进行大量的投资。

问题类顾客资产:忠诚度高但赢利性较差的顾客资产,大多数战略业务单位都面临这样的两难境地:是把这些顾客拒之门外,还是通过开发新产品或别的途径把低赢利性的顾客转化为高赢利性的顾客。问题类顾客一般是战略业务单位损失资金的重要根源。

低质顾客资产:赢利性和忠诚度都低的顾客资产,即双低资产。战略业务单位会为此付出一定的代价,但相对来说比较少。大量的低质顾客资产也会影响战略业务单位的利润。

(一) 顾客资产的赢利性分析

顾客资产的赢利性通过顾客终身价值、未来商数、RFM 和交叉销售,以及增量销售来分析评价。

1. 顾客终身价值

对顾客终身价值概念应该从三个层面来认识(见图 5-4)。一是顾客维持时间层面。企业通过维持与顾客的长期关系,建立高的顾客维持率,从而获得较高的顾客终身价值。毫无疑问,顾客维持时间是顾客终身价值概念中最核心的层面。在这个层面,企业应针对顾客所处的不同人生阶段向顾客建议与此关联的购买方案,满足顾客不同人生阶段的事件需求。同时在这一层面,企业需要不断地对产品进行更新换代,来满足顾客的更新需要。二是顾客份额层面,代表企业提供适应顾客需要的关联商品的能力。企业应从顾客的角度考虑追加顾客所需要的商品范围,做到备全顾客所需要的商品种类和品种,满足顾客的后市场需要和关联需要,从而提高顾客份额,进而增加顾客终身价值。同时在这一层面,企业应依据顾客份额来发现忠诚度高的顾客和潜力大的顾客,对顾客进行组合管理。三是顾客范围层面,代表企业吸引顾客并与之建立关系的能力。显然企业总的顾客终身价值的大小与它的顾客范围直接相关。从顾客范围层面出发,要求企业必须清楚它的现有顾客是谁,同时注意发掘潜在顾客。应利用忠诚顾客的口碑效应和学习效应来吸引顾客,扩大顾客范围,增加企业今后的顾客终身价值。顾客的口碑效应和学习效应能为企业带来间接的效益。

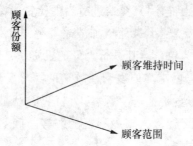

图5-4　认识顾客终身价值概念的三维层面

2. 未来商数

未来商数=顾客资产份额/市场份额,顾客资产份额是顾客资产在市场中所占份额。利用未来商数,企业能用数值预测未来市场份额的变化情况:未来商数>1.0,表示企业的市场份额还会上升;未来商数<1.0,表示企业的市场份额会减少。例如,某品牌市场份额为10%,顾客资产份额估计为20%,未来的商数为2,这表明该品牌的市场份额还有很大上升空间,而另一品牌的市场份额为40%,顾客资产份额为10%,未来商数为0.25,这表明除非该品牌采取应对措施,否则市场份额将迅速下滑。从理论上讲,当市场份额等于顾客资产份额时,整个市场结构达到均衡状态。

二者的关系如图5-5所示:

图5-5　市场—顾客资产份额矩阵

钻石品牌的市场份额和顾客资产份额都很高,高的市场份额说明了在当前高的利润,而高的顾客资产份额则表示其行业领导地位坚如磐石,它不仅在时下,而且在未来都是消费者心目中的首选。钻石品牌的市场领导地位不可能通过价格战、促销攻势等短期行为来达到,它只能通过持之以恒的对品牌的虔诚和投资,通过不间断地对品牌属性加以改进,对品牌精神加以建构来取得。成为钻石品牌是任何一个品牌的终极目标。

夕阳品牌具有高的市场份额和低的顾客资产份额,对整个产业发挥着重要影响力,但是由于品牌关系的不稳定性,流失的消费者所占比例居高不下,企业只能通过不断寻找新顾客来维持其市场份额。因此尽管也拥有高的市场份额,但其利润水平要远低于钻石品牌,而且,低的顾客资产份额说明品牌本身对于消费者并不具有强的吸引力,在品牌属性、精神等方面并未获得或很难得到消费者认可,消费者可能只是因为收入约束、促销等原因才购买。夕阳品牌还有一种可能就是其品牌精神、价值观在取得成功后不能及时适应潮流趋势的变化,历史的辉煌积淀了高的市场份额,但陈旧、落伍的理念,却成了继续前进的巨大障碍。对于夕阳品牌而言,公司一方面可以考虑采取收割策略,减少对其市场投入,将市场份额优势尽快转化成现金流;另一方面也可以采取创新策略,在品牌属性、精神等方面加以改进,乃至于进行再定位,使品牌能够适应消费者的变化。

朝阳品牌具有低的市场份额和高的顾客资产份额,其知名度还有待于进一步建立,但就现有顾客而言,对于该品牌非常满意,已经与品牌建立了良好的品牌关系,在将来继续使用该品牌的可能性很大。在品牌关系的驱动下,朝阳品牌将新购买者转变为持续购买者。当有效地遏制住了顾客流失之后,即使获取新顾客的速度较慢,终有一日朝阳品牌能获得高的市场份额,从而进化为钻石品牌。对于朝阳品牌,公司的当务之急是加大市场投入,建立品牌知名度,引导消费者试用,与此同时加强通路网络建设,提高市场覆盖程度。

瘦狗品牌几乎没有讨论的必要,它既没有现有的市场份额作为基础和支持,又缺乏对现有顾客足够的吸引力,瘦狗品牌往往只有顾客流出而缺乏顾客流入,市场前景十分悲观。

3. RFM 和交叉销售

直接营销专家 Bob Stone(1996)曾提出的 RFM 模型通过三个指数 recency(最近购买期)、frequency(购买频率)、monetary(货币价值)来识别最有价值的顾客。recency 即最近购买期,是指顾客最近一次从公司购买商品的时间,这是测量公司留住顾客能力的最好标准。一般来说,上一次购买时间越近的顾客可能是比较好的顾客,对企业提供的产品或服务也最有可能做出积极反馈。因此,如果密切注意顾客的购买行为,那么最近一次的消费就是值得注意的事项。最近一次消费的作用不仅仅表现为提供有效的促销信息,还可以监督公司经营的健康状况,如月度报告显示上一次购买越近的顾客数目增加,则表示公司是良性发展的,反之,则表明该公司正面临顾客的流失。frequency 即购买频率,是指在公司划定的时间内,顾客从公司购买商品的次数,它可以测量对企业品牌的忠诚度;monetary 即货币价值,是指在同样一段时间内顾客从公司购买商品所消费的金额,这个指标可以衡量出顾客的赢利能力和潜在终身价值。因为每个商品价格可能不同,对不同产品的促销有不同的折扣,所以采用相对的分级(例如 R、F、M 都分为几个等级)来比较顾客在级别区间的变动,则可显示出相对行为。企业用 R、F 的变化,可以推测顾客消费的变动状况,根据顾客流失的可能性,列出顾客,再从 M 的角度来分析,就可以把重点放在贡献度高且流失机会也高的顾客身上,重点拜访或联系,以最有效的方式挽回更多的商机。

交叉购买的可能性取决于两个因素:第一是本企业能提供而顾客又有需求的产品数量,这种产品数量越多,顾客交叉购买的可能性越大;第二是顾客关系的水平,顾客关系的水平越高,交叉购买的可能性越大。有关研究发现,顾客交叉购买的行为主要发生在顾客关系比较成熟的时期,在此之前顾客对企业没有形成足够的信任,一般不会采取交叉购买行为。

4. 增量销售

增量销售就是使顾客更多地使用同一种产品或服务,增量销售的可能性与大小取决于顾客份额、顾客的关系水平和顾客业务量的比例。顾客份额越小,增量销售的可能性越大;顾客关系的水平越高,顾客对企业的产品和服务越满意,对企业越信任,顾客加大交易量的可能性越大。顾客的业务量也决定了增量销售的大小,一个业务总量很大的顾客,即使顾客份额增加一个很小的比例,增加的交易量也很可观。对现有顾客可以通过供应外围设备及服务、提高产品档次、扩大产品种类等方法来实现增量销售。

(二)顾客资产的忠诚度分析

顾客忠诚度不仅仅是一种行为——购买频率、钱包份额、口头宣传等,更重要的是顾客和公司各渠道接触交往时的感受和情感体验,关键在于将行为上的联系转化成具有情感特征的联系,使之具有信任、信赖、社区感、共同目标、尊重、依赖等内涵。顾客的情感忠诚度被划分为四个尺度:不满意、满意、信任、责任。顾客忠诚度模型如表5-1所示。

表 5-1　顾客忠诚度模型

	重复购买次数少	重复购买次数多
责任	高忠诚度:态度影响购买意向力度极大,态度和行为不一致影响因素大	最高忠诚度:态度影响购买意向力度极大,态度和行为不一致影响因素小
信任	中等忠诚度:态度影响购买意向力度大,态度和行为不一致影响因素大	高忠诚度:态度影响购买意向力度大,态度和行为不一致影响因素小
满意	低忠诚度	较高的忠诚度
不满意	没有忠诚度:偶尔或万不得已时购买	畸形市场的顾客(垄断企业)

资料来源:汪涛、李真贞,"顾客资产的质量分析",《经济管理》,2003年第10期,第61页。

Moorman,Zaltman 和 Despande(1992)把信任界定为乐于依赖厂商并对他们的交换伙伴有信心。Morgan 和 Hunt(1994)认为信任是对交换伙伴的持续性和品格的完整性有信心。信任是通过经历构筑起来的,顾客与企业的积极经历越多,就越可能产生信任。Anderson 和 Weitz(1992)认为责任是建立和保持一种长期关系的最终意向。Gundlach,Achrol 和 Mentzer(1995)认为责任有三个维度:责任描述了对于未来关系存在的一个积极的态度;责任被表现为任何时候在关系中进行的投资形式;责任的当前维度暗示着关系随着时间的推移而存在。

二、顾客资产的影响和驱动因素分析

(一)顾客资产的影响因素分析

顾客资产受很多因素的影响。

1. 经济因素

顾客资产受顾客收入水平制约,消费者收入包括消费者个人工资、红利、租金、退休金、馈赠等收入。消费者的购买力来自消费者收入,所以消费者收入是影响社会购买力、市场规模大小以及消费者支出多少和支出模式的一个重要因素。

2. 文化因素

对于消费者行为而言,文化因素的影响力既广且深,其中尤以消费者自身所处的文化、次文化及社会阶层最为重要。

文化是人类欲望与行为最基本的决定因素,是人们在成长的过程中,从家庭、学校、社会等"机构"学习而来的一套基本价值观。

次文化是每个文化包含的更小的团体所形成的次文化组合,它们提供团体成员更特定的认同,并对人们造成更直接的影响,如饮食习惯与偏好、娱乐方式、衣着选择、生活习惯、语言等。

社会阶层是根据人们的收入、身份地位、受教育程度、职业、财富、价值观等变数,将社会中同质性比较高的群体一一划分出来,并依层次高低由上而下排列,这就是社会阶层。其中,每个阶层成员的价值观、兴趣与行为都具有某种程度的相似性,而不同层级的人在服饰、家庭布置与用品、休闲活动及家电等外显性较高的"产品"上,常展现出不同的偏好与品味,如餐厅、服饰店等。

3. 社会因素

社会因素所指的是消费者周围的人对他所产生的影响,其中以参考群体、家庭,以及角色地位最为重要。参考群体就是影响一个人态度、意见和价值观的所有团体,其中分为两种:成员团体——自己身为成员之一的团体,如家庭、亲朋好友、同事、同业公会等;理想团体——自己虽非成员,但愿意归属的团体,如体育明星、影视明星等,对消费者行为相当有影响力。不同的文化程度、不同的社会阶层和社会地位、具有不同的社会关系的人,在审美价值和对商品的欲求上是各不相同的,其消费方式也有差别。

4. 个人因素

顾客资产也受顾客自身因素的影响,特别是受其年龄所处生命周期阶段、职业、经济状况、生活方式、个性以及自我观念的影响。如我国最近的调查表明个人收入与其学历呈强正相关,因此,受教育程度等因素必然成为影响因素。再如顾客价值与时间长短成正比,这里的"时间"指顾客可能具有的顾客关系生命周期。一般来说,一个60岁的顾客,即使其消费能力很强,但由于其顾客关系生命周期最多只有十几年时间,因而其顾客价值必然难以与年龄30岁、可能具有40多年顾客关系生命周期的顾客相比。

5. 心理因素

影响消费需要的心理因素主要有需求层次、生活经验、人生态度、信仰和自我形象等。一般而言,消费者的消费需求多是感情型的,理智需求处于次要地位。

顾客对品牌的感觉价值,这种感觉价值是与品牌旗下的产品特征、有形价值、品牌名称所显示的无形价值联系在一起的,因此,品牌(顾客)忠诚度与顾客关系反映了顾客的感觉和期望。根据 Tybout 和 Hauser 提出的消费者选择模型,消费者对某个品牌的偏爱程度取决于消费者对该品牌感觉到的价值的大小。Kamakura 和 Russell 认为,顾客对品牌的感觉和动机会转化为品牌偏好。顾客对品牌的偏爱程度会影响他们的品牌选择和重复购买,其间的逻辑关系是:偏爱程度越高,品牌的选择性越强,重复购买次数就越多,顾客的生命周期就越长,顾客终身价值就越大。

顾客资产受动机的影响,被誉为研究动机的思想之父的美国心理学家 Ernest Dicher 指出,顾客首先是用眼睛来观察商品,然后才在他的头脑中加深印象,并试图来认识他所看到的一种产品对他具有什么意义。现代顾客购买一件商品,并非仅仅为了购买商品的物质功能或效用,也并非只是为了取得商品的所有权,更是希望通过购买商品,从中获得一系列心理的满足和愉悦感。

日本电通公司的市场营销战略研究会曾就顾客选购商品和服务的原因进行过调查,认为影响顾客购买心理的原因主要有两类:一是情感与理性;二是同一化与差别化。在此基础上去把握消费者的购买心理,从中可以做出判断:人们的购物心理大都出于购物的审美意识。这种审美意识可归结为"轻、我、华、鲜"四个字。

(1)"轻"即轻快感。短小精悍、轻快便利代表着时尚与潮流。特别是对广大青年,具有轻快感的商品和服务具有极大的市场。

(2)"我"即个性感。富有个性的人们,总希望自己有一种独特的生活,即使有钱也模仿不了,选择的物品能够体现自己的兴趣和特性,或者能反映时代风格。现代人的时尚生活,促使人们更多地到消费中去寻求自我、寻求个性。因此,能够体现"自我"概念以及能够满足"自我"感受的商品和服务都大受欢迎,选择此类商品可以感受到自我存在的乐趣。

(3)"华"既潇洒感、富裕感。这种感觉确实非同一般,紧跟时代,高贵享受。现在普通人也可体验,如音响设备、首饰、珠宝,对这类商品的使用和拥有成为一种快乐。为了追求这种感受,社会的中上层、白领阶层常常愿意在这方面花费。

（4）"鲜"即新鲜感、健康感。现代社会生活节奏加快，人们对新鲜感和健康感的追求日益迫切，促使物品的更新换代加快。

按照马斯洛的需要层次论，人的需要是与生俱来的。在不同的环境因素作用下，顾客追求不同层次需要的满足，其性质与程度均随着时间与环境的变动而发展，移动通信市场的消费行为是符合马斯洛需求层次理论的。一方面，不同经济收入水平的消费者对移动通信产品的服务和要求不同；另一方面，同一经济收入水平的消费者对移动通信产品的要求也是由低级向高级发展的。例如，没有手机的消费者希望尽快拥有一部手机，有了手机以后，还想把笨重的换成小巧的。因此，消费者对移动产品的需求必然呈现多元化、多层次、多变化的客观态势。由于消费者的社会地位、经济收入、文化水平、生活方式、家庭、爱好的差异，移动通信产品消费者的购买动机也十分复杂，大致可以分为：求实动机、求新动机、攀比动机、求廉动机、求名动机、从众模仿等。大多数人目前还是以"求实动机"作为购买的动机，他们不仅要求产品的寿命长、可靠性高，更看中服务质量的好坏，特别是售后服务的质量。

现在的消费者变得越来越理智、成熟，特别是对于手机这种商品，购买行为复杂，在决定购买之前，首先要搜集有关的产品资料，并对其进行评估，一般包括：产品的价格、式样、功能、质量以及售后服务等，对于能满足他们最大需求的产品，才决定购买，消费者在购买后会产生某种程度的满意感或不满意感，进而采取一些购后行为。在消费者的一系列购买活动中，始终不能缺少营销者的关心和引导，由此构成了所谓的售前、售中和售后服务。

（二）顾客资产的驱动因素分析

在目前的顾客资产模型中，顾客资产可以进行很详细的分类。Zeithaml通过因素分析理论中的主成分分析（principal components analysis, PCA），从大量衡量顾客资产的指标中提取了十一种能用来解释顾客资产的相对独立成分。这十一种成分能描述约90%以上的顾客资产特征。通过合并，可以将其归纳为三种主要成分，即价值资产、品牌资产和关系资产，它们共同构成了顾客资产（见图5-6）。三者动态地决定了顾客的终身价值，从而决定了企业的顾客资产。它们的共同特征是：能准确地定义顾客资产的特征而又相互独立。这为管理者利用一般的简化线性回归模型进行管理提供了方便。

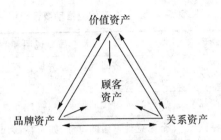

图 5-6 顾客资产模型

资料来源：Roland T. Rust, Valarie A. Zeithaml, and Katherine N. Lemon, *Driving Customer Equity: How Customer Lifetime Value is Reshaping Corporate Strategy*, New York: The Free Press, 2000, p.57。

1. 价值资产

价值是顾客根据所付出的和所获得的感受对品牌做出的主观评价，是企业从顾客价值感觉中获得的顾客资产。当企业所提供的与顾客期望的或感受的价值相一致时，我们就可以说企业为顾客提供了价值资产。比如，移动通信企业的价值资产可以表示为顾客从移动通信服务中所获得的使用价值与顾客付出的总代价（通话费用和顾客付出的时间、精力等）之比，是顾客对其产品和服务的客观评价。

价值是顾客与企业保持关系的必要条件。如果企业的产品和服务不能满足顾客的需要和期望，即使企业采取最好的品牌策略和关系营销策略，也无法有效地增加顾客资产。对所有的顾客而言，购买前的选择受价值感觉的影响，这种价值感觉主要由质量、价格和便利性所决定。质量包括企业可控的产品和服务整体组合的有形属性的客观质量和无形属性的主观质量。价格指顾客付出的货币代价。便利性是指企业尽力减少顾客花费的时间和精力。

企业提升价值资产的方法包括提高和维持高的产品质量标准，制定合理的价格，提高顾客获得产品和服务的便利性。高质量能够达到或超过顾客对产品和服务的期望，同时保证产品使用价值的实现，合理的价格能使顾客产生物有所值甚至物超所值的感觉，便利性的功效在于减少顾客的时间成本、精神成本、搜寻成本、体力成本与决策成本，便利性的例子如航空公司通过延伸其服务，使得顾客在任何时候、任何地方、以任何方式都能购得航空公司的机票。

表 5-2 价值资产的亚推动要素

亚推动要素	三级推动要素	简要说明和举例
质量	实物产品	是产品经济时代(产品异质化程度高)的主要顾客价值推动要素
	服务产品	服务经济时代的保险单、教育等也被看作产品
	服务提供	企业兑现承诺的过程,如应答、保证等
	服务环境	也就是服务氛围,在服务行业中就是一个空间。如营业大厅是移动通信企业质量的一个非常重要的部分
价格	价格竞争	美国西南航空公司和沃尔玛两大企业常用的策略
	折价减价	以短期实惠吸引顾客
便利性	地理位置	商店在城市的中心地段和设在高流量入口处的企业网站
	方便使用	易学易用性,如傻瓜相机
	可获得性	提供 7×24 小时的全天候服务

资料来源:马云峰、郭新有,"论顾客价值的推动要素",《武汉科技大学学报》,2002 年第 12 期。

一般来说,在以下五种情况下价值资产比较重要:(1)在竞争产品中存在差异或可能存在差异时。当企业的产品与竞争对手的产品实质上相同时,就很难利用价值资产来提升顾客资产;(2)购买决策过程复杂。在这种情况下,顾客会更仔细地制定购买决策,认真比较企业所提供的产品,更关心企业所提供的产品资料,另外,顾客会投入很高的非货币成本(如寻找成本、风险成本、时间和精力等)来做出正确的决策,因此,企业就有机会利用价值资产来提升顾客资产;(3)B2B 购买。B2B 购买的决策过程很复杂,涉及的人员很多,参与决策的每个人都会衡量所购买产品的价值,在这种情况下,价值资产就显得非常重要;(4)创新产品或服务。在这种情况下,顾客不知道如何确切地评估创新产品或服务,所以顾客会对提供创新产品或服务的商家逐个地加以比较,以免冒险购买;(5)企业想在产品生命周期的成熟期维持产品。在产品生命周期的成熟期,许多顾客会发现产品都差不多,因此销售开始下滑,这时可以通过应用价值资产的亚推动要素来提升顾客资产。

2. 品牌资产

价值资产是由顾客感觉中的产品和服务的客观属性决定的,品牌资产是顾客感觉中的品牌形象,是品牌含义决定的,是由品牌形象所驱动的资产。品牌资产是品牌独特属性的营销效果,也就是说,由于品牌名称或其他品牌要素的原因,从而导致有品牌特征的产品/服务与没有品牌特征的同样产品/服务的营销效果不同。品牌资产代表了附加在产品上的"附加价值",是品牌营销以往投资的结果。顾客对品牌有感觉是不争的事实,但不同的顾客对于相同品牌的感觉是完全不同的。例如,对 TCL 品牌的产品,有的顾客可能感觉是大众化的产品,有的感觉是时尚化的产品,还有的感觉是高价值的产品等等。品牌资产是一种情感,是一种主观的评价,是非理性的判断。就像我们在超市选择某种产品,要说出选择它的理由可能是困难的。

品牌有以下三个重大作用:(1)吸引新顾客购买企业的产品或服务;(2)提醒老顾客记住企业的产品或服务;(3)增强顾客与企业之间的感情。国内外学者通常认为品牌资产包括一系列影响顾客选购行为的品牌属性。在本书中,我们采用 Last、Zeithaml 和 Lemon 提出的比较狭义的定义:品牌资产指顾客对品牌的主观评价。

影响品牌资产的要素有三个(见表 5-3):(1)顾客对品牌的认知度。企业可以通过广告媒体运动、现有顾客的口碑传播等一系列营销工具,特别是使用营销沟通工具,提高品牌的知晓程度。(2)顾客对品牌的态度。顾客对品牌的态度包括品牌能够与顾客创造紧密关系或建立情感纽带的所有方面,这些可以通过媒体交流和直销等途径得到促进。企业应特别重视信息内容、特殊事件、品牌延伸、品牌合作、产品展示和名人签名等因素对顾客态度的影响。(3)顾客对品牌道德的感觉。顾客与企业的价值观念是否一致,是决定顾客是否愿意与企业保持长期商业关系的一个重要因素。顾客对品牌道德的感觉与影响顾客对企业看法的所有具体的企业行为有关,如企业政策、企业赞助社区活动、保障顾客的隐私、重视环境保护工作、善待员工、保证产品和服务质量,都可增加品牌资产。当今,许多企业通过参与社会公益事业、员工参与决策等途径来提升品牌资产。

表 5-3 品牌资产的亚推动要素

亚推动要素	三级推动要素	简要说明和举例
顾客对品牌的认知度	传播组合	广告、促销和宣传品等按什么比例安排
	媒体	如何在电视、印刷品、广播、互联网以及个性化媒体或直接媒体（如直邮、E-mail）中选择
	传达的信息	企业选择的传播组合手段所传达的信息必须与企业整体传播策略一致
顾客对品牌的态度	信息沟通	信息沟通要建立品牌的持久感觉，要与顾客日常生活建立起情感联系和确切的品牌联想
	特殊事件	借助对目标顾客有特殊意义的事件创造机会来发展品牌联想
	品牌延伸	不要因品牌延伸而稀释顾客对品牌的积极态度
	品牌合作	合作的两个品牌不要互相冲突，而应互相促进
	产品展示和名人签名	如詹姆斯·邦德主演的007系列电影和宝马汽车（产品展示）；迈克尔·乔丹和耐克公司（名人签名），都可促进品牌联想
顾客对品牌道德的感觉	公益事业	如公司员工清洁公共场所、赞助公益事业
	隐私保护政策	比如让顾客知道公司的顾客信息都用于何处；由顾客决定公司是否可以使用可能为顾客带来不安的信息
	环境保护	对环境没有污染不一定会提升品牌价值，但破坏环境则一定会损害品牌价值
	善待员工	善待员工是积极的公众形象
	产品承诺	产品和服务承诺也可向顾客传达品牌信息

资料来源：马云峰、郭新有，"论顾客价值的推动要素"，《武汉科技大学学报》，2002年第12期。

同产品价值不同，品牌价值在以下三种情况下值得企业管理者重视：（1）顾客在购买过程中参与度很低、购买过程简单的情况下。许多产品，尤其是经常购买的消费品，通常是习惯性的购买，企业在这种情况下更容易为顾客提供品牌价值。（2）当产品需要经常展示给别人看时。在这种情况下，品牌可能意味着身份、地位，或者表示使用这一品牌的顾客属于某一引以为豪的特殊群体。（3）当产品的消费体验能从一个人传到另一个人或从一代传到下一代时。一个人对某产品或服务的忠诚度很高，很可能会影响到另一个人或下一代。

3. 关系资产

企业的关系资产指顾客继续支持企业的品牌、继续使用该企业产品或服务的倾向,是顾客对自己与企业之间关系强弱程度的看法。顾客经过一段时间的消费后,会根据自己的消费经历,决定自己是否应继续"忠诚"于该企业。这种"忠诚"行为可以表现为:(1)顾客继续使用企业的产品或服务,而不会改用竞争对手的产品或服务。(2)顾客不仅自己使用企业的产品或服务,而且会向他人推荐企业的产品或服务。(3)在长期使用过程中,顾客会增加产品或服务消费数额,增加使用量,接受更多的新产品或新服务。

关系资产是指企业通过对顾客的维系活动和关系活动而获得的顾客资产,是将顾客与品牌结合在一起的黏合剂,是顾客的品牌体验价值,对于重复购买的顾客而言,维系活动和关系培养活动能提高这些顾客再次与企业做交易的机会。其亚推动要素为:情感氛围、情感联系和转移成本,如表5-4所示。

表5-4 关系资产的亚推动要素

亚推动要素	三级推动要素	简要说明和举例
情感氛围	特殊赞赏	比如能叫出顾客的姓名,知道他的爱好、习惯
	特殊对待	重视顾客的个体差异,为单个顾客量身订制服务,又如航空公司为常客提前办理登机手续
情感联系	联谊活动和顾客团体活动	土星汽车公司每年举办一次"回家年会",顾客会不定期受到土星汽车经销商的邀请,试用最新的土星"后代",在年会上免费享受公司提供的汉堡、咖啡等食物及饮料
	记忆价值	较好的产品或服务第一次进入顾客大脑时会使他记忆多年,并对他日后的购买行为产生影响
	经历价值	某种特殊的经历,比如同企业有关的某个场景或游戏、音乐会等
转移成本	常客回报活动	长期顾客可通过积累点数赢得奖励
	学习曲线	长期顾客和企业间互相的了解增加,因而使顾客能以更低的成本得到更好的服务

资料来源:马云峰、郭新有,"论顾客价值的推动要素",《武汉科技大学学报》,2002年第12期。

实践表明,在下列情况出现时,往往会产生较大的关系价值:(1)当顾客参加的忠诚回报活动的利益远远大于"实际"利益时。当然,只有边际成本较小时企业才有能力用好这种方法;(2)当与产品或服务有关的团体与产品或服务本身一样重要时。这主要来源于产品或服务带给顾客的那种强烈的团体归属感;(3)当参加与产品或服务有关的团体活动与消费产品或服务本身一样重要时,如律师业、会计师业、银行业。而且这种情况下的学习曲线对顾客也特别重要;(4)当顾客要求间断性服务时,如图书俱乐部、保险、互联网服务等。对于这些产品或服务来说,关系价值来源于顾客的惯性和其记忆或经历。

企业可以用强大的品牌吸引新顾客,可以用优质产品和服务满足顾客的期望,留住老顾客,但在竞争越来越激烈、顾客越来越精明的新经济时代里,企业只依靠品牌资产和价值资产,可能无法"拴住"顾客。企业还必须利用关系资产,与顾客保持长期关系,防止顾客"跳槽",改购竞争对手的产品和服务。企业可以采用以下一系列措施,增加关系资产:

(1)忠诚者奖励规划。忠诚者奖励规划包括企业用有形的利益对顾客的具体行为进行回报的行为或行动,例如,企业向忠诚的年轻顾客赠送儿童玩具。在民航、旅馆、电信、银行、商品零售等行业,忠诚者(或常客)奖励规划是许多企业的营销策略的一个重要组成部分。

(2)特殊礼遇规则。特殊礼遇是企业为重要的顾客提供无形的利益。例如,民航公司为重要的乘客提供优先登机服务,让顾客加入企业的某个俱乐部,授予忠诚顾客本企业的荣誉员工称号。

(3)亲和规划(亲和团体规划)。亲和规划是指企业创造某个代表顾客生活方式的品牌,尽力增强顾客对品牌的情感联系,并将这种感情与顾客生命中的重要事件联系起来,使这个品牌的产品变成顾客生活中不可或缺的消费品。例如,在顾客的结婚纪念日,以特别优惠价向其提供产品或服务。

(4)社区建设规划。社区建设规划是通过让顾客加入到某个社团来巩固与增强顾客与企业或品牌之间的关系,例如,企业可以建立一个网站,通过这个网站建立若干虚拟社团,让顾客在虚拟社团内进行沟通与交流。顾客社区是一个与亲合团体密切相关的概念,企业强化品牌个性,并通过营销活动使顾客相信他们与企业的其他顾客加强联系对他们是有利的。企业组织顾客社区或通过顾客自己组织的社区,既可增强顾客与企业之间的关系,又可增大顾客改购竞争对手产品的代价(如果顾客改购竞争对手的产品,就会失去自己的社区)。

(5)知识积累规划(学习关系或结构性关系)。知识积累规划是通过创造更多、更丰富的顾客知识来阻止顾客与竞争对手再建立关系,企业利用数据库技术,记录顾客与企业每次交往的信息,深入了解顾客的需要,并根据顾客的偏好,为顾客提供定制化产品和服务。例如,食品店紧密跟踪顾客的食物和饮料偏好,并做到随时向顾客提供其所偏爱的食物和饮料,这样,顾客就不太可能再花费精力到其他食品店去选购食物和饮料。企业与顾客建立相互学习关系,增强双方之间的结构性关系,既可为顾客提供更多利益,降低企业的成本费用,又可增大顾客与竞争对手重建学习关系的代价。

建立顾客忠诚有三个要素:亲近感、信任感和依赖感。

亲近感是一种时时刻刻受到关心的感觉。如果顾客想到的你都能给予,顾客没想到的但顾客需要的你也能提供,这必然使顾客时刻感受到企业的关心,产生一种亲近感。比方说,顾客在外出差,突然发现手机电池没电了,但又没带充电器,一般情况下,顾客只能埋怨自己丢三落四,不会对公司表示不满。但此时此刻,如果顾客仅通过拨打10086服务热线,移动通信公司便能马上提供租用电池或充电器服务,顾客一定会感到公司的服务确实做得好,能时刻为顾客着想,由此产生了亲近感。

信任感包括两种含义:一是顾客对公司的信任;二是公司对顾客的信任。要赢得顾客的信任,就必须说到做到。现在有些企业连对顾客承诺的事情都做不到,顾客当然不信任你。如有的企业到处讲"顾客是上帝",但真正能把顾客当"上帝"的并不多。又如,很多企业提倡"首问责任制",但当顾客遇到问题或困难时,有的员工就推来推去,这样的公司,顾客当然不信任,也就不可能对企业忠诚。让顾客感到公司值得信任,对公司有其特殊的意义。

依赖感是指顾客对企业提供的产品或服务产生了依赖,如果顾客一旦离开这个企业,别的企业就无法提供这样的产品或者服务,不能满足顾客的需要。企业必须设法做到人无我有、人有我优,顾客才会产生依赖感。这种依赖感是企业通过建立核心竞争力形成的。

本章小结

顾客终身价值是广义的,它包括容易量化的顾客购买价值和不易量化的一些隐性价值,如顾客信息价值、顾客口碑价值、顾客交易价值、顾客知识价值等。顾客终身价值概念为顾客资产测量和评价提供了理论基础,在顾客终身价值概念引导下,企业从关注市场份额转变为关注顾客份额,并以企业资产的观点看待顾客份额。顾客资产与企业其他资产相比具有不同特点,顾客资产的评价包括数量评价和质量评价,后者主要从顾客资产的赢利性和顾客忠诚度两个维度上进行评价。

习 题

1. 何谓顾客终身价值？请举例说明。
2. 顾客份额的提出有什么现实意义？与市场份额相比,它有什么好处？
3. 顾客资产有哪些特点？顾客资产价值如何计算？
4. 顾客资产质量分析包括哪些方面,如何评价？

 案例:该不该接单？

小英是商家的销售代表,销售的产品是小型饮水机,水瓶容量是3公升(水质为地下矿泉水),可以由商家供水或另购制水机。渠道方式是直接销售。零售价格:饮水机70元/台(出厂价、商家没有利润)、水瓶10元/个、制水机3 000元/台。假定小英的月平均销售额为6 000元,如果她寻找到了以下4个客户,请根据客户情况判断是否接单,为什么？

A客户为小酒家客户,需购机2台,月平均供水销售额100元,需要耗费小英2天时间;B客户为大酒店客户,目前需要购机2台,月供水销售额100元,竞争对手平均月供水销售额为1 000元;C客户为商业集团客户,需购机10台,月平均需供水500元,耗费小英10天时间;D客户为美容店客户,现购机3台,月平均供水销售额200元,需耗费小英2天时间。

资料来源:子秋,《本土化客户管理案例精解》,广东经济出版社,2005年。

问题:如果你是小英,你怎么办？

第六章
顾客终身价值管理

☞ **学习目标**

了解现代营销范式的转变以及顾客终身价值管理提出的背景,理解单纯依靠市场份额考核营销业绩的缺陷,熟悉顾客价值模型的构建过程与实际应用,掌握顾客价值模型的原理与企业顾客价值模型的应用,领会深度经济的理论。

☞ **知 识 点**

交易营销与关系营销;顾客资产份额;顾客价值模型;深度经济及其四大因素;顾客终身价值管理;顾客价值模型的构建。

顾客资产是基于顾客终身价值(life time value,LTV)的,顾客资产管理意味着要关注顾客终身价值,为了获取、保持和巩固顾客终身价值,企业必须加强与顾客之间的终身互动和深度接触,这一过程引发的价值创造被称为"深度经济"。深度经济是在顾客管理时代挖掘出的有别于规模经济和范围经济的另一种经济效应。"顾客终身价值管理"这一概念的提出有助于将顾客终身价值转化为具体的管理方式,对于企业转变管理模式具有重要意义。

第一节 顾客终身价值管理的背景

一、营销范式的转变

随着关系范式的日益确立,信息技术的逐渐成熟,以顾客导向为基础建立了一批新型营销理论,如数据库营销(R. Shaw and M. Stone,1988)、一对一营销(Pepper and Rogers,1993)、顾客关系管理(CRM)(Gartner group,1996)、顾客忠诚理论(Reichheld,1996)等。企业的营销目标开始从对细分市场的粗略统计,转到对顾客个体价值的精益管理(Valarie,2001)。企业把每一位顾客当作一个细分市场,尝试着满足顾客的个性化需求,与每位顾客维持长期的互动关系(Prahalad and Ramaswamy,2000)。这场变革被称为"营销学研究范式的转变"(Kotler,1991)。新旧范式下营销目标维度的更替与对比如表6-1所示。

表6-1 新旧范式下营销目标维度的更替与对比

营销目标维度	交易	关系
顾客性质目标	交易顾客	关系顾客
占有率目标	市场份额	顾客份额
利润目标	销售利润率	顾客赢利率
持续性目标	顾客获得率	顾客保留率

资料来源:楼天阳、何佳讯,"关系范式下营销目标的基础指标",《经济管理》,2003年第6期。

在传统的营销理念和实践中,占主导地位的是交易型市场营销。大多数厂商衡量营销绩效的根本指标是市场份额。企业关注的是每个产品的当前销售状况、赢利能力、广告效果,不断在市场上推出新产品,掀起广告狂潮或是大搞派送促销,以力求吸引新顾客,力图扩大市场份额。甚至理论界在分析企业、品牌竞争优势时,第一反应就是分析其所占市场份额。正如科特勒所言:"大多数的营销理论和实践,往往集中在如何吸引新的顾客,而不是保持顾客方面,强调创造交易而不是关系。"交易营销与关系营销的对比如表 6-2 所示。①

表 6-2 交易营销与关系营销的比较

交易营销	关系营销
关注一次性交易	关注保持顾客
以产品功能为核心	高度重视顾客服务
着眼于短期利益	着眼于长期的关系
较少强调顾客服务	高度重视顾客服务
对顾客的承诺有限	高度的顾客承诺
产品质量被视为生产问题	质量是所有部门都关心的
认为价值是由企业创造的	认为价值是顾客在与企业保持关系过程中创造的

对于企业来说,基本上可以分为两种顾客,第一种是交易顾客,第二种是关系顾客。他们的区别就在于他们和企业之间关系的内涵不同,前者和企业发生关系可能就是冲着短期的促销让利来的,他们关注的是便宜的价格;而后者则愿意和好的厂家维持关系,并反复购买,具有较高的品牌忠诚度。科特勒认为,关系营销的最终结果是建立起公司的独特资产——企业与顾客之间的长期关系。在当前顾客占据主导的市场中,企业要以最低的成本获取最大的收益,其首要任务就是树立关系导向,注重关系顾客的终身价值,而不是把资源花在一般的流失型顾客身上。因此,就顾客的性质来说,新范式下的营销目标是努力培育并获取关系顾客。

交易营销观念认为价值是由企业创造的,主要是在工厂或者在服务企业的后台注入产品中,然后再分销给顾客的,其核心问题是如何将已经生产出来的价值通过适当的渠道分销或传送给顾客。关系营销认为价值并不是产品本身,产品不过是价值的载体。价值是顾客在与企业保持关系过程中创造出来的,其核心目标是在与顾客保持互动关系的过程中创造并支持顾客消费和使用产品(服务)的过程,即顾客创造出可感知的价值的过程。总之,关系营销观念认为营销的中心是创造价值,而不是简单地对现成的价值进行分销。二者的比较如图 6-1 所示。

---

① Kotler P., "Markerting's New Paradigm: What's Really Happening Out There Planning Review", *Special Iddue*, Sept./Oct. 1992, pp.50—52.

图 6-1 营销过程中关系观念与交易观念的比较
资料来源:宝利嘉顾问,《精确行动——聚焦客户的营销转型》,中国社会科学出版社,2003年,第9页。

在企业与顾客关系发生了本质性变化的市场环境中,抢占市场的关键已转变为与顾客建立长期而稳固的关系,从交易变成责任,从顾客变成伙伴,从管理营销组合变成和顾客的互动关系。与此相适应,现代营销出现了五个重要的转向:(1) 从交易营销转向关系营销:不仅强调赢得顾客,而且强调长期的拥有和保持顾客忠诚;(2) 从着眼于短期利益转向重视长期利益;(3) 从单一销售转向建立友好的合作关系;(4) 从以产品性能为核心转向以产品或服务给顾客带来的利益为核心;(5) 从不重视顾客服务转向对顾客的高度承诺。这一切的核心,就是处理好与顾客的关系,把服务、质量和营销有机结合起来,通过与顾客建立长期稳定的关系以实现长期拥有顾客的目标。那种认为对顾客需求做出反应、为顾客解答问题以及平息顾客不满就尽到责任的意识已经落后了。现今的任何企业都必须优先与顾客(特别是高价值顾客)建立牢固关系,否则把大部分的营销预算花在无利可图的市场行为中,不但效率低而且浪费严重。

二、市场份额向顾客资产份额的转变

在传统的交易营销视野中,市场份额是反映企业竞争优势的重要指标,是企业经营者一贯的追求,PIMS 理论的深远影响激励着经理人为此不惜用价格战来维持或夺取份额(Schoeffier and Buzzel,1975;Webster,2002)。企业管理人员往往根据产品或服务的市场份额衡量企业的业绩。然而,市场份额是衡量企业业绩的"后视镜",只能表明企业过去的业绩,却无法表明企业将来的业绩。通过高的市场份额来维系企业竞争优势是一种短视行为,只见树木不见森林,被称为"交易近视症"。一度占据中国保健品市场半壁江山的"三株口服液",一夜之间就烟消云散,正是市场份额导向所造成的恶果。诸多企业通过价格火并、地毯式广告、千奇百怪的促销活动来获取市场份额的增长,但投资报酬率却很低,这是在"用钱购买市场份额"。

可见,对市场份额的追求,可能是企业利润的黑洞。其中的逻辑如图 6-2 所示。

促销/广告的疯狂营销　　　→ 大量的顾客掩盖了劣质成本的冰山　　　｝倒闭,被兼并
大量顾客给经营带来的错觉 → 很多顾客并不能给企业贡献利润　　　　挣扎,危机四伏
市场增长拉动投资需求　　 → 市场增长一旦减缓或停止,大量资金被套牢

图 6-2　企业面临的"市场份额"黑洞

首先,企业面临着"市场份额"黑洞:(1)大量的顾客掩盖了劣质成本的冰山。企业经营就是一只桶,这只桶上有很多漏洞如质量差、退货返修、太多存货、不正确的订单处理、太多的应收账款等等。把从漏洞中流出的水比作顾客,为了保住原有的市场份额,必须从桶顶不断注入"新顾客"来补充流失的顾客,这是一个代价高昂的、没有尽头的过程;(2)很多顾客并不能给企业贡献利润。很多公司对顾客的定义是以"市场份额"的思维来定义,只要是能为公司带来"收入"的顾客就是顾客。但是,不是所有的顾客都是上帝,不是每一元钱的收入都代表利润。事实上,大多数企业的顾客利润贡献度分布状况很糟糕,几乎全部利润都是不到 10% 的顾客所贡献的。很多企业在市场份额上跑得很快,但是却跑错了方向,利润不增反降;(3)市场增长一旦减缓或停止,大量资金被套牢。很多企业并没有意识到,市场份额增长越快,就越需要扩大生产能力、增加基础设施、提高库存数量、扩充人力资源等等。当增长之势开始边际递减或停止后,企业大量的资源被套牢,导致资金周转困难或亏损,这种恶性循环在企业界一直发生着。

其次,另一个问题是市场份额能够轻而易举地、毫不含糊地确定下来吗?一个胡萝卜汁制造商的市场份额是 60%,如果根据波士顿矩阵,这个产品会有一个有利可图的辉煌未来。但是,如果顾客的需要就是一瓶饮料的话,那么可乐、果汁饮料、矿泉水、啤酒等等都会是胡萝卜汁的竞争者,60% 一下子就变得毫无意义,这被戏称为"喉咙之争"。

最后,顾客的需求变化也增加了市场界定的复杂性。一些汽车制造商开始提供购车的金融服务、开车的 WAP(无线上网)服务、旧车处理服务等等。在 IT

行业,许多企业的战略也开始由产品和技术转向应用和服务,为顾客提供软件开发、系统集成、实施安装、培训等全面解决方案。市场的界限不断延伸,连续多于离散,在众多多样化的产品或服务中,唯一比较明晰的线索就是顾客。所以,顾客份额正逐步成为新的战略原点。

有必要考虑一个新的、面向未来、顾客导向的指标来衡量企业品牌的竞争能力,作为企业工作的指针,这是因为:第一,市场份额只是对企业过去业绩的不完全反映,不能反映未来趋势,如果产业本身在衰退,当前再大的市场份额也没有任何意义(Rolandetal,2001)。第二,从竞争角度出发的市场份额只是一个相对的概念,竞争者随时可以通过各种手段包括削价竞争获取,它已经不再适合企业战略管理的需要。第三,市场份额只是对顾客的群体统计,模糊了高赢利率的顾客和低赢利率的顾客,后者并不值得企业耗费大量的资源去争夺。这个新的指标就是顾客资产份额。顾客资产是指企业所有顾客终身价值折现现值的总和。换句话说,顾客的价值不仅仅是顾客当前的赢利能力,也包括企业将从顾客一生中获得的贡献流的折现净值。把企业所有顾客的这些价值加总起来,就是企业的顾客资产。顾客资产在市场中所占的份额就是顾客资产份额。

新范式的价值理念发生了根本变化,市场份额着眼于产品,计算的基础是产品的销售;顾客资产份额着眼于顾客,其考虑的根基是顾客价值。市场份额着眼于过去,它反映了企业过去工作所产生的绩效;顾客资产份额着眼于未来,它关注顾客未来能给企业带来多少价值。市场份额只是一个时点概念,它无法反映出未来市场发展的变化趋势,而顾客资产份额是个时段概念。不难判断,两个品牌也许目前市场份额相同,但是,顾客资产份额高的品牌将成为最终的胜利者。努力提高市场份额意味着将尽可能多的产品卖给尽可能多的顾客,企业要努力不停地赢得新的顾客。与此相反,追求顾客资产份额则是确保你拥有更多的忠诚的价值顾客,并确保顾客购买更多的产品,企业努力的方向是提高顾客满意度和忠诚度。一言以蔽之,市场份额就是"广播",而顾客资产份额就是"精耕"。从许多方面看,新范式是旧范式的革命,顾客资产份额彻底颠覆和废弃了许多市场份额的经验法则。二者的比较如表6-3所示:

表 6-3　市场份额与顾客资产份额比较

市场份额	顾客资产份额
交易导向	关系导向
着眼于过去	着眼于未来
关注产品销售	关注顾客价值
时点概念	时段概念
反映表象	反映发展趋势

市场份额并不能有效地衡量企业的营销投资收益,企业应根据营销投资对顾客资产的影响衡量营销投资效果。换句话说,管理人员不仅应关心营销投资如何影响企业目前的销售量,而且应考虑营销投资对企业将来销售量的影响。顾客的终身价值和企业的顾客资产是衡量营销投资收益的关键性指标。企业的营销目标应该是那些愿意反复到企业购买并具有品牌忠诚的优质顾客群。企业的经营重心是维持和这些顾客的关系,增加他们的钱包份额(share of wallet)(Peppers and Rogers,1993),也就是提高公司提供的产品和服务在其交易额中所占的比重,不断扩大交叉销售,增加新的业务流,企业要占领的是"顾客份额"。

比如,移动通信企业管理人员往往是根据相对的市场份额来衡量企业的市场业绩,而顾客资产理论认为市场份额只是衡量企业业绩的后视镜,只能表明企业过去的业绩,并不能充分地计量企业的业绩。移动通信企业的顾客资产才是衡量营销投资收益的关键性指标,决定了市场能否长期成功。移动通信企业的管理人员应根据营销投资对顾客资产的影响,衡量营销投资效果。

三、品牌资产向顾客资产的转变

以顾客为中心或为顾客创造价值的企业需要一种全新的经营理念:即根据顾客资产(企业顾客的价值)而不是品牌的资产(企业品牌的价值)来经营企业,企业的重点要放到关心顾客的赢利能力、价值能力而不单纯是产品的赢利能力上。传统的品牌管理以产品和交易为中心,强调品牌资产,特别是在20世纪90年代,品牌资产处于营销的中心地位。品牌资产强调产品销售、吸引顾客和与顾客进行交易;顾客资产强调顾客超过产品,强调关系超过交易,强调保持顾客超过吸引顾客。这里需要说明的是,品牌资产依然具有营销上的现实意义,只是品牌资产的提法在当今的市场环境下已不够确切与完善。

四、顾客周围存在巨大的流失需求

随着竞争的加剧,市场流失越来越严重,这是困扰许多产业和企业的最主要问题之一,据测算,日本汽车厂家每年流失的市场约20兆日元,都市银行4兆日元,房地产开发商1.5兆日元。一方面是市场需求不足,市场争夺日益激烈;另一方面,却有许多市场从企业自己的眼前溜走。

市场流失的主要原因是企业长期以来站在商品和服务的立场看待市场,没有很好地掌握每一位顾客的需求。如果站在顾客的角度看问题,就很容易发现流失的庞大市场。比如,不少企业只关心商品销售市场,忽略了售后服务市场,其实售后服务市场的规模越来越大,日本售后服务市场规模已达到产品销售市场的二倍。在这一庞大的市场中存在大量的潜在顾客,但是很少有企业能够真正把握和管理好这一市场。

将顾客观点引入企业经营活动,顾客满足概念和理论的发展具有划时代的意义。但是,顾客满足活动的作用是有限的,原因是顾客满足活动仅仅局限在经营活动的改善上。企业通常采用的思路是:什么地方出现了问题(存在不满)—找到问题的所在(分析不满的原因)—实施改善措施(提高满意度)。这种思路虽然能够减少顾客不满,但市场本身不能扩大。

为了提高顾客满意度,一些企业采取了很多措施,比如,美国汽车产业开发并引入了顾客满意度指标(CSI),对改善汽车品质发挥了显著作用。但是,顾客满足的目标是什么、顾客满意度的提高是否真正指向了企业经营目标,等等,这些问题在顾客满足中并没有很好地解决。

现在很多企业往往只依顾客花掉的钱数来判定顾客价值,实际上应当从顾客范围(潜在顾客)、顾客时间、商品范围等多种层面把握顾客需求的广度和深度。顾客终身价值方程式为我们认识存在于顾客身上的需求和价值提供了更多线索,企业流失的顾客价值主要有以下几种类型:

1. 节日需求。是指伴随顾客一生中的各类活动出现的需求。对一般消费者而言,人的一生都有许多重要的、值得纪念的事件和活动,如生日、入学、结婚、工作、死亡等。在这些事件和活动中发生的各类需求就是节日需求,目前,日本此类需求的总规模已经达到数兆日元。如果企业能够掌握顾客的基本属性,该市场将是非常有前景的。

2. 促销创造的需求。对于逐渐富裕起来的顾客而言,他们的消费预算额度越来越大,只要有好的商品,适当增加购买力是不成问题的。企业如果能够推出促销措施,顾客的购买力就会大幅度上升,比如产品降价5%,销售额可能会提高10%,这就是促销所带来的需求扩大。因此,企业必须理解顾客购买的理由和背景,制定有效的促销计划。

3. 组合销售创造的需求。与促销一样,将相互关联的商品和服务组合起来销售也能起到同样的效果。对现代消费者而言,企业提供的组合商品可以使消费者一次性集中采购,不必分散采购而影响消费的便利性。如果将组合需求拆零出售,其中许多需求就可能流失掉。

4. 售后服务需求。随着商品复杂性的提高,售后服务对顾客的重要性日益增强。以汽车为例,售后服务的需求很大,从检验、保养、维修、零部件保障到提供各种信息等都有广阔的市场空间。这些需求对汽车厂商来说就是巨大的市场,但是绝大多数厂家只重视整车市场,汽车使用和消费中蕴藏的需求流失了不少。

5. 学习效应创造的需求。当商品无差别或者即使有差别但在使用中觉察不到的情况下,口碑发挥着巨大的作用。很多消费者的需求往往是由口碑引发的,部分先行购买的顾客在获得良好体验后,会积极地向其他消费者进行宣传和介绍,这种良好的口碑会引发其他顾客的加入,由此带动需求的增加。学习效应引发的需求在化妆品等行业是非常显著的。

总之,在企业现在认识到的顾客需求的周围流失掉了很多需求,这些需求从商品的角度决不会被发现,只有站在顾客特别是顾客终身价值的角度,才能认识它们的存在。

第二节 顾客价值模型的开发与应用

一、客户满足与客户价值模型

在现代市场上,尤其是组织(Business to Business, B2B)市场上,正确地掌握产品和服务给客户带来的价值越来越重要。但是,很少有企业真正能够回答价值是什么、如何定义价值、怎样测定价值、企业提供的产品和服务到底为客户带来了什么价值等问题。

对客户,特别是采购成本对总成本影响较大的企业而言,购买活动是影响利润的重要因素,因此,所有的客户在采购过程中总是试图降低采购价格。大多数客户不只是关心采购费用,而是关注总成本。为了说服这些客户,企业必须发现、理解客户现在和将来的价值,向客户解释本企业产品和服务给客户带来的价值。

我们以从事蔬菜和水果栽培的客户为例来说明价值的重要性。在栽培过程中,客户需要使用薄膜,薄膜覆盖在地表上可以防止湿气的流失和杂草繁殖,可以充分利用土地面积,增加农作物品种,当然也可以提高产量。假定该客户从两家企业购进薄膜,这两家供货商采取不同的营销策略。其中一家这样宣传:"请相信我们,使用本公司的薄膜可以降低成本,我们保证客户获得较高的投资收益。"另一家供货商则这样宣传:"使用本公司的薄膜,每亩可以降低16.83元的薄膜成本。"对比一下,这两种推广方式哪个更具有说服力呢?答案很明显。客户十分清楚自己需要什么,后者的宣传真正了解客户的需要,给客户带来的价值是具体的、明确的。

在上述事例中,客户之所以能够做出正确选择,是假定客户能够正确理解两家供货商带来的价值。但是,实际上客户并不能完全理解供货商带来的价值,特别是,当他面对多种产品和服务时,要真正理解哪个更有价值是非常困难的。

正是由于这种客户理解能力的不足,企业才获得了绝好的机会,即通过向客户提示产品和服务价值,诱导客户做出明智的选择。如果企业能够掌握客户在什么方面发现了价值、在什么方面承认价值等重要信息和知识,并以此为根据制定营销策略,它就可以获得比竞争对手更有利的竞争优势。

这些信息和知识,对企业构建"客户价值模型"是必需的。所谓客户价值模型是指企业以客户数据为基础,以实际金额计算的客户价值,以及对客户价值构成、增值途径等价值创造过程的描述。根据客户价值模型的描述,企业可以明确向客户提供什么、能够实现什么等重要问题,可以为客户找到降低产品和服务采购成本、提高经济效益的途径和方法。

客户价值模型是企业多年营销经验的总结,它依赖于各种客户数据的积累、发掘和认识,以及由此提炼出来的客户知识。客户价值模型需要客户的合作和支持,因为它是针对每一家客户分别开发的,是对具体客户的价值形成过程的描述,不是抽象的、一般的模式。当然,在同质性较高的某一细分市场中,将多家客户的数据加以汇总,也可以构建细分市场的总体客户价值模型。

客户价值模型反映了企业对特定客户的认识和理解,是双方保持交易关系的纽带,为开展一对一营销和提高市场营销的针对性提供了重要条件。但是,客户价值模型的构建决不是简单的。构建客户价值模型首先需要正确理解客户的价值,准确定义价值,并且与客户共享价值的定义是极其重要的。组织市场中的价值是指客户向产品和服务支付货币,从技术、经济、服务、社会等方面,将交易方提供的利益换算成金额。按照这一定义,需要深入理解以下几点含义:

1. 这里所讲的价值是用金钱表示的单位产品多少美元、每公升多少盾、一小时多少克朗等货币表现。经济学家常常把价值理解为"效用",但是企业家很少这样认识价值。

2. 利益是指纯利润,因此价值是扣除成本以后的净收益,这里的成本,除了为获得利润而支付的价格以外,其他各项成本也应该考虑在内。

3. 价值是与代价(支付额)交换获得的东西。企业提供的产品和服务具有价值与价格两个方面的属性,即使价格变化,价值也不会变化。价格变化对客户购买产品和服务产生影响。

4. 价值是以某种状况为前提的。即使产品和服务不可替代,客户也可以选择其他供货渠道。比如,客户可以通过自给自足的方式代替外部采购。

根据以上对价值的理解,价值的本质可以通过以下不等式表示:

$$（价值 S - 价格 S） > （价值 a - 价格 a）$$

价值 S 与价格 S 是本企业提供的产品与服务的价值与价格,价值 a 和价格 a 表示与本企业竞争的其他渠道的产品和服务的价值与价格。价值与价格差额的大小等于对客户购买决策的激励的大小。该不等式意味着购入本企业产品与服务的激励必须高于其他选择渠道的激励。

二、价值测定与客户价值模型的应用

(一)价值测定

在构建客户价值模型时最一般的是采用"领域价值评价"(field value assessment)的方法,但是由于该方法主要依靠企业自身的力量收集数据,因此在应用中受到一定的限制。实际上,许多企业在构建客户价值模型时,采用面谈调查法(method of interview survey)直接倾听客户的意见①。与领域价值评价法相比,面谈调查法虽然在评价结果的准确性上存在不足,但发挥效果的可能性较高。

我们来看某电话公司的例子。该公司推出了"单号到达"服务业务,所谓"单号到达"是针对在一天中到处活动、电话号码比较分散的电话客户开发的一种简化使用程序的服务项目。申请到该项服务的客户,一旦有电话打来,电话公司的交换机按照规定的顺序接通各种电话号码来搜寻该服务的利用者,拨打者与接收者马上可以建立电话联系。该公司为了了解和测定"单号到达"服务的价值,选取一些客户进行了面谈调查。

该公司为明确市场定位,将移动较多的1945年到1950年间出生的和20岁左右年轻公司职员作为目标市场,实施了四次面谈调查,在参加面谈的消费者中,有人在名片上记载的电话号码竟然有6个之多。

在调查过程中,会议主持人首先利用事先准备好的材料,对"单号到达"业务进行了演示介绍,然后询问会议参加者对该业务的第一印象,以及一个月愿意支付多少费用等。随后,公司让会议参加者尝试使用该项业务。为了获得有价值的客户信息,在试用过程中,该企业向试用者提出了一个问题:即"在哪些场合该项服务最受欢迎?"在面谈大致经过一小时后,主持人发放调查问卷,调查客户对该业务的兴趣。问卷将客户的兴趣度设为十级,与会者根据前面的介绍和试用,在十级中做出选择。在座谈最后环节,主持人向与会者征求每月愿意为该业务支付的费用数额等意见。

电话公司在调查中发现,在对该项业务兴趣不高的客户中,前后多次参加会议的客户所记载的服务费数额有明显差距。在第一次调查时,愿意支付的服务费较多,在第二次调查时,愿意支付的费用却大幅度下降。这种情况表明,此类与会者对该服务在最初比较有兴趣,但是在经过考虑后,感觉该服务的价值不大。相反,在兴趣较高的客户中,第二次记载的服务费要高于第一次记载的金额。这说明此类客户在经过思考后,承认了该项服务的价值。

电话公司基于面谈调查的结果,对"单号到达"服务能够给地区电话公司带来多少价值进行了评价,将自己掌握的细分市场、目标顾客和服务定位等经营方法传达过去。

---

① 该方法是一种在广告调查中经常采用的事前调查方法。在广告发布之前,对若干顾客进行直接访问以获得有关意见。

（二）客户价值模型的应用

在价值定义、价值测定和客户价值模型构建以后，如何发挥其作用是 B2B 营销中最为重要的环节之一。国外一些在 B2B 营销方面居于先进水平的企业在客户价值模型应用中积累了不少经验。我们可以考察 BT 工业集团的例子。

瑞典 BT 工业集团下属的一家子公司是专门为物流中心生产仓库搬运铲车的世界性企业，1993 年该企业开发了名为"BT 指南针"的新系统。该系统是以降低客户仓库搬运流程总成本和提高经济效益为目的而设计的物流计划系统，它具有这样几个功能：(1) 对客户的业务活动进行全面分析；(2) 在短时间内对各种铲车操作方法和产品搬运方法进行比较；(3) 实现物流中心布局的最佳化；(4) 正确地计算库存搬运的可能量；(5) 分析物资生命周期的成本①。

"BT 指南针"采用了七种语言，客户只要轻松地按键就可选择自己想用的语言。该系统利用高清晰彩色图示表现仓库的各种布局，与打印机和绘图仪合并使用还可以印刷出平面图。"BT 指南针"系统在客户变更库存方法和增添新设施时可以灵活应用。比如，该系统可以帮助客户计算与平衡型铲车相符的通路宽度、调查高峰期的布局条件和所需设备与机械数量等。这些功能为客户探索最佳库存管理发挥了积极作用。

在"BT 指南针"系统推广中，该公司发现有些客户在购买时抱有试验的动机，这说明客户对该系统的理解还是不充分的。为了适应客户的这一心理，该公司意识到需要向客户提供一套评价铲车性能的标准，否则客户很难理解产品的价值。为此，该公司详细收集了每家客户的信息，从客户那里请教诸如"给客户提供什么功能"、"所需铲车的数量和类型"等问题。该公司为了增强客户的信心，承诺如果铲车的实际性能没有满足客户提出的要求，将无偿向客户提供不足部分所需要的铲车。

从性质上讲，"BT 指南针"系统要求客户必须具备一定的数据基础。为了使客户掌握必要的数据，该系统制作了一张作业票单，其中列举了在系统使用中所需要的各种数据。在所需数据上，每个客户的理解程度千差万别。该公司选拔经验最丰富的营销人员与客户共同进行作业分析，必要的时候甚至派人亲

---

① 物资生命周期成本是指从机械设备等物资的取得，到搬运、维护、废弃等全过程花费的成本总额。

赴客户的所在地和设施,实地收集数据。

使用"BT指南针"系统的好处之一是可以最大限度地提高物流中心的利用率和发挥其功能,能够分析需要什么类型和多少数量的铲车。德国制鞋企业比尔凯·休德克最近新建了一家物流中心,负责该物流中心原材料采购工作的企业内部管理顾问提出,在托盘操作中至少需要三台铲车。但是,铲车子公司却证明,如果将"BT指南针"系统与高性能铲车组合起来,两台铲车就能满足需要。这一提案不仅为客户节约了一台铲车,而且至少减少了一名操作人员。

铲车子公司的管理者认为,如果没有"BT指南针"系统,就不会发现上述解决方案,也就不能为客户详细地提示本公司铲车的性能情况,比尔凯·休德克公司的管理者更不可能理解本公司的建设性意见。

三、客户价值模型的构建过程

在使用价值或使用成本研究中广泛使用的"领域价值评价法"是客户价值模型构建的基础,也是最一般和最准确的方法。在实施领域价值评价方法时,企业必须自己收集关于客户的有关数据。毫无疑问,作为可供选择的方案,很多企业并没有很好地应用这种方法。在领域价值评价法尚不具备应用条件的情况下,采用直接或间接的民意调查、面谈访问等方法,可以获得关于客户价值的有益信息。这些方法都是将客户对产品和服务的性能、质量和价值的评价作为企业判断客户价值的主要依据。

下面,我们采用"领域价值评价法"说明构建客户价值模型的过程:

(一)客户调查

在客户价值模型构建过程中,最艰苦的环节无疑是模型构建之初。综合地认识产品和服务对特定客户具有什么样的价值以及怎样理解这些价值是十分困难的,但是,这一问题又是无法回避的,解决这一问题依赖于客户调查。

客户调查首先要选择适当的人员组建价值调查小组。该小组的成员由制造、工程、营销等领域经验丰富的各类人才构成,特别是不能缺少具有一定预见能力的2—3名销售人员。销售人员在调查之初就应参与此项工作,因为他们更了解客户,也更清楚客户是怎样使用本企业产品和服务的,销售人员还能够洞察应该为哪些客户的价值评价活动提供帮助。让销售人员在最初就参加价值调查活动,可以加强他们对该活动的理解和重视。比如,他们会增强对价值调查活动的支持,还可以用自己的切身经验向其他人员进行说服和宣传等。

其次是选择适当的细分市场。在模型构建之初,必须对最少 2 家,最多 10 家客户实施价值调查活动。此时,企业应该把与自身关系最密切的、具有协作关系的、知道怎样使用产品和服务的顾客群作为目标市场,或者直接将产品和服务的细分市场作为目标市场。

为了顺利开展客户调查活动,必须获得必要的信息,认真考虑能够给客户带来哪些好处,准备一套有效的顾客激励措施。比如,应该考虑无偿地提供数据收集所需要的知识,反馈调查结论等。此外还应该考虑对全部调查结果进行总结,形成调查报告,提供给在调查中给予配合的客户。一家位于北美的 MRO (maintenance, reform, operation) 用品销售商店,在最初构建客户价值模型时,向给予配合的 15 家客户提供了调查报告。

(二) 罗列价值的构成要素并制成明细表

企业提供产品和服务会影响到客户成本与利润,我们把影响客户成本与利润的所有因素都称为"价值要素"。价值要素具有技术、经济、服务、社会等方面的属性,既是抽象的,也是具体的。例如,在涂料行业,颜料散布的好坏是技术价值要素;商品按月结算一次属于经济价值要素;对客户业务的支持则是服务价值要素;与客户一起合作推进业务的开展属于社会价值要素。

在明确所有价值要素的基础上,应该制作出价值要素明细表。此时价值评价小组必须从产品或服务的生命周期的全过程上将价值要素细化。换言之,价值明细表必须囊括客户怎样购买、怎样使用、怎样废弃等全过程。价值要素明细表应该反映销售活动对客户业务经营状况产生的影响,因此,明细表应该尽可能罗列较多的要素。如果明细表有遗漏,就会破坏客户对企业的信赖感。客户一旦在与其他企业的产品和服务比较中发现本企业的产品和服务存在价值要素不足的问题,很容易对其失去信心。

价值调查小组提出尽可能多的价值要素,就可以在产品和服务功能与性能上发现与其他竞争对手的不同点。例如,当客户出现停工时,每小时发生的成本是一定的,因此很容易掌握价值要素。但是,由于经常忽视了成本方面的价值要素,因此对客户价值推定的准确性就降低了。罐装工厂的生产线一旦发生包装罐破损的事故,生产线的停止虽说十分短暂,但是,在清理碎片、处理废弃物、维修、清扫、消毒等方面也会发生一定的成本,这些成本大多隐含在间接费用中,很容易被遗漏。

价值调查小组根据客户的要求提炼出价值要素,但是企业中的许多员工并不能全面、准确和具体地理解本企业的产品和服务所包含的价值要素。针对这种情况,阿尔卡宇航公司的做法是,对销售人员进行培训。在培训中不仅讲授价值要素,而且在培训的后期要求参加培训的人员勾画出客户从购买阿尔卡公司产品和服务开始,到使用、废弃等全过程的流程图。布置这一题目的目的是促进销售人员与客户的密切接触,因为如果没有客户的配合是无法完成这一任务的。这一做法也为客户加深理解阿尔卡公司产品和服务的价值提供了机会。阿尔卡公司的这一做法取得了预期效果。在为期两个月的培训结束以后,参加培训活动的销售人员会聚一堂,分别发表了自己的研究报告。这一活动不仅促进了参加者的相互学习,而且交换了客户的基本情况和今后销售工作的建议。对客户而言,通过这一活动了解了过去不曾认识的成本要素和影响利润的因素,能够主动地根据阿尔卡公司的建议正确地评价产品和服务的价值。

(三)收集客户的数据

在完成了价值要素明细表后的下一个阶段是评价各价值要素,发现每个客户具有多少经济价值。为了取得比较好的效果,调查小组的成员需要在客户的核心部门派驻2—3周,在这期间不只是收集数据,更重要的是要了解客户是如何开展工作的。

当企业向客户的采购部门派遣调查小组和人员时,客户对这一做法会心存疑虑,此时应该向客户的管理层解释这一做法的目的,使之明白这些人员通过了解企业的采购功能,可以帮助他们。在数据收集过程中,很多客户会认为对方所需要的数据并不掌握在自己手中,或者认为根本不存在这样的数据。实际上,分析所必需的各种数据一般分布在不同部门中,数据也可能分散在六七个数据库和信息系统中。为了获得这些数据,调查人员必须经常地接触有关人员,询问各个部门。

借助于由客户各部门人员组成的面谈小组的力量可以更有效地发现数据。位于芝加哥的一家管理咨询公司为了达到这一目的,对客户的面谈小组成员进行了四次征询。该公司事前进行了认真准备,与参加征询的每一位人员进行商谈,以确定调查的主题。面谈小组的成员围绕"为了构建客户价值模型应该利用哪些信息?"、"从哪里获得这些信息?"等问题进行了广泛讨论。从这些讨论中,咨询公司出乎自己意料地获知了所需数据存在于哪些部门的信息。

价值调查小组在数据收集中不能拘泥于传统的思考方式,必须发现其他的信息来源。此时,利用外部的管理顾问和本企业内部知识丰富的专家是常用的手段。例如,国外一家为载货卡车提供卫星移动通信系统的公司,在开发移动通信系统时,就利用美国卡车运输协会的调查结果发现了客户价值模型中的部分价值要素。

为了帮助客户降低成本,借助于数理统计领域专家的力量可以对成本测算发挥积极的作用。但是,是否花时间测算价值要素的货币价值要具体情况具体分析。例如,"更大的安心"这种社会的价值要素,转换为货币形态的价值是非常困难的。实际上,几乎所有的企业都不计算社会价值的货币价值。一般的做法是,暂时将社会价值要素置于一边,在解释定量的价值要素之后,再与客户从定性的方面讨论社会价值要素。上面提到的销售车载卫星移动通信系统的公司,虽然并不计算抽象价值要素的货币价值,但是,通过内置化将定性价值包含在分析对象中。他们向客户说明定性价值包含哪些,告诉客户将来有可能定量的货币价值。

价值评价当然离不开各种假说。例如,以客户的现状为前提,提出本企业产品和服务性能方面的假说。特别是对难以测定的价值要素,或者在测定上需要花费较大成本的价值要素,建立一定的假说是十分必要的。即使是可计量的价值也有必要建立假说。假说本身并不重要,重要的是向客户说明假说的含义与内容。这样做的目的是让客户理解价值调查小组在各个价值要素上发现了哪些价值、其根据是什么。如果客户得不到满足,就可能丧失对企业的信心。如果客户对本企业的判断(假说)有不同意见,就必须设法消除差距,并使得双方能够相互理解。

(四)继续检查客户价值模型

如果是第一次构建客户价值模型,就应该针对同一细分市场的其他客户或者潜在客户继续检查该模型。通过认真的检查,可以提高客户价值测算的精度,可以在客户的用途、能力、使用方法等方面发现产品与服务存在的差距。不仅如此,这种检查通过反复评价产品和服务的价值,可以发现是否利用了第一手数据、在哪些情况下可以信赖客户价值评价等。

通过反复检查客户价值模型不仅可以掌握每一个客户在产品与服务价值上的不同点,而且可以收集参加价值评价的全部客户的评价结果,从而开发出数据库。客户价值数据库以"描述符"(descriptor)的形式,将影响价值模型的每一位客户的特性——积累起来。企业在掌握所有客户的数据后,可以发现各个客户在评价产品与服务价值时受到哪些描述符的影响,最终使本企业瞄准与价值描述相吻合的客户和目标市场。

(五)开发基于客户价值模型的销售方法

客户价值模型不仅可以为企业决策提供信息,作为企业决策的指南,而且可以帮助企业制定有效的销售方法。企业在确定销售方法时常用的工具之一是"价值个例历史分析"(value case history analysis),该方法是指通过详细记载客户在使用本企业产品和服务后减少了多少成本、获得了多少附加价值等资料,从过去的销售线索中明确有效的销售方法。

国外有一家名为索诺克的企业,其下属的包装材料部门通过"总包装分解",对客户降低了多少成本进行跟踪调查。根据调查,该企业改变了过去向客户销售波纹型纸箱包装材料的做法,取而代之的是向客户提供不易破损的、小型轻量的包装系统。这一做法的转变意味着在该企业客户价值模型的价值要素中包含了降低包装物破损率、包装成本、库存和保管成本等内容。索诺克公司在采用"总包装分解"一年后,对客户成本降低的事例进行了研究,研究表明效果显著。该公司将这些成功事例的研究结果保存下来,供销售人员在为其他客户编写企划书时参考。这些事例向客户介绍了成本降低的途径和方法,生动而且具体,对客户的影响很大,客户也因此提高了与企业合作的信心。

(六)灵活运用有关客户价值的知识

在创造客户价值知识的过程中,有效地使用各种方法,可以提高经营业绩和构筑企业竞争优势。例如,利用客户知识,可以完善现有的产品和服务,建立更好的营销体系,揭示新产品和新服务的开发方针。此外,对客户价值模型的有关内容进行修正,可以开拓新客户。

获得客户价值方面的知识,需要企业连续地记载企业创造客户价值的活动,将各种资料积累起来。这些资料和知识的不断丰富、发展和应用,可以防止企业出现僵化,及时发现改善客户关系的新方法,不断牢固企业与客户之间的关系,促进双方关系的长期发展。

(七)对产品和服务进行管理

即使在同一个细分市场中,客户的需求也是多种多样的,只有提高产品和服务的选择性才能适应客户的不同要求。但是,这里存在一个两难困境,即增加选择性,可以适应多种需求,但企业的效益会受到影响。解决这一困境的出路在于认识客户的基本需求,这些基本需求体现了客户对基本价值的追求,企业将蕴含在产品与服务中的基本满足要素突显出来,可以在经济效益与客户满足之间求得平衡。基于产品和服务的基本满足要素开展营销活动,能够在保持赢利的前提下,以较低的价格供应产品和服务,从而使客户的总成本得到控制。

如果只有一部分客户认可基本满足要素的价值,就必须通过增加的产品与服务的选择性为客户提供新的解决方案。是否提供选择性的产品与服务,关键要看客户对构成产品和服务的价值要素理解多少,以及愿意支付多少成本等。如果客户能够理解价值要素所包含的价值并愿意支付一定的成本获得这种价值,就可以避免企业提供"价值流失"的服务。所谓价值流失的服务是指客户成本大于客户价值,在战略上毫无意义的服务。

我们考察一个例子。为石油采掘业提供化学用剂的厂家以领域分析为基础,通过判断客户何时、使用多少化学用剂最理想来提供跟踪性服务。化学用剂厂家的销售人员在访问一些小型客户时,发现本企业提供给这些客户的跟踪服务报告书堆积在仓库角落中。由于报告书完全没有得到利用,每次化学用剂运到时,客户只能从驾驶员口中得知向油井加入了多少加仑的化学用剂。了解到上述情况后,该公司停止了以往的跟踪服务方式,取而代之的是提出每加仑降价7%的方案。该方案实施后,企业的利润率从负的6%猛增到32%。

(八)制定新产品和新服务开发的方针

通过市场调查虽然可以了解客户的需求和嗜好,可以达到探索"本企业的活动对客户有多少价值?"的目的,但是调查本身并不能使企业获得答案。通过调查,企业即使认识到有必要改善某些功能,但由于客户为什么愿意支付金钱等深层次的问题没有搞清,因此,市场调查本身不能提供措施和方法。解决这一问题必须依赖客户价值模型。

客户价值模型深刻揭示了客户价值的形成过程，因此，它是企业制定新政策的重要依据。例如，在新产品和新技术向市场推广的初期，借助于客户价值模型，可以帮助潜在客户认识到该产品和该技术给使用者带来的更大价值。与此同时，在客户价值模型的帮助下，根据客户的用途、能力和使用方法不同，可以明确新产品和新技术在价值上有哪些不同点。

在按照客户需求开发新产品和新服务的情况下，通过实施价值评价，可以判断改善哪些项目才最有价值、应该优先做什么。通过价值评价以后，企业能够发现原有产品与服务的不足，突出改革的方向，将新产品和新服务的价值充分地展示给客户，客户能够对产品和服务功能的改善做出判断，因此，新产品和新服务的市场推广就变得简单和容易了。

某化学颜料厂家，在产品开发过程中，十分强调根据客户的需要提出产品改善方案。该企业不仅具体了解了客户对短期内改良颜料光泽和散布状况技术方案的评价，而且还向客户的综合管理者和采购管理者征询改革配送服务和结算方式等方面的意见。由于产品和技术开发建立在客户价值评价基础上，不仅使各项改革结果与高层管理者的预期一样，而且还意外获得了客户对改善散布状况项目评价较高等方面的信息。在随后的调查中，该企业发现客户将已经干燥的颜料溶于溶液中进行散布，由于颜料不能充分溶解经常残留一些固体物。这一信息又指明了产品开发的重要方向。

（九）将客户纳入价值创造过程

企业在掌握产品和服务具有哪些客户价值后，可以向客户提出有说服力的"价值提案"，客户一旦理解了价值提案，就很容易并自觉地配合和融于价值创造过程。

我们考察为食品厂家和化学产品厂家生产纤维圆桶、塑料圆桶、中型容器的格拉夫·布拉扎滋公司的例子。格拉夫认为简单地向客户提供一台容器，在价值创造上是有限的，只有向客户提供完整的包装提案，才能创造更大的价值。该企业从容器产品周期的全过程上，保持与客户的长期关系。换言之，全面追踪从容器是怎样到达最终客户手中、客户怎样使用容器，到容器的回收、废弃和修理的全过程。根据基于总成本观点的包装服务这一价值提案，可以使客户与包装有关的总成本大幅度降低。

那么，格拉夫是如何提出价值提案的呢？该公司的管理者为了理解总成本,首先与客户一起构建了客户价值模型(根据主要的20家客户的信息开发的)。其次在总成本中找到关键因素,即圆桶配送、回收、清洁、维护、再利用试验和调整等方面的成本,以及业务处理成本等。

根据客户价值模型,格拉夫马上可以计算出老顾客和潜在顾客的部分价值要素的货币价值,但是格拉夫也明白,有些价值要素难以转换为货币价值,因此,他们对难以货币化的价值要素进行更详细的分析。以环保价值为例,格拉夫为了把握这种价值要素,调查了有多少客户的顾客(最终顾客)位于禁止垃圾废弃的地方。在禁止废弃垃圾的地区,圆桶废弃的成本要比通常的高。为了解决这一问题,格拉夫提供圆桶回收服务。该服务的目的不仅仅在于减少废弃成本,而且要减少客户随意丢弃圆桶导致的来自环境保护机构的罚款。毫无疑问,这些做法对客户产生了保护作用,也提升了客户价值。虽然上述分析还不能充分地向客户说明在环境保护方面给客户带来的具体价值(比如提高客户的环保声誉等),但这种做法毕竟给客户带来了一些看得见的货币价值。

在利用客户价值模型,从总成本的角度为客户准备若干包装解决方案后,格拉夫公司立即组成由经理、物流配送系统和计算机服务领域管理者等人员构成的工作小组,该小组的任务是向潜在客户的高层管理者展示自己的解决方案,与客户一起就各种解决方案的优点展开讨论,将客户完全纳入价值创造过程中。

(十)巩固与客户的关系

保持与客户良好的关系,需要以信赖和承诺为基础。企业为了表示自己是遵守承诺的,必须定期地向客户提示自己的革新性和活力。例如,格拉夫的销售经理每月度要提出成本削减报告。

阿布兰德工业技术公司(AIT)在美国和加拿大销售替代型特殊轴承、动力变速器部件和油压产品的例子就是这方面很好的代表。AIT公司的主要业务集中在金属、矿产、造纸、公共事业、化学处理、纤维、食品加工、农业等领域,仅在美国的营业机构就多达337家。

从1990年开始,该公司改变了低价销售零部件的做法,转变为向客户承诺提高劳动生产率的价值提案型营销模式。AIT公司通过价值评价,向维护、库存管理、电力消费等产品采购以外的领域提供成本削减支持,与客户开展合作。该公司建立了名为"附加价值型成本削减资料"的资料库,该资料库的建成为加强与客户的合作提供了基础。

AIT公司对分店的经理、推销员、卡车驾驶员等员工实施了培训,向员工讲授改善业务运营方式的方法,对成果显著者给予一定奖励。另外,该公司还开发了对员工支持的、能够计算成本降低金额的应用软件。在该软件的帮助下,销售人员利用计算机可以修改计划,围绕提高附加价值和降低客户成本发挥积极作用。

第三节 "深度经济"与顾客终身价值管理

一、以"顾客终身价值"的观点重新审视市场与顾客

从"顾客终身价值"(LTV)的观点出发,价值并不仅仅局限在细分市场,而是要从市场总体和顾客总体角度重新认识。

从不同角度看问题会发现许多新的现象:从市场上看,会发现各类商品都存在许多市场漏洞,对真正的顾客并没有充分掌握;从利润上看,存在着对低价值型顾客(对企业贡献度低的顾客)的过度服务和对高价值型顾客(对企业贡献度高的顾客)的依赖;从销售额的变化上看,可以看到顾客稳定率及企业今后的顾客资源。

(一)偏重于现存顾客不能发现真正的市场

日本某电子机械厂家受到市场增长乏力的困扰,致力于探索多角化的发展道路。的确,在主导产品上,该企业的市场份额超出第二名企业近一倍,达到40%的水平,但是很难再继续增长下去。实践证明,尽管调动了全公司的力量加大营销力度,但主导产品的销售额和市场占有率还是面临着下降的趋向。

为了解决上述问题,该企业采用了LTV的思想。其做法是:第一步,首先认定全部潜在顾客。总共认定了5万家企业(用户),但是,在分析、计算顾客市场时发现,最大的1 000家用户占有95%的市场,其中100家用户占有超过60%的市场,在最大的100家用户中有20家是通过批发环节间接销售的用户。通过上述分析,该企业认识到自己并没有正确地把握主要顾客;第二步,该企业按照顾客类别对销售额进行组合分析,研究每个用户的市场份额。令人吃惊的是,在该企业的市场份额中,前100家用户超过60%的直接销售对象,占本企

业销售额的比率仅为40%,由此可见,前100家用户中仅占20%的间接销售对象侵占了相当多的市场份额。根据上述分析,该企业得出结论,企业的主攻方向不应当是多角化,而是做好前几百家用户的工作。为此,该企业成立了有数十人参加的特别营业小组,制定了新的经营方向。

(二) 从低贡献顾客中发现利润增长点

根据美国超级市场行业的研究,平均而言,占前位30%的顾客带来75%的销售额,占后位30%的顾客只提供3%的销售额。如果考察人均情况,销售额前者是后者的25倍,毛利润是1.6倍,稳定率是2.7倍,换言之,按照LTV的观点,两者的差距在100倍以上。很显然,对所有的顾客都一律采取降价和促销是不合理的。

简单的做法是抛弃占后位30%的顾客,但这是很大的错误。衡量前位和后位的基准主要是企业销售额,这种指标不能发现顾客的潜在购买额的上限(全部顾客市场)。而且,如果现在把注意力集中在贡献度较高的顾客上,企业的市场空间就会受到限制,迟早将影响到今后的成长。如果不抓住潜在市场这一顾客资源,企业出现衰退是不可避免的。

为了提高企业的成长性,仅仅选择和集中关注现在高收益型的顾客是不充分的。以超市为例,从LTV的观点,不仅要掌握高贡献度的顾客,而且要从中位乃至后位顾客中发现潜在的成长顾客群,制定有效的措施掌握这类顾客。

(三) 充分利用忠诚顾客

主题公园、运动场、展览馆等经常对顾客进行民意调查,询问诸如"通过什么渠道知道?"、"上次是什么时候来的?"、"满意吗?"、"为什么不满意?"等问题,通过这些调查可以发现忠诚顾客。忠诚顾客贡献的销售额虽然占不到半数,但属于光临频率非常高、参与意识比较强的顾客群,是口碑等介绍利润的主要源泉。

充分地利用忠诚顾客是信用卡公司、会员制企业共同面对的课题。如果以包含介绍利润在内的LTV的眼光看问题,这些忠诚顾客大多隐含着人均销售额数倍的价值。企业应该十分重视此类顾客,把他们作为企业的"代理人",使其更加活跃,发挥积极的作用。

（四）寻求派生的新需求

对一般消费者而言，单一需求的规模是有限的，即使从一种支出较大的需求上看也是如此，比如住房需求是一种规模较大的需求，但是在人的一生中购买住房的能力是有限的，当消费者已经拥有了一套比较理想的住房后，在这方面很难再形成新的需求。正是由于住房需求的有限性，众多的房地产开发商、经纪商和物业管理公司才会激烈地争夺这一市场。但是，如果考虑到住房需求会派生出其他需求的话，市场需求的空间会更加广阔。因此，按照LTV的观点，必须从需求链上发现新的派生需求。

但是，很多企业对需求链中蕴藏的新需求的反应十分迟钝，特别是在同一条供应链中的企业，很少从中发现新的市场机会，比如，汽车厂家与代理商、家电企业与经销商、家具厂家与装修企业等往往都没有认真考虑过派生需求。

二、LTV型经营与"深度经济"

LTV概念的提出改变了企业认识市场的方式，为企业选择竞争手段提供了新的思路和方法，它改变了传统的以企业和产品为基点的经营思想，带来了经营管理方式的根本性变革，我们把这种新的经营模式称为"LTV型经营"。

LTV型经营的本质是针对不同的顾客提供独特的服务，LTV的收益性不是体现在作为结果的生产规模和销售规模上，而是追求个客份额、顾客时间、顾客范围和商品范围等。换言之，追求的是速度、深度和范围。要达到LTV型经营的目的，传统的常识是不适用的，当然，也不只是大企业才能成功。

随着管理创新的不断发展，近年来出现了不少新的经营方式，如一对一营销、顾客关系管理等。这些概念强调的中心都是顾客问题，都要求企业战略、市场营销和其他经营活动紧密围绕顾客来进行。近年来流行的电子商务、直接销售等业务模式也几乎都是以联结顾客和保持与顾客长期沟通为前提和目的。应该说，这些模式就属于LTV型经营。LTV型经营主要出现在新兴产业中，但是LTV型经营与产业成熟度没有必然的联系，相反，正是成熟性产业才由于面临更多的压力，迫切需要向LTV型经营转变。LTV型经营作为一种新的经营模式，需要关注以下几个方面：

(一) 深度经济效应是 LTV 型经营的基础

LTV 型经营之所以能够成为一种新的经营模式,原因在于它与传统经营模式创造价值的路径有本质区别。传统经营模式追求的是规模经济和范围经济,LTV 型经营追求的是深度经济(economies of depth)。所谓深度经济是指企业通过加强与顾客的深度接触而创造出的价值。企业通过与顾客接触得更深(个客份额)、更广(商品范围和顾客范围)、更长(顾客时间),可以更深入地了解顾客。在此基础上,企业的经营策划、发展战略、竞争对策才能更加准确、有效和适宜,也才能更深入、更广泛地抓住顾客。

规模经济主要是追求生产规模和销售规模的扩大,以此获得成本大幅度降低的好处,进而对企业提高收益发挥积极作用。LTV 型经营则不然,它通过深入了解顾客,获得减少库存、减少销售机会损失、提高新产品成功性等好处,最终消除与规模经济的差距。

在一对一营销中,往往夸大范围的作用,这是完全错误的。经营范围广仅仅是一个方面,深入了解顾客、保持长期的关系和提高每位顾客的贡献度才是更重要的。一般认为,LTV 型经营追求对顾客的渗透力,"顾客深度"是 LTV 型经营的核心问题,影响"顾客深度"的因素可以概括为四类:即个客份额、商品范围、顾客时间、顾客范围等。这四个因素的有效作用构成了 LTV 型经营模式,其中作用最明显的是个客份额,其次是顾客时间,最后是商品范围和顾客范围。在不同经营模式下,企业对待这四个因素的态度和方式有很大的不同(如表6-4 所示)。

表 6-4 深度经济:顾客深度的四大因素比较

	个客份额	顾客时间	商品范围	顾客范围
传统经营模式	谁对企业贡献了多少不明确	卖掉以后就结束,交易关系短暂	企业决定品种	由于不知道销售给谁了,因此感觉不到顾客范围
LTV 经营模式	可以发现每一位顾客在每种商品上的贡献率	根据顾客期望制定连续经营方案	提供满足顾客需要的品种	准确地掌握销售对象,既掌握现存顾客,也发现潜在顾客

资料来源:根据三谷宏治,"深さの経済による顧客生涯価値の追求"整理,《ダイヤモンド ハーバード ビジネス》,1999年7月号,第30页。

（二）提高个客份额是 LTV 型经营的重点

为了深入地把握顾客，必须保证每种商品获得足够高的个客份额。如果份额过低，对顾客的了解就不充分，不掌握顾客的细节，也就只能模糊地推测，在这种情况下实施 LTV 型经营几乎是不可能的。现在，一些流通企业往往通过信用卡获得顾客信息，不是以个客份额为基础，获得的信息十分有限，个客份额往往仅为百分之几，在这种有限的信息条件下，流通企业采取的措施难以取得效果，因为绝大多数顾客可能对这些措施无动于衷。在对顾客了解不充分的条件下，企业要满足顾客的生活需求只能准备所有的品种，但实际上这是十分困难的，很少有企业能够做到。

如果能够分品种了解顾客，就能采取有效措施。Tsutaya 是日本一家经营录像带出租业务的连锁店[①]，该企业利用会员卡积累了 1 200 万份顾客资料，包括顾客的基本属性以及何时、借用了多少、借用了什么等信息。企业根据这些资料实施了很多促销活动，其中之一是邮政广告宣传（DM）。虽然相对于其他广告媒体而言，DM 是一种效率较高且经济的促销手段，但是由于限定了投送对象，内容千篇一律，结果与其他媒体广告相比没有发生什么新的变化，市场反应率（顾客对 DM 反应乃至购买的概率）只有 1%—3%。

企业利用 DM 对 100 名租借《泰坦尼克》录像带的顾客进行了研究，发现对 DM 促销方式不感兴趣的占 70%，在 30% 感兴趣的人中有 20% 的消费者已经租借过该片子了，因此真正有意义的只占 10%。这就意味着虽然每份花费 160 日元的 DM 广告，其中 90% 被顾客随即扔掉，顾客反应率低是理所当然的。为了更深入地了解顾客，该企业将 RFM[②] 数据与商品数据结合起来，克服了上述问题。由于顾客资料掌握得更充分，营销对策的针对性增强了。比如，商店决定不向第一次租借的顾客推荐片子，采用简化服务的办法；对一周前来过的顾客不推荐一个月前的"大片"；当顾客光临频率降低后，选择适当的片子和方式推荐。该企业之所以能够采取如此具体的措施，完全取决于个客份额，如果个客份额不高，做出精确判断是不可能的，由此可见，个客份额是深度经济的第一

---

① Tsutaya 是日本一家文化性连锁集团，1998 年 3 月整个集团销售额 39.75 亿日元，全国店铺总数约 30 家，截至 1999 年 5 月底有效会员 1 200 万人。

② RFM 是指 Recency（最近光临是何时？）、Frequency（购买的频率如何？）、Monetary（月平均购买额多少？）。

要素。

(三) 深度经济的收益曲线先抑后扬

LTV 型经营建立在深入接触顾客基础上，因此，往往存在一个误解，即深度经济的收益是递增的，甚至是以指数函数方式递增的。持这种观点的理由是"顾客信息是呈指数函数增加的"以及"由于技术进步信息处理的成本大幅度降低"等。但是，即使数据十分充足，数据本身也不会自动提供知识和价值，如果不转换为高附加价值的商品和活动，利润也不会持续增高，对此应有理性的认识。

深度经济的特性之一表现在收益曲线的特殊性上，刚开始起步时销售额和利润不会马上提高，甚至出现下降，只有当"顾客深度"达到一定程度后收益性才能显现出来（图 6-3）。在早期，由于要深入理解顾客、采取激励措施以及出现探索性的错误，必然会伴随相当多的投资，收益下降是不可避免的。这一点与规模经济完全不同，大型设备投资在初期产生的赤字只是折旧方法问题，不会影响到边际利润，随着规模扩大和设备利用率的提高，这种倾向更加明显。

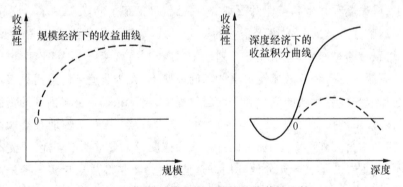

图 6-3 规模经济与深度经济的收益性比较

资料来源：三谷宏治，"深さの経済による顧客生涯価値の追求"，《ダイヤモンド ハーバード ビジネス》，1999 年 7 月号，第 33 页。

图 6-3 显示，收益曲线在初期是下降的，随后则出现迅速提升，其增长的速度要高于规模经济的情况，但是如果企业不能挺过初期的困难，收益曲线的增长只能是瞬间的，很快会走向下滑（图中虚线部分）。防止迅速下滑的关键是确保必要的个客份额，对企业而言如果能够保证一定的个客份额，顾客信息会自动地积累，随着个客份额的提高，企业获得的知识和价值也成倍地增加。深

度经济的收益曲线说明,在 LTV 型经营中,对第一名企业是最有利的,企业存在显著的价值之差、利润之差,这种差距对位于第二以后的企业十分不利。换言之,在 LTV 型经营中,非常容易发生集中化、垄断化。

在深度经济中,顾客信息越浅,收益越低,多深的信息才能带来收益不能马上看出来,各种探索性错误伴随的成本会持续存在下去,收益曲线首先是下沉的。目光短浅的企业往往不敢继续前进下去,而是临阵退缩。10 年之前,日本企业嘲笑美国企业目光短浅,但是时过境迁,现在日本的企业反而如此。面对经济不景气,日本企业拘泥于眼前的决算,美国企业则借助于风险投资的帮助探索未来的 LTV 型发展道路,即使在创业时期产生了很多赤字,也决不退却,也许这就是美国企业保持繁荣的重要原因之一。

(四)到达临界点的速度决定着 LTV 型经营的成败

在所有的 LTV 型经营中到达临界点(曲线上升)的时间很短,特别是现今条件下,虽然存在制约 LTV 型经营的因素,如顾客意识落后、信息基础条件不足、政府管制过多,但这些条件正在急速地发生变化。谁能在条件急剧变化的情况下,率先赢利并坐到行业的头把交椅,谁就赢得了主动。

到达临界点的时间取决于企业的资金实力、营销能力和锲而不舍的努力。在这里,致命的是速度,包括业务企划速度、选择与决策速度、执行速度、快速反应速度等等。在对企业敏捷性提出要求的情况下,大企业遇到的障碍更多。

在追求与顾客接触的幅度和深度的过程中,仅仅着眼于公司内部的资源是不够的。以市场信息为例,现在没有时间让企业一点一点、从容地收集顾客信息,如何利用公司外部资源,加快信息积累的速度是十分重要的。此外,光有信息还不行,重要的是怎样充分地利用好这些信息、怎样将信息与实现经济效益联系起来。正是基于这一点,现在越来越多企业热衷于通过战略联盟等形式在信息方面相互合作。

(五)抑制成本上升是巩固 LTV 型经营成果的关键

在传统的市场营销中存在一个误区,就是对市场成熟化过分乐观。在一个成熟化的市场上开展营销活动,不仅困难越来越多,成本不断上升,利润也会大幅度下降。成熟化市场营销的困难,主要在于顾客的变化。可以设想,10 年以后,如果不重新深入地了解顾客,营销管理的基础就会丧失,销售额和利润的大幅度增加是不可能的。越是成功,新获得的知识越有限,新的收益机会也就受到限制。

在 LTV 型经营中,企业也会面临着成熟化市场,此时,如果不能实现垄断状态,收益性必然下降。虽然在成熟化市场上,信息收集成本、处理成本和管理成本在竞争中不断地上升,但是深入而持久地了解顾客是 LTV 型经营的根本,不能轻易地舍弃。因此,能否在提高效率和降低成本等方面采取积极的措施最终决定着企业的成败。

影响 LTV 型经营竞争成败的因素大致有三个方面:(1)顾客的渗透度(深度)决定着成败;(2)不保证一定水平的个客份额就不会成功,目标是 50% 以上;(3)最终的垄断化局面,这是保证利润的基本条件。

三、LTV 型经营与企业经营方向的转变

LTV 型经营的市场占有和效益实现的方式有别于以往的经营模式,为了适应 LTV 型经营的特点和要求,企业必须转变经营方向,这是影响企业之间差距的基础。从国外企业的实践上看,企业经营方向要实现以下三个方面的重大转变。

(一)向个客代理人方向转变

在传统经营观念下,企业是生产者或销售者,这种观念意味着企业从自身的立场看待市场,如果不从企业立场转变为顾客立场,LTV 型经营就不可能实现。

从个客的观点开展经营活动,要求企业向"个客代理人"方向转变。在过去的数十年中,市场营销不断地倡导顾客细分化。20 世纪 80 年代以后这种提法发生了变化,开始提倡对个体的数据库营销(database marketing,DBM)。个体营销在 1995 年以后被集中地反映在一对一营销理论中。但是如上所述,实际上,对待顾客的方式在总体上并没有发生变化,相反对市场的掌握更难了,营销活动也经常发生变形。

为了理解越来越暧昧和模糊的顾客,必须改变认识问题的角度和立场。站在顾客的立场眺望整个市场,比狭隘地细分市场更能发现潜在的需求。但是,要做到这一点是很困难的。究竟应该怎样做才好,并不是所有企业都能够回答

的问题,上面谈到的利用 DM 搞促销的企业正是没有回答好这一问题,才犯下了愚蠢的错误。

要转变为"个客代理人",企业就不能只局限于自己的产品。任何个客都不是只在某家企业购买产品,他追求的是市场上最好的东西,不受产品的限制,为顾客寻找这种最好的东西就是个客代理人的主要工作,如果只代理本企业最好的东西,势必影响代理质量,这样的企业很快会被顾客抛弃。在 LTV 型经营下,企业决不是向顾客出售自己的产品或服务,需要立足于供应链、战略联盟和其他关系网络,全方位地满足顾客需求。近年来,国外汽车、家电、娱乐服务等很多行业正在向这一方向积极探索。

要以个客代理人为导向重新构筑企业的活动。通过研究国外在 LTV 型经营中先行的企业,可以发现个客代理人需要注意这样几个方面:(1)快速反应(即时满足);(2)一次买妥(所有的商品在一个场所提供);(3)选配(搜寻符合需求的产品);(4)推荐(针对模糊的需求推荐和提供最适当的商品);(5)顾客计划(按照个客需求制造、组合商品);(6)亚产品(为了实现顾客目的灵活提供的产品)。

其中(2)(4)(6)是站在顾客的立场解决顾客的不同需求和烦恼,更能够体现个客代理人的特征。我们以亚产品为例,看看国外的做法。某企业为了帮助年轻父母养育子女,专门研究父母的类型和需求层次,在互联网上推出了各种解决方案。比如,在网络上提供各种聊天场所、发布 200 多种电子信息和关联信息、提供子女与母亲健康咨询、介绍参考图书、提供专家建议等,形成了一个虚拟商业街。在这一平台上,母亲可以廉价、安全地买到"安心"这种商品。一家主业为金融、保险的企业,不被原来的业务所束缚,通过与数十家企业联合,为退职者提供理财、住房和健康等方面的服务。这些服务加强了企业与退职者的深度接触,使其更充分地了解了顾客,抓住了顾客,销售也成为自然而然的了。

(二)转变为具有洞察力的组织

为了加强与顾客关系的深度,灵活地利用企业与顾客的接触点是最重要的一环。企业要通过营销、人员服务这些顾客接触点,广泛收集顾客信息。但是,光有信息收集还不行,如果没有对信息的灵活应用,不能转化为经营知识,同样也不能取得实际的价值。从信息转化为知识,需要企业具备一定的洞察力。

在信息收集和灵活应用上取得成功的可以举出本部位于广岛的日本某大型家电量贩店的事例①。该企业基于"出售商品效用"的理念,从 20 世纪 60 年代就建立了以"Z 服务"命名的迅捷、彻底的服务体制。例如,设置了 MCA 无线搭载巡回服务车和电话热线等。该企业另外一个出色的做法是通过推销员收集顾客信息。该企业利用服务人员在维修服务和访问顾客时的大好时机,通过对员工的培训,使所有的服务人员都能收集到家庭信息,这些信息很快被输入数据库中,为顾客分类研究提供了有利条件,该企业占据了广岛市家电销售市场份额的 60% 以上。

收集、分析顾客信息的目的是修订顾客计划、改变营销对策、调整业务流程和责权关系,这些工作都是由企业中具体人员承担的,因此,员工的洞察力对 LTV 型经营来说也是十分重要的。多少年以来,管理人员遇到的主要烦恼不是"收集哪些顾客信息",而是"如何使用这些顾客信息才好"。现在,虽然出现了诸如"数据挖掘技术"这样的信息处理方法,但是由于收集起来的顾客信息精度较低,不够充分,在使用上只能是空中楼阁。

(三) 转变经营体制

现在许多企业都十分重视业务多元化,致力于综合业务体制的构建,但是,各种业务之间却很少具有相乘效应。为了解决这一问题,从 20 世纪七八十年代起,日本一些拥有重型电机、轻型电机、微电子产业的综合电机厂家探索了横向组织、矩阵组织、事业部组织等不少组织形态,期望通过这些组织形态在某种范围内增强相乘效果。

然而,这些尝试几乎均以失败而告终,原因是这些探索只注意到了人财物的集中,但忽略了顾客信息在整个企业中的共享和活用。在现有的经营体制下,缺乏顾客信息的共享机制,因此,即使再探索新的组织形态也解决不了上述问题。LTV 型经营虽然具有更加广泛的顾客接触点,但是这些信息的共享还需要新的经营体制作保证。

世界上唯一兼营汽车、通信、房地产的丰田公司,正在积极地思考经营体制的转变,并且十分关心顾客类型、需求时间等核心问题。丰田公司利用自己业

---

① 以 1998 年 3 月为准,该企业年销售额 2 057.9 亿日元,拥有 311 家分店,在同行业中位居第四位。

务多元化的优势,开辟了多种信息收集和共享途径,比如,利用通信业务收集顾客信息,将手机的使用量、使用时间等与汽车关联信息组合起来,更深入地了解了顾客的生活方式,他们发现年轻顾客的个人信息为研发新车和市场定位发挥了不可估量的作用。索尼公司也在1999年4月,为了加强对游戏、音乐、互联网战略的直接控制,改革了施行多年的事业部制,构建了公司群。

本章小结

顾客终身价值概念是顾客管理理论的基础,这一概念的提出使企业从单纯的市场份额导向中醒悟过来,现代营销范式的诸多转变正是在这一概念下发生的。顾客终身价值理论的实际意义在于促使企业构建与顾客价值交换的顾客价值模型,这一模型是企业实现"深度经济"效应的基础。"深度经济"意味着企业通过与顾客全面、持久、亲密的接触可以创造效益,为关联经济模式提供了现实路径。

习 题

1. 销售人员在实战中往往会疏忽一些关键点,给销售实现造成困难,常见的错误如:在不了解客户需求的情况下,就轻易提供产品或方案;提供自己最好的产品而不是顾客最需要、最合适的产品;用个人的主观经验或爱好来代替顾客需求等等。从顾客终身价值的角度,请提出其他的一些错误做法。
2. 单纯强调市场份额有什么危害?请列举一些典型事例予以说明。
3. 什么是"深度经济"?它与规模经济、范围经济有何区别?
4. 顾客终身价值管理对企业管理模式将产生什么影响?

案例:为了大客户应该抛弃小客户?

市民陈先生是一名物业管理人员,上周三他到某银行紧急办理一项异地卡业务,排队半小时后银行工作人员却告诉他只受理3 000元以上的业务,3 000元以下的业务必须到支行办理。该银行位于市中心地带,有近10个服务窗口,但在银行服务窗口的醒目位置写着"3 000元以下业务请到他处办理"的通知。陈先生十分不满,表示银行所说的地点与中心地带相距甚远,并与某工作人员发生争执。当陈先生提出要到其他银行去办理时,这位银行员工告诉他:"其他地方也都是如此!这笔业务若要在银行办理,最早也要等到次日早上。"陈先生即以遭到歧视为由表示了抗议。"这只是我们的一种服务方式,我们并没有任何歧视的意思。"另一位银行员工表示。

资料来源:丁兴良,《大客户销售策略与项目管理》,机械工业出版社,2006年。

问题:从顾客终身价值的观点来看,你认为银行这一做法不妥之处在哪里?

第七章
顾客分类与顾客分析

☞ **学习目标**

熟悉顾客的内涵和顾客分类的步骤,了解常见的顾客分类的方法,熟悉不同类别顾客的忠诚度、赢利性等特性,学会顾客分类的方法,掌握顾客价值链的分析方法,学习分析直接顾客、间接顾客的思路和捕捉最终顾客的方法。

☞ **知 识 点**

顾客的内涵;顾客细分的标准;顾客的赢利分布;顾客价值矩阵;顾客价值链;直接顾客、间接顾客与最终顾客;价值链顾客分析。

随着顾客地位的提高以及顾客资产价值的提升,企业需要一套有效的识别和确认顾客的方法,发现顾客、认定顾客以及分析顾客是提升顾客满足水平和实施顾客管理的基础和保证。在现代市场上,顾客中存在不同的层次、组群,他们对企业的意义不尽相同,只有借助于顾客分类和顾客分析才能明确顾客管理的对象、重点、手段和主要措施。

第一节　顾客的分类

一、顾客的内涵

Customer 的字根是 Custom(惠顾)。根据牛津字典的定义,Custom 表示"按惯例或经常性地呈现一项事物",以及"习惯性的行为"。这一概念说明了企业为什么需要开发顾客与培养顾客,而不仅仅是吸引顾客。另有一些字典给顾客下的定义是购买者(buyer),即登门购买商品的人。国际标准化组织对顾客的定义为:顾客是供方所提供产品的接受者。在合同情况下,顾客可称为"采购方";顾客可以是最终消费者、使用者、受益者或采购方;顾客可以是组织内部的,也可以是外部的。这个定义是国际标准化组织汇集了世界上许多专家,经过多年研究提炼总结出来的,具有一定的权威性。项保华(2001)认为只有回头客才是真顾客,只有向他人推荐本企业产品或服务的顾客才是真顾客。

在理解各种顾客观点的基础上,我们概括出了顾客的内涵。无论在何种情况下,都可以从以下三个角度全面地把握顾客的含义。只要属于下述情形之一,企业就可以将其看作企业的顾客,就需要认真分析并满足其现实与潜在需求。

1. 顾客是为企业提供收入的个体或组织。企业中所有人都应该认识到是顾客为企业提供了持续的收入流。根据这一定义,顾客是直接与企业发生业务来往的个体或组织。原料供应商以制造商为顾客,制造商以批发商或零售商为顾客,零售商以最终消费者为顾客。

2. 顾客是企业所提供产品或服务的受益者。这一含义是从用户的观点进行定义的,只有从企业所提供的产品或服务中获益的人,才能真正对企业的产品或服务的有效性做出合理的评价。因此,企业除了要取悦为其提供收入的顾客,更要关注使用产品或服务的个人或团体。

3. 顾客是制定或承担购买决策风险的个人或组织。有很多时候,如果仅仅关注谁为企业提供收入,或者企业产品或服务的受益者,还不能保证企业能获得订单。对于欲获得长期发展的企业来说,还要认识到,必须关注与形成和实施购买决策相关的个人或团体。在某些企业,决定购买的关键人物可能是研发部的负责人,或发展部的负责人,或企业的总裁、董事长,而不仅仅是企业的采购部门,甚至在很多企业,是企业的大股东、顾问、行业协会起决定作用。

从更全面、更系统的角度看,可以把市场或顾客链条上的所有成员都看作顾客,同时根据企业内部业务的先后联系,把企业的员工也看作内部顾客。也就是说,顾客既包括外部顾客,又包括内部顾客;既包括渠道顾客,又包括终端顾客。不同的顾客能够为企业提供的价值是不一样的,如同为移动用户,经常打国际长途的和整天不开机的两种用户的价值肯定不一样。事实上,很多公司已经认识到这一问题,不再简单地追求顾客数量,而是更多地寻求顾客的"质量",企业"质量"最好的顾客是哪些人?要回答这一问题,必须实行对顾客的有效分类管理。

企业之所以要关注顾客满足并实施顾客管理,是因为顾客是企业最重要的资源。Karl Albrecbt(1990)在其著作《看得见的顾客》中提出企业具有五种无形的资产,即顾客的忠诚、产品线给顾客的印象和魅力、忠实且训练有素的员工、组织内的"服务文化"和经营力。顾客资源之所以重要有以下两方面原因:

第一,随着技术进步、产品开发和经营差别化,企业对市场分割的能力日益增强,顾客被区分在不同的、更细的细分市场上,每家企业实际所能影响的顾客在数量上越来越少,与此同时,受经济发展和收入增加的影响,每一位顾客的购买力不断增加,单位顾客的购买额在总销售额中的比重呈上升态势。这说明流失一位顾客就意味着企业要承受很大的营业损失,顾客的价值不可忽视。

第二,企业在获得新顾客方面的费用远远高于维持老顾客的费用,稳定顾客是有利的。根据对市场营销活动的分析,与实现老顾客的再购买相比,获得新顾客的费用大致是前者的五倍。这说明稳定老顾客比发展新顾客更有利,顾客忠诚度高的企业比忠诚度低的企业总体的销售费用要小,事实上忠诚度高也意味着能实现较高的销售额和利润,顾客忠诚是企业无形的资产。

二、顾客分类的步骤

企业面对的顾客是极为复杂的,以移动公司为例,其外部顾客就十分复杂,大到每月通信费用达到数百万的企业用户,小到每月只有几元钱通话费的个人用户。不论顾客规模大小,都要提供令顾客满意的产品和服务,这就给企业的管理者出了一个难题:一方面,在顾客端要感受到无差别服务,任何顾客都要满意;另一方面,根据顾客给企业创造的效益不同,企业要合理分配自己的资源,对顾客进行有差别的服务。

(一)明确细分顾客群的标准

细分顾客的标准很多,如顾客所在的方位、产品类型、人口统计特征、时间、顾客在企业的全部消费额、顾客收入、顾客年龄、顾客购买频率、顾客经营范围、顾客的个性化资料、顾客消费的量与频率、顾客的消费方式、顾客的地理位置、顾客的职业、顾客的关系网等等。

(二)收集不同顾客群的信息

对已分好类的不同顾客群的信息要作进一步分析,分析他们的消费特点、购买行为、消费走势、对产品服务的期望价值、所需的产品服务价格组合等,对这些信息进行深加工。在不少行业对消费行为的分析主要从三个方面考虑,即所谓 RFM:最近消费、消费频率与消费额。这些指标都需要在账务系统中得到,但并不是每个行业都能适用。例如,在通信行业,对顾客分类主要依据这样一些变量:话费量、使用行为特征、付款记录、信用记录、维护行为、注册行为等。

(三)确认不同顾客群的价值和重要程度

根据对顾客群信息的掌握,确认不同顾客群对企业的价值和重要程度,在此基础上,针对不同顾客群的消费行为、期望值等制定不同的销售服务策略,以实现对不同顾客群实行不同的管理。顾客分类的目的是为了更好地实施顾客管理,然而,企业的资源是有限的,不可能对所有的顾客群实施相同的管理,如何针对不同的顾客进行有限资源的优化应用是每个企业都必须考虑的。知道哪些顾客是企业必须争取的,哪些顾客是企业可以放弃的,甚至是希望他投向竞争对手怀抱的,这样企业才能全力以赴更好地做好目标顾客的服务,获得更高的顾客满意度。对顾客进行更好的细分,企业才能够更好地为顾客提供合适的产品或服务,进行有针对性的运营。

三、顾客分类的方法

在顾客分类上,存在不同的分类方式,不同的企业对各种顾客类别的称谓也各不相同。比如,对大客户而言,有的企业称为优良客户,有的企业称为重点客户,也有企业称为关键客户等等。应该说,在顾客分类上,称谓本身不是问题,问题的关键在于顾客分类的标准和方法,顾客分类的多样化主要是由于分类标准和路径不同导致的。图 7-1 概括总结了常用的顾客细分的标准。

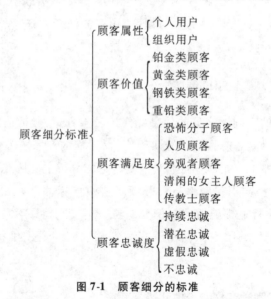

图 7-1　顾客细分的标准

(一) 根据顾客属性分类

按顾客属性分类,顾客包括个人用户和组织用户两大类。表 7-1 对个人用户和组织用户的构成和特性进行了总结。

表 7-1 个人用户与组织用户的构成与特性

顾客类别	个人用户	组织用户
规模	高额用户、中等用户、小额用户	大型企业、中等企业、小型企业
行业		旅游服务、党政军、科教文卫、金融保险证券、物业房产、通信制造、公共服务、信息产业、商贸部门
消费习惯	价格、服务、质量、品牌	价格、服务、质量、品牌
消费方式	长途、市话、IP、上网	长途、市话、IP、上网、数据、PAQX、宽带、数字电路

1. 个人用户的特点

（1）多样性。消费者人数众多，由于在年龄、性别、职业、收入、受教育程度、居住区域等方面的不同，他们对产品和服务的需求各不相同，消费习惯也有所不同，有些重视质量，有些却对价格敏感，有些需要最新的产品和服务，而另一些却只需要具有基本功能的产品和服务。

（2）交易分散。从交易的规模来看，个人用户的数量较多，市场分散，使用的频率很高，但每次使用的数量很少。

（3）可诱导性。由于消费者属于非专家型购买，特别是对专业性较强的产品比较陌生，所以个人用户很难掌握各种产品的知识，他们在购买产品和服务时，需要借助于咨询、宣传、介绍、指导等销售技术服务与帮助，在提供服务和帮助的过程中可以向其灌输有利于企业的信息，诱导和影响消费者的购买决策。

（4）层次性。根据马斯洛的需求五层次理论，个人用户的消费需求呈现有层次性的特点，一种需求得到满足，就要追求更高一层次的需求，以通信产品为例，从固定电话到移动电话；从单向寻呼到双向的移动电话；从话音业务到多媒体业务等。

2. 组织用户的构成和特点

相对于个人用户而言，组织用户一般被称为大客户，然而组织用户实际上也有大小之分。大客户是组织用户里一个特殊的群体，他们是所有市场竞争者最先关注的顾客群体，因为他们产品使用量大，购买能力强，社会地位重要，而且会产生连带效应和社会影响力，对每一个企业来说，大客户都是利益的最大来源。

大客户所要求的服务比较多，有些顾客由于有着特别的社会身份因而需要差别化、个性化服务。目前关于大客户的分类也更加细致，比如可以分为重要客户、集团客户、个人大客户等。以移动通信服务商为例,重要客户主要是指政府机关、媒体等需要通信保障的顾客;集团客户主要是具备一定用户规模和消费量的公司、机构;个人大客户主要是平均消费量超过某一水平的高端顾客。还有一部分顾客虽然其消费量尚未达到相关标准,但具有相当的增长潜力,我们称此类顾客为潜在大客户。如何通过分析潜在大客户的需求,通过促销、交叉销售等手段将其发展为大客户,同样是大客户管理系统的重要工作之一。

(二)根据顾客价值分类

顾客资产理论认为并非所有的企业都符合"满意→忠诚→利润"这一理论逻辑。顾客满意并不足以使企业实现长期赢利。满意的顾客甚至非常满意的顾客也会投奔竞争企业。在产品日趋同质化的今天,许多生产性企业只能靠价格折扣来维系顾客,销售那些顾客忠诚度高的产品并不能给企业带来赢利。因而企业必须依据赢利能力对顾客进行细分,积极争取赢利能力强的顾客,维系对企业有长期贡献的顾客,放弃不具有赢利能力的顾客,实现顾客终身价值最大化。

企业作为追求赢利的实体组织,应该是向那些能为企业带来赢利的顾客提供价值,也就是要对顾客赢利能力进行评估。从这个角度讲,顾客赢利能力的评估将为企业战略制定提供前提、奠定基础,或者说根据顾客赢利能力进行市场细分将对战略制定产生变革性影响。企业根据当前赢利能力和未来赢利能力的不同区分顾客群体,比传统按业务、地理位置或其他特征细分顾客更有意义,因为对不同赢利能力的顾客群体进行细分后,企业可向不同的群体提供差异化的服务。

现在,不少服务性企业已不再只根据顾客使用量,划分细分市场,而是根据企业目前和将来可从各类顾客那里获得的利润数额,识别顾客层次。这些企业按顾客层次详细记录营业收入和成本数额,确定各个顾客层次的价值,再按照各个层次的价值,为各类顾客提供不同的产品和服务。这些企业对不同类别的顾客采取不同的营销措施,明显地提高了经济利益。

顾客的赢利能力是不同的。绝大多数企业的实际表明,企业现有 20% 的顾客为整个企业提供了 80% 或更多的利润。Sherden 把 80/20 法则改成 80/20/30,其含义是顶部 20% 的顾客给公司带来了 80% 的利润,底部 30% 的顾客不但没有带来利润,还会给公司带来损失。① 相对于企业庞大的顾客基数而言,企业拥有的赢利顾客数量非常少。因此,就赢利能力而言,并非所有顾客对企业都有吸引力,企业应更准确地选择目标顾客群以提高竞争力。Robert E. Wayland 和 Paul M. Cole 的研究表明,并非所有的顾客都应该得到企业相同的对待。在对顾客关系价值进行估算后,许多企业发现,他们的顾客基数呈现正态分布(见图7-2)。

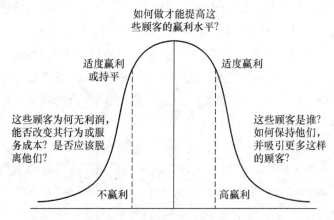

图 7-2 企业顾客的赢利分布状况

资料来源:Robert E. Wayland and Paul M. Cole,贺立新译,走进客户的心——企业成长的新策略(第1版),经济日报出版社,1998年。

根据顾客的赢利能力,可将其简单细分为赢利型顾客群体、适度赢利或保本型顾客群体以及非赢利型顾客群体。也可根据"五分位"、"十分位"对顾客进行更细化的赢利能力分析。"货币十分位分析",即把顾客划分为十等份,分析在一定时期内每10%的顾客对总利润与总销售收入的贡献率。进一步分析顾客赢利性的方法是按购买力进行十分位分析,即把销售总额与利润总额分成十等份,显示多少顾客实现了10%的销售额或利润额。分析结果往往显示1%左右的顾客群体就可能实现10%的销售收入或利润。

对于企业来说,必须细分出赢利型顾客群体并发现其具体特征。随着数据库技术的发展,尤其是数据挖掘和数据仓库技术的发展,使顾客赢利能力评估成为可能。在评估顾客赢利能力时,企业需要收集每位顾客的个人信息以及他

---

① 高峰、年锡梁:"抓住高端",《通信企业管理》,2003年第9期。

们与企业交往的历史信息,通过数据挖掘和数据仓库技术对顾客进行分类。比较而言,金融服务部门、电信服务部门掌握的顾客数据相对多些,根据顾客赢利水平进行市场细分的可行性较大。

基于顾客价值的差异性,显然以目标市场整体为对象无差异地分配企业营销资源的策略是不妥当的,一方面无法保证企业从对目标市场每一个顾客的服务中获得同样的收益;另一方面高价值顾客在企业平均投入的营销资源中难以获得与其付出相对应的高于平均水平的服务,从而易于流失,而低价值顾客则可能由于从中获得与其付出相比超值的服务而继续保持在市场中,从而可能使企业的收益形成恶性循环。因此,在价值驱动因素作用下,按照资源分配与收益相匹配的原则,资源配置的关键是决定产生最优回报(销售额、利润等)的资源组合,企业资源首先应以顾客价值为基础进行分配,市场细分也应首先以顾客价值为标准进行。

顾客终身价值由两部分构成:第一部分为假定顾客现行购买行为模式保持不变时顾客未来可望为公司创造的利润总和的现值。这部分是根据顾客关系的当前状态做出的对顾客未来价值的一种保守估计,称为"顾客当前价值"(CCV)。第二部分为假定企业采用更积极的顾客保持策略,使顾客购买行为模式向着有利于增大企业利润的方向发展时,顾客未来可望为公司增加的利润总和的现值,称为"顾客增值潜力"(CPV)。顾客增值潜力取决于顾客增量购买、交叉购买和推荐新顾客的可能性和量的大小。

顾客当前价值和顾客增值潜力两个维度分为高低两档,由此将整个顾客群分成四组,从而构造出顾客价值矩阵,如图 7-3 所示。

图 7-3 顾客价值矩阵图

资料来源:宝利嘉顾问:《细分——从客户区隔中谋取利润》,中国社会科学出版社,2003 年。

Roland T. Rust、Valarie A. Zeithaml 和 Katherine N. Lemon(2000)根据顾客价值的不同对顾客进行分层,提出四层级的顾客金字塔模型(见图 7-4),铂层顾客(高顾客当前价值和高顾客增值潜力)、金层顾客(高顾客当前价值和低顾客增值潜力)、铁层顾客(低顾客当前价值和高顾客增值潜力)与铅层顾客(低顾客当前价值和低顾客增值潜力)。

图 7-4　顾客金字塔

分析不同类别顾客的需要,根据本企业可获取的经济收益,合理地分配本企业有限的资源,按照各类顾客要求的效用,为他们提供定制化产品和服务,分析如表 7-2 所示。

表 7-2　各层顾客分析

顾客类型	顾客对公司的价值	资源配置策略	顾客保持策略
铂层顾客	高当前价值高增值潜力	重中之重投入	不遗余力保持,增强顾客关系
金层顾客	高当前价值低增值潜力	重点投入	全力维持高水平的顾客关系
铁层顾客	低当前价值高增值潜力	适当投入	关系再造
铅层顾客	低当前价值低增值潜力	不投入	关系解除

资料来源:宝利嘉顾问:《细分——从客户区隔中谋取利润》,中国社会科学出版社,2003 年。

1. 铂层顾客

铂层顾客既有高顾客当前价值又有高顾客增值潜力,是最有吸引力的一类顾客。和黄金类顾客一样,顾客关系已进入稳定期的高忠诚顾客,他们几乎已将其业务 100% 给了本企业,不同的是这类顾客所在的企业本身具有巨大的发展潜力,其业务总量在不断增大,因此,这类顾客未来在增量购买、交叉购买等方面有巨大潜力可挖。这类顾客对新生事物和新技术非常敏感,喜欢新的尝试,对价格不敏感,是潮流的领先者。当然,这些行为特征背后一定还存在一些基本特征,比如他们往往收入颇丰,受教育程度较高,具有较强的探索与学习能力,对产品相关技术有一定了解,在所属群体中处于舆论领导者地位或者希望成为舆论领导者。铂层顾客群不仅自己率先购买,而且积极鼓动他人,并为企业提供可借鉴的建议。因此,企业要将主要资源投入到保持和发展与这类顾客的关系上,针对每个顾客设计和实施一对一的顾客保持策略,不遗余力地做出各种努力以保持住他们。

对就移动通信企业而言,铂层顾客是指最能使企业赢利的顾客,通常指那些通话量大、对价格的敏感度低、愿意试用新产品和新服务、对企业忠诚感强的顾客。移动通信企业的铂层顾客一般包括各种企事业单位、政府、机关的领导层,商务人士,企业可以报销话费的管理人员、营销人员、工作人员、社会上的高收入者等。这类顾客一般每月话费在500—600元(因地区差异此数值有所不同)以上,他们主要对企业的技术性质量要求比较高,要求企业保证提供畅通的通信服务,同时他们也希望能享受移动通信企业为他们提供其他的最好的功能性服务,如客户经理上门办理业务,减少他们花费的时间或精力等。这类顾客对价格不是非常敏感,愿意为企业提供的优质服务付费。这部分顾客约占企业总体顾客的3%—5%。

2. 金层顾客

金层顾客有高顾客当前价值和低顾客增值潜力,从顾客关系看,这类顾客可能是顾客关系已进入稳定期的高忠诚顾客,他们几乎已将其业务100%给了本企业,并一直真诚积极地为本公司推荐新顾客,因此,其未来在增量购买、交叉购买和推荐新顾客等方面已没有多少潜力可供进一步挖掘,但这类顾客对企业十分重要,是仅次于铂层顾客的一类最有价值的顾客。他们不一定真正了解和完全接受新产品和新技术,但他们以铂层顾客作为自己的参照群体,他们是真正的感性消费者,在意产品带给自己的心理满足和情感特征,他们对价格不一定敏感,但十分注意品牌形象。企业是花了很大代价才使顾客关系进入稳定期的,现在正是企业从他们身上获取回报的黄金季节,因此,企业应保证足够的资源投入,千方百计地保持住这类顾客,决不能让他们转向竞争对手,当然要保持住这类顾客并不容易,企业必须持续不断地向他们提供超期望价值,让他们始终忠诚于本企业。

在移动通信行业,这些顾客使用移动电话的时间一般已超过三年,每月的话费集中在300—600元间,高于所有客户平均话费值。这类客户约占客户总数的 20%—30%。与铂层顾客相比,这类顾客为企业创造的利润较少。他们往往希望移动通信企业为他们提供更优惠的价格,他们经常会对互相竞争的移动通信企业的服务质量和价格进行比较。有些顾客经常以改购竞争对手的通信服务作为他们与移动通信企业讨价还价的手段,为了争取更大优惠,他们可能会同时使用两种通信网络,而不是固定使用一家企业的服务。因此,金层顾客不像铂层顾客那样忠诚于本企业,这部分顾客的流失率和欠费率均高于铂层用户。

3. 铁层顾客

铁层顾客是低顾客当前价值但高顾客增值潜力的顾客,一个业务总量很大,但本企业目前只能获得其很小业务份额的顾客属于这一类顾客。从顾客关系生命周期看,这类顾客与企业的关系可能一直徘徊在考察期,双方没有建立足够的信任和相互依赖关系,如果改善与这些顾客的关系的话,在未来这些顾客将有潜力为企业创造可观的利润。铁层顾客在做出购买决策时小心谨慎,他们最在意产品的性价比,对产品(服务)质量、承诺以及价格都比较敏感。铁层顾客对他人的建议听取而不盲从,他们一般只相信自己的判断,而且每一次购买决策都需精密计算,不执著于某一品牌。对这类顾客,企业应投入适当的资源在再造双方关系上,例如,通过不断向顾客提供高质量的产品、有价值的信息、优质服务甚至个性化解决方案等,提高对顾客的价值,让顾客持续满意,并形成对公司的高度信任,从而促进顾客关系顺利越过考察期,最终进入稳定期,进而获得顾客的增量购买、交叉购买和推荐新顾客。

这类顾客对移动通信企业而言可提供必需的经济收益,但他们的消费量、忠诚度、为企业创造的利润数额都不值得企业为他们提供特殊的服务。这部分顾客占用户的绝大多数,约占总数的 50%—60%,他们每月的消费额一般不到 200 元。这部分顾客的经济支付能力不高,对价格敏感性高,平常对外联络时,他们可能尽量使用替代性的通信工具(固定电话、流动市话等),以便节省开支。这部分顾客比较关心企业的优惠措施,竞争对手较易用优惠政策争取他们"跳槽",这类顾客的离网率较高。这部分顾客数量大,对服务需求差异也大,如果移动通信企业为他们提供特殊服务,满足他们的一切需要,就很难赢利。

4. 铅层顾客

铅层顾客的顾客当前价值和顾客增值潜力都低,属于没有吸引力的一类顾客。如下列顾客可能属于这一类:偶尔有一些小额订单的顾客;经常延期支付甚至不付款的顾客（高信用风险顾客）；提出苛刻顾客服务要求的顾客；定制化要求过高的顾客。铅层顾客对价格十分敏感，他们只有在企业与竞争对手相比有价格上的明显优势时才可能选择购买本企业产品。铅层顾客的形成原因可能与他们的收入水平密切相关，这导致其可能处在社会的较低层。对于这类顾客，企业不应再投入资源，宜采用"关系解除"策略，比如，高于市场价格的定价策略，拒绝不正当要求等，任其流失，甚至鼓励其转向竞争对手。

这类顾客无法使企业赢利。他们平时每月正常消费量很低，对企业经济收益贡献不大，但对移动通信企业提供的服务要求却过高，如未得到满足则向周围人不断抱怨，对企业进行攻击，影响企业形象。铅层顾客中还有不少是"问题顾客"，企业为他们服务，往往得不偿失。例如，"问题顾客"会利用目前相关法制不健全的空隙，长期拖欠话费不交，在被停机后又使用他人身份证再次开户使用，有时甚至是恶意使用电话，造成话费激增而不交。这类顾客约占客户总数的3%—5%。

企业必须关注顾客群体的长期赢利能力，分析适度赢利型顾客群体或铁层顾客群体、非赢利型顾客群体或铅层顾客群体的未来赢利潜力，从顾客终身价值的角度观察顾客的赢利水平，企业应认识到并非所有的顾客都值得去吸引与保留，企业与有些顾客进行业务来往的成本太高，即使从长期来看，这些顾客群体的终身价值也是负数。企业应该分析不同层次顾客的不同需要，合理地分配企业有限的资源，为他们提供不同的产品和服务。简言之，对于铂层顾客构成的子市场，企业需要做的是增强联系，提高他们的转换成本；对金层顾客，要向他们提供额外的利益，使其转变为铂层顾客；对于铁层顾客可以通过降低交易成本、提供全面服务，把他们转变成金层顾客；而对于铅层顾客，企业要么将他们放弃，要么提高价格或减少服务将他们转化为铁层顾客。

以上四种不同类型的顾客的终身价值总和构成企业的顾客资产，从中可以清楚地解释为什么有些拥有庞大的市场份额的企业却在竞争中感到力不从心，为什么一些看似不起眼的小企业会迅速成为市场中的巨人。正由于不同的顾客类型的终身价值不同，同样数量的顾客群体、不同的顾客结构，可能会导致顾客资产的巨大差异。两家企业可能在市场规模上不相上下，但第一家企业顾客资产中铂金类顾客和黄金类顾客的比例高，而另一家企业顾客资产中多数为重铅类顾客，如此导致两个企业的收入、利润、未来销售增长率以及在市场中的竞争地位完全不一样。

(三）根据顾客满足度分类

如上所述,顾客满足的程度是影响顾客行为的重要因素之一,进而决定着顾客的地位及其对企业的不同意义,企业在营销实践中很重要的工作之一就是确认顾客的满足状态,并根据满足状态的不同,在营销上采取有效的顾客创造和维持的措施。

顾客满足是可衡量的,现在一般是将其划分为五种顾客满足状态,即非常满足、稍微满足、中性状态、稍微不满和非常不满。针对满足状态的不同,顾客依次可以划分为"传教士顾客"、"清闲的女主人顾客"、"旁观者顾客"、"人质顾客"和"恐怖分子顾客"(如图7-5所示)。

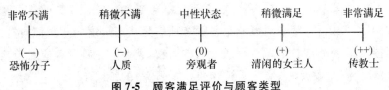

图7-5 顾客满足评价与顾客类型

资料来源:鸠口充辉,《柔らかいマーケテイングの論理—日本型成長方式からの出発》,ダイヤモンド社,1997年,第86页。

对企业而言,最差的情况是存在恐怖分子顾客。这类顾客在以往的交易中遭遇了令人十分气恼的情况,对企业产生了恶劣的印象。这类顾客,不仅理所当然不会与企业发生交易,而且会向潜在的顾客发布有害信息,对其他顾客的购买行为进行劝止,甚至有可能采用暴力等手段阻止潜在和显在的购买者。

人质顾客是指虽然有不满但由于种种原因目前不得不与企业发生交易的一类顾客。在电力、煤气、自来水等垄断性的、提供公共服务的企业经常存在此类顾客。虽然企业服务很差,但由于生活需要顾客不得不继续购买。在一般的消费领域,如果顾客的退出壁垒较高,人质顾客也可能存在,例如,解约手续比较麻烦的人寿保险和银行自动付款服务就是比较典型的例子。

旁观者顾客是指既非满意又非不满意的顾客,可以把这种零满意状态称为"未满足(unsatisfaction)",把前面负满足状态称为"不满足(dissatisfaction)"。前者是指虽然没有满足,但因为没有生气而继续购买的顾客,后者是指产生了愤怒情绪从而拒绝购买或出现抗议行为的顾客。旁观者顾客具有比较大的动摇倾向,他会视情况不同而购买不同企业的产品,不会对一家企业产生持久忠诚,因此,对企业而言,这类顾客是可能导致机会损失的顾客。清闲的女主人顾客是指在目前的交易中得到了一些满足,但受到其他因素的影响随时可能产生动摇的顾客。这类顾客即使从现在企业获得到了满足,也不排除明天会购买其他企业的产品。当前,这类顾客的数量是很大的。

传教士顾客是对企业忠诚度非常高的顾客,根据美国 Xerox 公司的调查,这类顾客的再购买比率是清闲的女主人顾客的六倍。这类顾客不仅不会动摇,长期维持与既定企业的交易,更重要的是正如其名称一样,能够积极地将企业的优点传播给其他的潜在和显在顾客。这类顾客对企业争取其周围顾客做出了积极贡献,是企业的功臣。

顾客满足状态的不均衡性和顾客类型的多样性,意味着在营销上必须采取各种灵活的对策。上述分析表明,顾客满足状态越趋向于图 7-5 的右侧越能获得有利的顾客,因此,基本对策就是将顾客从满足状态尺度的左侧移向右侧,并且尽可能多地创造传教士顾客。从大的方面看,企业有三种顾客应对策略:

1. 对负满足顾客(恐怖分子顾客和人质顾客)的策略

负满足状态顾客的存在意味着企业在满足顾客的过程中存在不少问题,没有达到管理的目的。此类顾客的大量存在会严重威胁企业的持续生存。因此,在这种情况下,企业必须认真审视管理的基本命题这一根本问题。从经营理念和运营体系的各个层面检讨企业的缺陷和问题,将企业经营的各个环节归结到基本责任上,重新定义企业存在的社会理由,把追求社会满足摆在更高地位上。

2. 对零满足顾客(旁观者顾客)的策略

由于此类顾客是既非满足又非不满足,满足水平处于中性状态,所以他们既可能保留下来,也可能流失掉,关键取决于对企业的考察。为了截流和巩固这类顾客,必须把重点放在继续提高满足水平上,在顾客创造和维持上提供比竞争对手更有魅力的策略,进而将其发展为未来的顾客资源。

3. 对正满足顾客(清闲的女主人顾客和传教士顾客)的策略

正满足的顾客是企业最宝贵的市场资源,因此,对此类顾客一方面要采取保护政策,另一方面要采取积极扩大的战略。此类顾客由于获得了正满足,对企业持肯定的态度,但是,顾客的忠诚是有条件的,此时企业必须严密监视竞争对手提出的新的满足战略,防止由于企业松懈和竞争者的介入打破顾客现有的惯例。

(四) 根据顾客忠诚度分类

企业可以根据表 7-3 中的顾客忠诚分类,针对不同类型的顾客,把保持顾客忠诚的服务活动简略分为以下几种。

表 7-3 顾客忠诚的类型

表现\类型	不忠诚	虚假忠诚	潜在忠诚	持续忠诚
情感忠诚度	低	低	高	高
购买行为	低频率的重复购买或不购买	高频率的重复购买	低频率的重复购买或不购买	高频率的重复购买
综合表现	很少或从不惠顾,也不想惠顾	经常惠顾并购买企业的产品,但情感忠诚度较低[①]	希望惠顾并购买企业的产品,但实际条件不允许[②]	对企业和产品有很高的情感忠诚度,同时又不断重复购买

注:① 虚假忠诚的表现可能是受购买便利性、优惠条件及环境等因素的影响,也可能因为缺乏替代品。因此,虚假忠诚顾客很容易受外部条件变化的影响而转变为不忠诚顾客。② 引起潜在忠诚的原因很多,可能是由于企业店铺较少,或者是因为某产品脱销等。一旦条件具备,潜在忠诚顾客就能转变为持续忠诚顾客。

资料来源:Dick and Basu,"Customer Loyalty:Toward an Integrated Framework",*Journal of the Academy of Marketing Science*,1994,Vol.22,No.2,pp.99—113。

1. 针对不忠诚顾客。由于此类顾客长期以来与企业几乎没有业务关系,情感忠诚度也很低,但不排除产生忠诚的可能,企业可以采用物质和服务价值双管齐下的方法,在他们中间发现可能的忠诚顾客(数量通常很少),另一方面适当扩展虚假忠诚顾客以提高企业收益。

2. 针对虚假忠诚顾客。由于这种虚假表现大多受购买便利性、优惠条件及环境等因素的影响,也可能因为是缺乏替代品,顾客的情感忠诚度很低,企业在提供服务时要设法吸引他们的购买力,让这类顾客在利益驱动下保持忠诚,哪怕是虚假忠诚。比如,计算机系统供应商向顾客提供免费培训,由于顾客一旦习惯了该系统以后再改用其他系统要付出大量的时间和金钱代价,他们较有可能成为供应商的忠诚顾客,虽然是虚假忠诚。

3. 针对潜在忠诚顾客。潜在忠诚顾客有较高的情感忠诚度,只是由于一些客观的原因妨碍了他们频繁购买,因而企业服务工作的重点,就应放在清除妨碍频繁购买的客观原因方面,从而帮助他们成为持续忠诚顾客,电话银行业务就是典型的例子。

4. 针对持续忠诚顾客。持续忠诚顾客才是最有价值的顾客,他们的忠诚表明企业现有的服务是有价值的,企业一定要重视来自于他们的反馈信息,以便保持这些持续忠诚顾客。

第二节 寻找顾客与分析顾客

一、从附加价值链中寻找顾客

"顾客满足"是20世纪90年代以来产业界十分流行的术语,从彼德斯到德鲁克,以管理顾问和管理学家为首的众多管理界的精英人士,无不告诫企业要把注意力集中到顾客身上。但是,绝大多数企业在这方面的努力都很不充分。它们的注意力仅仅倾注在企业本身直接面对的顾客上,缺乏远见。绝大多数企业都没有考虑"顾客的顾客"以及最终顾客问题,把顾客仅仅局限于直接购买者和使用者。如果只满足直接顾客的需要,不把顾客满足战略推广到最终顾客,那么由顾客组成的价值链的附加价值创造性就大打折扣了。

提出最终顾客的满足问题,首先需要明确究竟谁是顾客。毫无疑问,顾客是指通过向企业支付金钱以获得产品和服务的个人与组织。按照这一概念,顾客的含义是非常广泛的,但是其中最重要的是"最终顾客"。如果不满足这些顾客的需求,处在同一价值链中的所有企业都会遇到麻烦,都有可能在竞争中失败。

我们举一个简单的例子。比如某企业制造彩电中使用的集成电路板,该企业十分清楚要按照家电厂家的要求开发和制造电路板,就是说,该企业知道自己的顾客就是家电厂家。正因为如此,该企业努力保持与家电企业各类人员(从技术主管、采购主管,到高层管理者)之间的密切关系,其目的就是要与家电厂家长期合作。

毫无疑问,价格方面的竞争力和信誉状况有很大的影响,但是,仅靠这些还远远不够。该企业的产品作为家电厂家的零部件要组装到电视机上,而家电厂家的大部分电视机要销售给家电批发商,批发商批发给家电量贩店、电器店等零售商,零售商面向大众消费者进行销售。

商品的上述流动过程如果用"附加价值链"图示表示出来就非常清楚(见图7-6)。电路板生产企业与最终顾客之间间隔了三个环节,换言之,为了适应最终顾客的需求,该企业在很大程度上要依赖于家电厂家、批发商和零售商,因此,无论怎样重视和加强适应顾客需求,也不能左右居于价值链前端的其他企业的行为。如果考虑到一家开展国际贸易的企业,情况就更加复杂。企业必须清楚地了解其他国家价值链的功能、对这些国家流通渠道的依赖程度等问题。

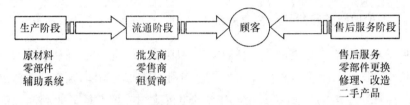

图7-6 附加价值链的三个阶段

资料来源:ウィリアム・E.ロスチャイルド,「顧客最優先」企業が見落とす最後の顧客の"満足"と"ニーズ",《週刊ダイヤモンド》,1995年2月25日,第39页。

图7-6是对附加价值链三个环节的总结。首先,生产阶段提供原材料、零部件以及产品与服务。第二个阶段是流通环节,采购产品和服务,销售给顾客,所有的组织都处于该阶段。近年来,流通环节发生了很多变化,复杂性不断提高,比如出现了租赁商等。流通环节已经不只限于原来的从事"采购—再包装—销售"业务的批发商和零售商了。第三个阶段是承担售后服务、零部件销售、二手产品转卖的机构。这一阶段往往容易被忽视,而这一阶段的复杂性也在不断地增加,它对最终顾客的影响越来越大。

二、企业价值链的分析

企业为了充分认识自己在价值链中的位置,掌握价值链的构成与特性,需要进行以下四个方面的战略分析。

(一)距离最终顾客的远近

距离最终顾客越远,越依赖于其他企业的行为和判断力。例如,生产彩电零部件的企业,为了使最终顾客满足,必须依赖于彩电制造企业和流通企业。如果这些企业不去做他们应该做的,无视顾客需求的变化,满足顾客就是一句空话。

远离最终顾客带来的问题之一是无法实时地感知顾客的变化。由于终端市场很大,市场变化以后的信息传递需要一个过程,距离终端市场较远的企业不能及时、敏感地获得市场信息,被市场的成长性所误导,以为销售额今后还会持续增长下去。由于无法实时获得终端市场的信息,企业做出错误判断的可能性很大。因此,越是远离终端市场的企业在竞争中越处于不利的地位。如果企业面向国际市场,由于存在较大的时间、空间间隔,判断市场情况就更加困难。

(二)价值链的收益性和合作关系

以平均值考虑价值链的收益性容易产生很多误解,必须正确认识收益产生在价值链的哪一环节。有些产品在价值链的前端就产生利润,也有一些产品的利润产生在价值链的中间或末端。在整个价值链中,并不是企业利润越高越好,如果自己的企业获得了较大的差价,而顾客的收益性较低,很有可能与顾客产生摩擦。价值链利益的分配性往往是决定价值链构成、形态和各方合作关系的基础。一些企业之所以在价值链中实行一体化战略,主要原因就是该企业认为自己没有得到"它应该得到的利益"。如果自己所处的位置收益不高,而价值链的其他阶段存在较高的利润,那么感觉不利的企业就会向高收益的领域渗透,对价值链前端的企业而言,以前的顾客就演变为竞争对手了。

通用电气公司对家电市场的研究表明,家电行业收益率很低,在生产商、批发商、零售商构成的价值链上损失了不少利润,由此导致财务状况非常脆弱。在20世纪70年代和80年代,美国的彩电业出现衰退,最终保留下来的只有Zenith一家企业。另外,批发商、零售商也陷入非常悲惨的境地,面临着倒闭的危险。很显然,必须从整个价值链的角度看待这种现象,这对远离最终顾客的企业而言尤为重要。

(三)价值链现在与未来的主导权

不同的产品,其价值链主导权具有不同的特性,既有原材料环节影响力大的情况,也有靠近最终顾客的环节影响力大的情况。例如,在装饰性钻石市场上,原来,矿山的影响力较大,南非的戴·比尔斯公司掌握着主导权,在数十年里控制着钻石的品质与数量。在石油行业,掌握主导权的是国际性综合石油精炼企业,但是近些年来情况发生了一些变化。

价值链主导权的变化取决于外部因素,例如,国家通过法律法规对流通渠道进行管理,从而使流通机构掌握了主导权。法律修改后,产生了新的流通渠道,流通机构增加,以前的流通机构就丧失了主导权。美国在废除了有关公平交易的若干法律条款后,生产商的势力受到削弱,主导权落到大型廉价商店的手中。

主导权的归属反映着价值链的性质,决定着价值链的运作方式,因此,必须重视对价值链财务状况和主导权状况进行分析与评价,判断价值链的哪一环节产生利润、谁掌握着最大的力量等情况。战略分析不是针对过去的,而是面向未来的,因此,在主导权分析中重要的是能预见总价值链会发生什么变化、对本企业会产生哪些影响。

表 7-4 为分析价值链主导权提供了一个基本框架和思路,它提示企业在价值链分析中需要哪些直接和间接顾客的信息。信息的收集、分析需要花费很多时间和成本,如果能够知道信息的范围,觉察和预测各种变化,那么对企业将是十分有用的。

表 7-4 价值链主导权的分析思路

分析领域	能否预测总价值链或各阶段收益性的变化?	是否存在价值链一体化的变化?	价值链的各阶段能否简化?	是否会出现新类型的流通渠道?
分析内容	与价值链中其他部分相比,本企业的收益状况如何?收益性变化对本企业的影响力有多大?	顾客是否接受了本企业?竞争对手是否通过一体化战略夺走了本企业的顾客?	如果批发商向零售商渗透,那么是否出现了批发渠道的消失和影响力下降?	比如,零售商和租赁商是否增加?投资、经营自有设备的服务商是否增加?

资料来源:根据ウィリアム・E.ロスチャイルド,「顧客最優先」企業が見落とす最後の顧客の"満足"と"ニーズ"一文整理,《週刊ダイヤモンド》,1995 年 2 月 25 日,第 40 页。

三、分析直接顾客与最终顾客

价值链分析虽然帮助企业从更大的范围上认识了自己的顾客,明确了企业的位置,但是为了掌握顾客的深度信息,还需要对直接顾客和间接顾客的主要特性进行研究。

(一)顾客的财务特性

财务特性分析是顾客分析首先应该完成的工作。如前所述,收益性在附加价值链的各个阶段是不同的,为此,企业需要分析:企业收益率高低、收益率如何变化、资金流量的状态、资金是否按期支付等。

遗憾的是,很多企业只能将由财务特性分析获得的信息应用到战术上,缺乏战略的眼光。不少企业将上述分析仅仅针对那些直接支付货款的顾客,没有从资金总体运动的角度着眼,结果经常由于顾客破产或无法支付货款而使企业陷入困境。因此,仅仅局限于直接顾客的财务分析是远远不够的,必须收集"顾客的顾客"在这些方面的信息。

(二)对顾客而言的最重要的顾客

对本企业的顾客而言,谁是其主要顾客?回答这一问题需要认识这样几点:

1. 顾客的目标市场。本企业的顾客有些是以多数顾客为对象开展经营活动,有些则是以少数顾客为对象开展经营活动。毫无疑问,顾客服务的对象越少,这些对象往往也就是顾客的主要顾客。为了掌握最重要顾客的情况,企业必须详细调查顾客服务的少数对象,了解他们的经济实力、财务状况。

2. 地理分布。分析顾客的市场是否被诸如"东北地区"或"本省范围"等范围所限制。在有限的市场集中经营既有利也有弊,弊端就在于,如果过于集中,当市场发生较大变化时容易受到冲击。

3. 顾客的市场和行业的变化。例如,如果顾客以美国流通机构为对象开展经营活动,了解美国的市场状况就显得十分重要。美国的批发市场正在发生剧烈的变化,向零售业渗透得越来越多。这些变化虽然提高了其购买力,但是也增加了对流动资金的需要。另外一些批发商把小型零售店以"合作一服务店"的方式组织起来,使之达到接近大型零售店购买力的水平。当然,还有部分批发商与生产商合作,灵活地销售中间商品牌商品(PB商品)。这些变化影响的范围很大,如果对这些变化过于迟钝,就不能采取有效的对策。

(三)顾客的战略方向与优先顺序

从长期的观点分析顾客的经济、财务特性,其主要目标是掌握顾客今后的行为。对最终顾客而言,企业需要搞清楚顾客向哪里投资、是否向本企业的产品和服务投资、本企业的技术对顾客转换产品方向和市场方向是否发挥了作用等这些在直接顾客分析中经常询问的问题。假如零售商想减少电视机的销售向电脑倾斜,那么对零售商和顾客而言都会面临着渠道的威胁。如果他们不能察觉这种威胁,或者无视这种威胁,其销售量就有可能会降低。在美国,原来的家电零售商出现衰退,取而代之的是电脑和家庭信息产品零售商不断发展壮大就是很好的例子。

(四) 在市场中的地位与竞争力

为了掌握最终顾客的情况,必须分析本企业顾客的类型,即最终顾客是市场领导者,还是趋势创造者,或者是市场追随者,正确判断顾客的市场地位和竞争力对企业具有十分重要的意义。如果顾客是趋势创造者,应该向风险较大的产品投资。如果是比较迟钝的追随者,有可能流失很多市场机会,对企业也形成连锁反应。

为了赢得顾客,企业需要通过技术革新、卓越的应用能力、积极的市场营销、降低成本和灵活的价格战略等,对不同类型的顾客采取市场差别化战略。这些能够采取差别化战略的领域可以称为企业的"战略性优势",如果不能正确把握企业在哪些方面具有战略性优势,很可能导致在预测未来和战略实施中失败。

从本质上讲,企业面临的最重要问题之一是从总体上重构直接顾客和间接顾客的市场战略和竞争优势。企业要客观地观察这些顾客在市场中的行动,将顾客的行动与对本企业的态度进行比较,从而分析这些顾客是否表现出言行的一致性。如果看不到这种一致性,则意味着企业很可能面临着顾客不满并使企业深陷泥潭。

(五) 顾客的成本与生产战略

了解顾客的成本管理和生产的总体情况,可以考察顾客以及顾客的顾客是否投资建立了新的经营体系和流程,以改变成本状况和业务经营状况。例如,有些用户通过向电子数据交换系统进行大规模的投资,建立自己的计算机系统,获得直接数据。其目的是通过先进的业务处理手段,增强自身的应变性,降低库存和交易成本。在很多情况下,这些变化虽然往往是用户根据自身顾客要求进行的,但也为我们认识用户的成本与生产战略提供了重要启发。

(六）顾客的采购与库存战略

了解顾客的采购战略需要考察这样几个问题：顾客执行什么样的采购战略，是仅从一家供货商采购，还是从多家供货商采购；顾客选择供货商的方法是什么；以什么作为采购战略的基准；在采购中谁掌握着决定权；等等。

例如，在很多情况下，采购方与供货方会缔结合作、联盟关系。这种情况意味着只选择了一家供货商，日本企业采用这种方式的比较多。但是，对供货方而言，这种方式存在很大的风险，因为它意味着供货商只向一家顾客销售，将赌注完全押在单一顾客身上。

在决策层次上也可能发生很多变化。比如，有的用户将采购决策权提升到高层，为了适应这种变化，企业需要转变销售战略。相反，也有些用户将采购决策权分散化，把权限委托给组织的基层，在这种情况下，企业必须加强销售攻势。

最后，必须重视对顾客库存管理战略的了解和预测。例如，准时生产方式在很大程度上影响着供货商的业务体系、库存管理和企业的应对方式，很多企业对此注意不够，从而在应对这些变化时准备不足。掌握顾客的库存管理方针、惯例是十分重要的，如果能够判断准时生产方式缺乏效率，那么顾客改变原来业务体系的可能性很大。

（七）顾客的人性观

众所周知，竞争是人的行为，竞争对手具有人性观，因此，了解"竞争对手是什么样的人、其行为动机是什么"等问题具有积极的作用。很多企业与顾客的高层管理者保持着密切关系，并通过长期维持这种关系而获得成功。如果顾客高层管理者发生变化，这种关系也就会发生变化。当直接顾客与间接顾客的高层管理者发生变化时，必须重新认识谁是新的管理者，怎样做才能建立密切的关系等问题。这种工作不仅是重要的，也是需要时间的。

了解顾客企业应该做哪些工作？简单地讲，就是充分地了解顾客的经营活动和经营惯例。令人吃惊的是，很多企业不去收集这方面的信息，这就导致了对顾客的顾客基本上缺乏了解。

四、捕捉和满足最终顾客的方法

如上所述,最终顾客左右着企业的成败。如果缺乏对最终顾客的感性和理解,即使掌握了价值链中其他所有的企业,也不起任何作用。捕捉最终顾客主要应当立足于以下两个方面:

(一)支持本企业产品与服务的核心最终顾客

企业必须捕捉到自己的核心顾客,分析核心最终顾客的要点有三个方面:(1)人口统计数据,如年龄、性别、学历、收入、种族、宗派等;(2)地理上的数据,如城市、郊区、农村、地方、国家等;(3)经验,如入门者、中级水平者、熟练者等。

首先要搞清的问题是最终顾客类型的变化。例如,正如在电脑、汽车、家电等产品市场上所看到的那样,如果经验较少的顾客增加,企业就必须加强售后服务。如果产品的特色和选择余地过多,顾客就容易陷入混乱。

其次是搞清顾客人口统计数据的变化情况。例如,购买计算机的女性顾客数量比以前大大增加了,人口越来越高龄化等,这些变化预示着对产品的需求也会发生变化。以包装为例,过去的包装主要考虑安全性问题,现在则出现了大量的容易开启的包装方式。如果顾客的种族、民族不一样,顾客的兴趣和对产品的期望就会发生变化,为此需要以多国语言印刷产品说明书,产品设计和色彩当然也要发生相应的变化。

(二)分析潜在的最终顾客

在了解了本企业产品与服务现有顾客的基础上,紧接着要确认企业没有为之提供产品与服务的潜在顾客。比如,某企业制造的集成电路板可以用在新型的电气通信产品上,但是生产这些产品的顾客尚未使用。之所以丧失了这一市场机会,是因为该企业将目光只集中到了直接顾客身上,或者是对这一新的市场机会的吸引力认识不足。

一旦企业在掌握了价值链的总体知识后,很容易将注意力过多地集中到适当的顾客和市场上,但是,在此之外的顾客和市场上也应当采取必要的措施,因此,必须认真地检讨潜在市场的战略意义和价值。

通过对最终顾客的分析可以掌握顾客特性,通过对核心顾客与潜在顾客的研究可以明确最终顾客管理的重点,在上述问题解决以后,企业必须将顾客满足战略推广到价值链中所有的顾客身上。在满足最终顾客的过程中,企业应该注意以下方面:

1. 在高层管理者中建立定期的战略会议制度

为了满足最终顾客的需求,获得对最终顾客的战略洞察,首席执行官(CEO)和高层管理者应该与用户的 CEO 和高层管理者携手定期会面。这种会面绝不仅仅在于推销产品或打打高尔夫球,而是要通过经常的会面与顾客共享某些知识。因此,在会面中要把重点集中在了解顾客的财务、市场、战略等情况上,彼此找到共同的问题。在很多情况下,顾客面临的问题与本企业的问题具有相似性,因此,企业可以为顾客解决这些问题发挥积极的作用,反过来说,这也有利于企业发现自身的问题。

2. 认识顾客的现状,倾听顾客的意见

高层管理者的会面对于了解顾客今后的计划、获得有关顾客和市场的知识是一种十分有效的方法。关键的问题是要倾听顾客的意见,理解顾客的想法。如果很好地注意到这一点,企业就能够掌握有关顾客和价值链各环节的知识。有关最终顾客需求等方面的知识是非常重要的,也是企业宝贵的信息。

3. 获得客观的意见

在利用高层会议掌握了市场知识和形成对价值链中顾客的认识以后,下面要做的工作是启发企业内部的具体人员,使其提出对状况的不同意见。之所以这样做,是因为对状况的意见越接近,越难以做出客观的判断,不利于把握总体情况。状况的不断变化对经营方式会产生重大影响就很充分地说明了这一点。

由于对最终顾客认识的不同观点非常重要,因此,企业不妨借助于管理顾问和市场营销调查公司等外部力量收集资料,将调查结果与顾客会议上得出的结论进行比较。

许多资料不需要花费成本就可以得到,比如通过收集刊登有关行业趋势和最新动向的杂志和定期刊物上的信息,企业就可能掌握最终顾客的变化情况。用户独立发行的一些刊物也可以发挥积极的作用,因此,要注意收集顾客宣传资料、年度报告、证券投资文件等。

4. 判断需要多大程度的"拉式营销"和宣传

很多企业都没有充分地进行"拉式营销",换言之,他们不对最终顾客和价值链中的其他企业进行宣传,只是把其他企业作为本企业产品通过的路径,这是很大的错误,建立与最终顾客沟通的渠道是十分重要的。

英特尔公司在有效利用"拉式营销"上的成功例子提供了很多启示。英特尔公司对其直接顾客都推介使用该公司芯片,拉动包括最终顾客在内所有的顾客都使用英特尔公司的芯片。企业一旦了解了最终顾客和价值链内其他成员的需求,就能够为顾客创造出新的需求,从而在更大程度上为顾客带来满足。由此可见,顾客满足战略决不能只局限在直接顾客一个方面。

本章小结

顾客管理的基础和关键环节在于顾客分类,这是实现一对一式精准营销的基本条件。顾客分类在企业中之所以被看成是一件很简单的事情,是因为对顾客含义的理解过于简单,比如只把收入提供者视为顾客或把与企业发生交易者视为顾客,这种肤浅观点导致大量的顾客没有被发现,从而导致顾客资源的流失。顾客分类要考虑顾客管理的目的、顾客价值链等因素,在分类的基础上要做好顾客分析工作。

习 题

1. 顾客通常可以定义为向企业提供利润的人,但是,病人没有为公益医院创造利润,却从医院的治疗中受益了,因此,病人也是顾客。再如,供应自动柜员机(ATM 机)的公司,如 IBM,把银行视为其顾客,然而,受益者是银行的顾客。请你列举类似的顾客事例,并谈谈你的看法。

2. 有人讲"顾客关系管理信息系统的功能之一就是对顾客进行分类,因此管理者不需要自己进行顾客分类。"你同意这一观点吗?

3. 试比较各种不同的顾客分类方法的优缺点。

4. 简述从附加价值链角度进行顾客分析的主要内容。

案例:回头客降低成本

企业为争取顾客需要花费许多成本,比如促销活动、刊登广告等都会产生成本。对许多行业来说,为获得顾客而花费的成本特别高。例如,促销员的成本不断地提高。很多公司都采用发放购物指南和刊登广告等方法来提高企业及产品的知名度,但对大多数行业而言,通过这些手段来获得新顾客的成本非常高。例如,据一位卡车销售人员估计,为获得每一位新顾客所付出的成本大约为2 000英镑,然而为一位现有的顾客更新车队所做出销售努力的成本大约是1 000英镑,只有前者的一半。再如,对保险单来说,签订一份新保险单的成本大约为保费的10%,然而续签一份旧保险单的成本大约为5%。如果保险公司能够提高续签业务的比例,将续签业务量从40%增加到80%,那么这将意味着签单业务的成本基数从8%降到6%。换句话说,在没有改变销售量的情况下,能够使收益率增加2%。

资料来源:马克·詹金斯,《以顾客为中心的战略》,经济管理出版社,2001年。

问题:新旧顾客的获取成本为什么不一样?请根据上述两个事例分析老顾客获得成本低的原因在哪里?

第八章

顾客忠诚管理

☞ **学习目标**

理解顾客忠诚的内涵与类型,熟悉顾客忠诚的衡量方法;了解忠诚顾客的形成及流转模式,掌握顾客忠诚理论产生的背景及发展现状;熟悉服务企业的划分方法以及顾客忠诚的意义,掌握服务企业顾客忠诚的形成机理;理解顾客忠诚对服务企业成本、利润、形象等方面的影响,掌握顾客忠诚的决定因素。

☞ **知识点**

4P 理论、4C 理论、4R 理论、3R 理论;服务补救;顾客满意与顾客忠诚的关系;影响顾客忠诚的因素;服务感知质量;服务品牌权益。

顾客满足反映的是企业服务于顾客的水平及其状态,对顾客本身而言,顾客满足将作为学习体验转化为新的购买决策因素,因此,顾客满足对企业和顾客的双重影响都体现在顾客忠诚上。如果离开顾客忠诚,顾客终身价值就无从谈起,同样顾客资产也就不能转化为企业资产。虽然说顾客满足是决定顾客忠诚的重要因素,但是两者之间并非一致,研究表明,许多顾客的流失往往是在其获得满足以后才发生的。可见,在提升顾客满意度的同时还必须对顾客忠诚进行有效的管理。

第一节　顾客忠诚理论

一、顾客忠诚的内涵

（一）忠诚的文化内涵

忠诚是一个历史悠久的人文概念，在中国的儒家文化里被视为"天地"之道，为人之本，是贯穿天地万事万物的基本准则。凡事以诚相待，就能发挥道德之本性。这说明中国传统文化对忠诚是多么推崇。其实，西方文化对它也是极其重视的，忠诚也是西方国家人们为人处世的一个基本原则。随着时间的推移、时代的发展，这一概念逐步被引入经济领域，并成为经济管理界的一个研究、争论的焦点。

交易关系的建立和维持需要交易双方遵循一定的原则。忠诚应该当之无愧地成为现代交易的基本原则之一。儒家文化主张先从自己做起，自己以诚待人，最终会获得他人的信任，进而对方会以忠诚回报，并使自己最终产生对对方的信任，互动式的忠诚关系才能确立。儒家这种人际信任的循环链条确切地说明了忠诚原则的必要性。忠诚，从顾客的角度来讲，是顾客对企业及其营销人员"示诚"行为的一种回报，顾客也是因"诚"而"忠"。如果企业以欺诈的手段来谋取利益，顾客很难惠顾，何谈"忠诚"？忠诚的这种互动性质同时说明顾客的忠诚是需要企业来培养的，并非自然产生。因此，在探讨顾客忠诚的定义时，首先需要考虑的是企业要以"诚"为本。

（二）顾客忠诚的定义

关于顾客忠诚的定义，许多学者从不同的侧面进行了表述，现将主要观点总结如下：

Dick 和 Basu(1994)是从态度情感和行为两方面来定义顾客忠诚，他们认为只有当重复购买行为伴随着较高的态度情感取向时才产生真正的顾客忠诚。

Richard L. Oliver(1997)给顾客忠诚下的定义是："顾客高度承诺在未来一

贯地重复购买偏好的产品或服务,并因此产生对同一品牌或同一品牌系列产品/服务的重复性购买行为,而且不会因为市场态势的变化和竞争性产品/服务的营销努力的吸引而发生转移行为。"

Gremler 和 Brown (1996)针对服务企业的顾客忠诚度所下的定义也涵盖了行为和态度两方面的内容,他们对服务企业顾客忠诚所下的定义是:"顾客向特定的服务供应商重复购买行为的程度和对其所抱有的积极的态度取向,以及在对该类服务的需求增加时,继续选择该供应商为唯一供应源的倾向。"在上述定义的基础上,他们将顾客忠诚细分为行为忠诚、意识忠诚和情感忠诚三种,以帮助人们理解它的含义。行为忠诚是顾客实际表现出来的重复购买行为,意识忠诚是顾客在未来可能购买的意向,而情感忠诚则是顾客对企业及其产品/服务的态度,其表现是积极向他人宣传。①

意识、态度和情感都是人对客观物质世界的感觉、思维等心理过程反应,只是侧重的方面、程度不一样。对于顾客忠诚的定义,我们认为统称为态度情感因素较合适。积极的情感是在积极的态度基础上发展形成的,是长时间的态度的积累,因此从这一角度定义顾客忠诚并以此为基础描述顾客忠诚度是适当的。

(三)顾客忠诚的衡量方法

忠诚二字本来是个抽象名词,再加上顾客作为人的主观性和个性特质的差异,使得这一概念含义十分丰富、复杂。根据以上顾客忠诚的定义讨论,从两个层面即行为和态度就能清楚地理解顾客忠诚的本质:行为特征——重复购买,态度情感特征——顾客对产品或服务的喜爱和依赖心理,即积极的不随外界条件改变而改变的态度情感取向。顾客忠诚的程度通常用顾客忠诚度来表示。

衡量顾客忠诚度有三种方法:行为衡量(behavioral measurement)、态度衡量(attitudinal measurement)和组合衡量(composite measurement)。

如果只将行为衡量即一贯、重复的购买行为作为忠诚度的衡量标准,会发现存在一个问题,那就是重复购买行为不总是来自顾客对产品/服务的专注心理。如有的顾客由于购买便利性,有的出于价格优惠的吸引,有的甚至由于行业或产品的垄断经营而不断地重复购买。而态度情感衡量则是应用顾客态度

---

① 张立玮:《服务营销创造顾客忠诚》,《外国经济与管理》,2001年第11期,第34页。

方面的信息,来反映其对一个产品/服务在精神和心理上的维系。除了产品或服务提供的客观有形或无形的价值吸引外,单独运用这一方法还要考虑顾客在忠诚效忠、忠诚承诺方面的主观意识。有的顾客没有忠诚的心理趋向,喜欢转换品牌。

以上两种方法都是一维的衡量方法,分开使用有其无法避免的局限。将两种方法结合起来,进行组合衡量就相对比较全面、客观。通过顾客购买的频繁性、购买总量;涨价时再购买的可能性、吸引再次购买的价格承受能力;对产品或服务的偏好性、转换品牌的倾向性等因素来综合衡量顾客忠诚度。这种既考虑行为,也考虑态度情感的方式,实际上增加了对顾客忠诚度概念的表述力。

(四) 忠诚顾客的界定

由顾客忠诚的定义,我们可以将企业的所有的顾客群体分为:忠诚顾客、游离顾客、潜在顾客和非顾客。从图8-1可看出不同类型顾客间的转化关系:

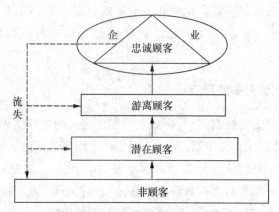

图 8-1　忠诚顾客的形成及流转模式

资料来源:张志平、陈惠春,"企业忠诚顾客的培育模式",《经济管理》,2002 年第 9 期。略有改动。

1. 忠诚顾客。是指对企业的服务或产品十分满意而长期重复购买,并带有强烈、积极的感情和态度取向的顾客。其购买行为表现出指向性、重复性、相关性和推荐性。指向性是指顾客指名购买同一产品/服务;重复性是指顾客在一定时期内重复购买的次数,即重复购买率相对较高;相关性购买是指顾客购买同一企业生产的新产品/服务,或相关的产品/服务;推荐购买是指顾客向他人积极宣传、推荐这些产品/服务。忠诚顾客的行为建立在由满意而生的信任基础之上,他们信任企业有能力满足他们的需求和期望,能提供他们所希望的价值,而且在彼此的忠诚互动中逐步成为和企业有共同价值取向的利益共同体。

2. 游离顾客。是指偶尔或随意购买企业产品/服务,但同时也购买其他企业的产品/服务的顾客。属于游离不定的顾客群体。

3. 潜在顾客。是指那些对企业的产品或服务存在需求,但还没有实施购买行为的顾客。

4. 非顾客。是指对企业的产品/服务怀有敌意,或没有购买意向以及购买行为不相关的顾客。

忠诚顾客和游离顾客是企业现有的顾客,潜在顾客是企业的未来顾客。他们之间是可以流动转化的。企业在培养、巩固忠诚顾客的时候,应当清楚不论是与企业发生一次交易互动关系的新顾客或游离顾客,还是长期消费的忠诚顾客,都有可能终止交易和关系,转化为非顾客。

二、顾客忠诚理论产生的背景

(一)营销观念的变化

回顾市场营销理论的演进,不难看出,任何观念的创立和发展都有其特定的社会条件促使其孕育、产生、发展直至被取代或失去功用。从生产观念、产品观念到推销观念,以及其后的市场营销、社会市场营销、绿色营销、大市场营销,还有当代的各种营销新概念,如服务营销、关系营销、体验营销、定制营销、整合营销等,无一不是社会发展及其需求在企业营销领域的反映,也是社会经济发展、供求格局变化和企业经营管理经验不断总结积累的产物。市场营销观念的发展变化是客观的,存在决定意识,没有供大于求的买方市场格局,现代营销观念是难以形成和发展的。

生产观念、产品观念和推销观念都是从企业或产品的角度出发,经营管理的重点是产品,目的是获取利润。这三种观念忽视了营销中很重要的环节——市场和顾客。认识到顾客的需要,设法满足顾客的期望是营销的真正开始。20世纪50年代企业将注意力转向了营销环境和顾客,认识到了顾客的差异,企业要通过满足不同的顾客来获利,市场细分成为营销的首要任务。20世纪70年代末,服务业的兴起激发了人们对服务营销研究的热情,服务作为满足顾客需要的重要内容被提了出来。20世纪80年代末,顾客满意度研究开始盛行,这个阶段企业认识到忠诚顾客的真正价值,提出了顾客忠诚概念,并认识到与顾客建立、保持良好关系的重要性。20世纪90年代企业的营销活动仍然以提高顾客满意度为中心,试图通过减少顾客的付出成本、增加附加价值,使顾客价值最大化,但这一阶段对顾客关系重视得不够。近年来,忽视顾客关系导致企业丧失了大批的老顾客,因此保持顾客关系,并在此基础上建立顾客忠诚逐渐演化为21世纪企业市场营销的最新理念。很多像麦当劳这样著名的企业实际上是在为占有顾客比例而战[1]。

大工业时代的到来弱化了人们之间的关系纽带,现代信息技术的发展又使得人们的交流方式发生了翻天覆地的变化。Internet的商业化、电子商务的兴起使信息技术从市场组织手里转移到顾客手里,顾客拥有更多知识的同时拥有了更多的市场权力。在现代买方市场条件下,顾客的同一种需求可以由多种产品/服务来满足,买方地位逐步提高,买方的个性化需求随之日益增强。选择权的扩大使得顾客消费的焦点由数量转向了质量。卖方之间的竞争变得公开而激烈,为争夺顾客和市场份额而进行的较量愈演愈烈。卖方之间的激烈竞争使得潜在市场开发难度增大,而且多数已开发的市场已处于饱和的状态,所以企业彼此之间争夺现有顾客资源成了竞争的重点。在这样的现实条件下,企业营销管理的重点必须转移到对人本因素即对顾客的关注上来,研究顾客的需求和爱好,寻求更好的满足途径,从而探究出顾客价值的内生过程,以不断增加的顾客价值来提高顾客满意度,并建立长期牢固的顾客关系,最终提高顾客忠诚度。由此看来,企业和经济管理界对顾客忠诚理论的探究是必然的。

(二)营销策略的演进趋势

再来看看不同的营销观念下的营销策略组合的发展变化,可以发现同样的趋势。

1960年杰罗姆·麦卡锡提出了著名的4P营销组合战略,即product + price + place + promotion。这一传统战略奠定了市场营销工作的基础。1986年菲利普·科特勒提出了大市场营销概念,该观念认为企业为进入被保护的市场,为冲破政治壁垒和公众舆论造成的障碍,需要增加权力(power)和公共关系(pub-

---

[1] 菲利普·科特勒:《营销管理》(第九版),上海人民出版社,1999年,第17页。

lic relations)两个 P[①]。

20世纪90年代出现了4C观念,即消费者(consumer)、成本(cost)、便利(convenience)和沟通(communication)。4C强调把满足顾客需要和创造顾客放在第一位。企业要努力降低成本,在消费者支持的价格限度内增加利润;把便利原则贯穿于营销活动的全过程;加强企业和顾客的双向沟通,从而使产品/服务真正适销对路。

在"4C"的基础上,美国的Done Schultz提出了"4R"营销策略。"4R"阐述了四个全新的营销组合要素:即关联(relation)、反应(reaction)、关系(relationship)和回应(reciprocation)。"4R"营销策略强调:首先,企业与顾客在市场的动态变化中建立长久互动的联系,以防止顾客流失,赢得长期而稳定的顾客资源;其次,面对迅速变化的顾客需求,企业应学会倾听顾客的意见,及时寻找和挖掘顾客的期望与不满及其可能发生的变化,同时建立快速反应机制予以应对;再次,企业与顾客之间应建立长期而稳定的互利合作关系,实现对顾客的承诺和责任,以维持顾客再次购买和顾客忠诚;最后,企业应追求市场回应与回报,并将市场的回应与回报当作企业进一步发展以及保持与顾客关系的动力和源泉。

同一时期,美国哈佛大学的James L. Heskett等教授提出了3R营销策略。他们根据服务企业的数据,研究了企业的市场份额与利润的关系,发现市场份额对利润并没有太大的影响,而顾客忠诚度较高的服务性企业更能赢利。3R是指:尽力留住顾客(retention);销售顾客关注的相关产品/服务(related sales);鼓励顾客向亲友介绍其满意的消费经历(referrals)。在此基础上结合前人的研究,他们又提出了服务利润链管理理论。服务利润链理论认为:企业获利能力的增强依赖于顾客忠诚度的提高,顾客忠诚度由顾客满意度决定,顾客满意度由其所获得的价值大小决定,价值大小源于企业员工的工作效率,高效率依靠员工忠诚度的提高,员工的忠诚取决于员工对企业是否满意,员工满意与否取决于企业内部的服务质量。

营销策略组合的这一系列变化,显示出人们在研究顾客、探索企业与顾客关系方面不断进步。从中可以看出,企业获利能力的最终决定因素是:顾客期望价值的实现和满足,其结果就是顾客表现出的行为和态度上的忠诚

---

① 菲利普·科特勒:《营销管理》(第九版),上海人民出版社,1999年,第17页。

程度。

与传统的营销理论及其营销策略相比,现代营销关注的焦点有了重大的转变,营销理论和实践都有了重大的创新。主要表现在:从以产品为中心到以人为本——以顾客为中心的转变;从吸引顾客到维系顾客的转变;从交易型到关系型的转变。在经济全球化背景下,人们的消费观念和购买行为发生了变化,消费的个性化日益发展。然而随着市场竞争的日趋激烈,产品/服务的同质化趋势日益增强,企业经营获利的方式也发生了变化,企业在不得不寻找新的赢利方式来求得生存和发展。企业营销管理的焦点实质上是从生产、技术性因素转到了人本因素上。

20世纪50年代中期以前,企业的内在动力源泉是利润、质量和技术等表层的生产性因素,忽略了背后决定利润、质量和技术的人的力量。20世纪50年代中期以后,营销界才开始对顾客需求予以关注,形成了以满足顾客需要和欲望为核心的现代营销学。20世纪90年代以来,营销理论开始强调创造需求、创造顾客、保持顾客[1]。实际上,人力资本所凝结的知识和技能是真正的价值创造的源泉,非经济层面的心理情感力量也日益得到了关注,顾客忠诚定义中对态度取向因素的考虑充分说明了这一点。对许多企业来说,重要的问题并不是统计意义上的市场占有率,而是拥有多少忠诚的顾客。

(三)企业对顾客资源的关注

经济、政治和产业结构的巨大变化使得消费层次增多,从而引发了顾客观念和行为发生变化,消费个性日益增强。社会网络化、信息化的加快,使顾客接受信息的渠道越来越多样化,他们可以轻易获得所需要的更全面的信息,拥有了更多的选择机会,顾客需求满足不再受地域和企业的限制。[2] 他们可以自由地进行购买决策,自由地选择购买时间、购买地点,顾客只要轻轻按动鼠标就可以足不出户地随时购买想要的产品,顾客的品牌转换成本大大降低,这使得顾客越来越分散化,而且这种趋势会随着经济和技术的发展而加剧。这使得企业间争夺顾客资源的竞争日趋激烈,顾客资源在总量基本不变的情况下日显稀缺。另外,顾客消费能力的复杂性增强,总体上呈现出大型化购买的

---

[1] 菲利普·科特勒:《营销管理》(第九版),上海人民出版社,1999年,第20页。
[2] 黄磊:《顾客忠诚》(第一版),上海财经大学出版社,2000年,第3页。

趋势。

与20世纪60年代和70年代相比,由于经济的发展和人们生活水平的提高,顾客的消费能力有了极大的提高,他们喜欢批发消费和集体购买。相比较而言,顾客个体的消费能力也有了明显的增强,表现在购买量的扩大,平均每次消费额的增加,总之,顾客越变越"大",因而顾客对企业利润的贡献率比过去高得多。

企业客观环境以及顾客自身能力的变化使得顾客重要性不断地提高,这使得企业越来越关注顾客,不得不对顾客资源加以科学管理,以便更充分、合理地对其予以利用。

第二节 服务企业的顾客忠诚

一、服务企业的类型及其顾客忠诚的现状

(一)服务企业的划分方法

服务企业是指在服务行业进行经营的企业。服务业,又称第三产业,是国民经济中除了第一产业即农、林、牧、渔,第二产业即采掘业、建筑业、制造业、自来水、电力蒸汽、热水和煤气之外的其他产业。服务业的范围是很广的,从不同的角度,可分成不同的类别。国际标准化组织制定的ISO 9000中对服务业的分类按以下序列展开:接待服务、交通与通信、健康服务、维修服务、公用事业、贸易、金融、专业服务、行政管理、技术服务、采购服务、科学服务等。

传统的产业分类方法将服务业与其他的产业如制造业、农业区别开来,其区分的依据就是社会财富的创造主要来自有形产品的生产,服务是必要的附属活动,不会创造更多的社会价值。但实际上,制造业产品的生产前后包含着大量的服务,而且这些服务的成本很高。这些大量高成本的所谓的"隐性"服务(Grönroos,2002),实质上极大地增加了产品的价值,是价值创造的另一重要源泉。在服务行业,服务无疑是企业的价值核心,其重要性自然不言而喻,但有形产品也是不可或缺的。因此,服务业和其他行业的区别在于:服务是企业的核

心能力所在,服务企业提供的是服务产品,而不是有形产品。

过去在研究服务业时只关注其与制造业的区别,往往泛泛地以整个服务业的共性为研究对象,甚至习惯于将服务也作为一个产业来看待。事实上服务企业彼此之间存在着很大差异,具有多种多样的组织特征,并由此引发许多不同的管理问题。但就单个服务企业而言,与共性相比,这些差异性往往比共性更具实践价值,这是特定企业赖以营造不同于竞争对手的竞争优势和进行绩效改进的基础。

服务的核心过程即是服务的支付过程,在划分服务企业时可以采用两个维度:其一是把如何交付服务作为一个维度,其二是把对常规工作和知识工作的区分作为另一个维度,两个维度组合在一起就形成了四种基本的服务企业。如图8-2所示:

图 8-2　服务企业的类型矩阵

资料来源:王永贵、韩经纶,"不同服务企业的核心能力与绩效改进",《南开经济研究》,2000年第2期,第29页。

鉴于过程是服务的本质特征,而工作自身的本质又是区分不同类型的服务企业的关键,这种分类方法有利于服务企业根据自身的特点和地位,建立核心能力并进行绩效改进,从而培养起自己的竞争优势。

(二)服务企业顾客忠诚度低的原因

从微观上看,服务业中的顾客满意度指数低,因而顾客转换行为频繁,顾客忠诚度低。顾客转换行为是与顾客忠诚相对的一个概念,指的是顾客离开原先获取产品/服务的企业,转而投向另一家企业的行为。从来还没有哪个时代的顾客像现在的顾客这样频繁地转换品牌或企业。他们在众多的产品/服务中挑选,稍有不满意就投向其他的商家。如果企业稍有不慎,其努力反而会加强顾客的这种转换心理和行为。事实是顾客越有挑选余地,越容易转换服务商。顾客忠诚是多种因素相互作用的结果,同样,顾客的转换行为也是由一系列客观现实因素独自或联合起来共同引发。这些情况不解决,服务业企业从本质上难以快速、长足地发展。

1. 服务导向。许多服务企业观念落后,没有形成以顾客为中心服务导向的理念。很多服务企业还停留在过去的老观念上,有的甚至还以卖产品为中心,以价格促销为主来进行营销,漠视顾客需求和利益的经营行为仍然十分普遍。

2. 核心服务质量。据统计大约有44%的顾客转换服务的原因是由于不能得到应该得到的核心服务。这些失败包括服务中出现失误或关键环节出现问题,以至于无法向顾客传递核心服务的价值。比如递送延误、错送、错账、给顾客传递错误的信息、丢失顾客行李、手术失败等等,这些服务不但没达到预期效果,反而给顾客造成财物损失,甚至对其家庭或人身造成伤害。这种现象在各个服务行业比比皆是,这一比例应该引起服务企业的重视。

3. 人员服务。这是引起顾客转移行为的第二大原因,34%的转换行为涉及这方面的因素。服务人员在与顾客交往时往往由于两方面原因导致人员服务失败,即工作技能差和态度恶劣。其中顾客对服务技能达不到标准、专业知识欠缺一般怀有相对较宽容的心态,而对态度上的不恭不敬通常无法容忍,如对顾客不够关心,不能倾听顾客的意见,或者干脆对顾客视而不见,甚至显露出不礼貌、轻蔑等。一旦顾客从服务中感受到的首先是服务人员对自己尊严的轻视或人格权利的侵害,就无心再去感受或享受其服务了。

4. 服务补救。大约有17%的顾客离开服务商的原因不是由于服务中的失误,而是由于服务失误发生后服务人员的态度和采取的措施。这种态度的表现方式很多,例如:不情愿的回应;不回应——对顾客不再使用某项服务不闻不问;负面的回应——将错误的原因归于顾客。这些态度表明企业没有采取任何补救行动,即使采取了补救措施,大多也会由于这种态度招致服务补救失败。

5. 服务产品定价。我国第一、第二产业产品大多呈供大于求的局面,作为服务业的第三产业其服务产品种类和数量也迅速地丰富、扩大。传统服务行业已形成合理的竞争格局,因此价格相对较稳定,不会和市场平均价格相差太远,而新兴的服务行业却存在着严重的价格偏离。如价格过低、价格过高、价格不公、过度的价格促销、价格欺骗等。当服务价格与顾客心目中的标准相距甚远,顾客感知价值无法与消费体验相匹配时,顾客常常会更换服务商。

由此可见,导致顾客频繁转换行为、低忠诚度的最直接、最主要的原因基本上是企业自身可控制的因素。当然,除此之外,顾客转换行为还可能受到企业之外的不可控因素的制约和影响。

二、服务企业顾客忠诚的形成机理

服务是企业的主要价值表现,也是为顾客创造价值的主要源泉,它既可以为企业带来稳定高额的利润,也可以使企业获得优于竞争对手的核心竞争力。真正为顾客服务,就要把服务完全当作是自己的产品,企业从服务上所获得的报酬,是源于顾客的信赖,而不是其他。

迈克尔·波特教授的价值链理论,以及 Heskett 教授提出的服务利润链理论,清晰地勾画了顾客价值的生成途径,以及如何在使顾客价值最大化的过程中创立竞争优势等关键问题。企业的利润及其增长主要由顾客忠诚度来激发和推动,顾客忠诚度是由顾客满意的直接结果决定的,顾客满意度是由顾客认为所获得的价值大小决定的,价值大小最终要靠满意、忠诚而又富有活力的员工创造,而员工对企业的忠诚依赖于员工对企业是否满意,满意与否主要取决于企业是否存在高质量的内部服务支持体系。

这些相关因素之间的相互作用促成了顾客忠诚的产生。如图 8-3 所示:

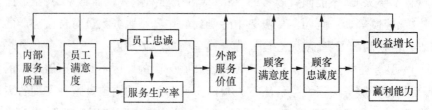

图 8-3　服务利润链与顾客忠诚的形成

资料来源:李怀斌、于宁,《服务营销学教程》(第一版),东北财经大学出版社,2002 年,第 366 页。

顾客满意和忠诚意味着顾客从企业服务中得到了价值,是价值决定忠诚。企业与顾客之间实质上是一种价值互动关系。忠诚联系着双方价值的创造,既是价值创造的因,也是价值创造的果。因此,需要企业不断增加顾客价值,用顾客价值来浇铸顾客忠诚,然后再享受顾客忠诚为企业带来的更大价值回报。

顾客主要是通过服务感知质量、品牌感知价值、对企业文化氛围和形象的感知、服务过程中员工服务效率等因素的接触和认知来获得期望价值的满足。在这种与企业长期的价值互动过程中逐渐产生对企业的态度情感忠诚取向,并始终伴有频繁的购买、消费行为。因此,服务质量、服务品牌、服务文化以及员工的忠诚是顾客价值的核心来源。企业需要在认识和分析顾客价值及其来源的基础上,借助科学的方法和途径掌握并管理顾客,满足顾客的价值需求,使其产生满意的心理感受、忠诚的愿望和行为,形成稳定的忠诚顾客群体,为企业的长远发展积累最重要的资源。

三、顾客忠诚对服务企业的影响

(一)顾客忠诚影响企业的利润增长和赢利能力

美国一家咨询公司对电子产品产业、食品业和服饰业的顾客忠诚情况及顾客忠诚周期情况做过一项调查,结果表明:企业为获得新顾客付出了很高的成本,但同时顾客的背离率也很高。企业如果不能维持高的顾客忠诚度,其所付出的成本就会付之东流,不能转换为利润,为企业带来效益。对企业来说,忠诚顾客不仅仅是顾客,也是资产,是企业利润的源泉。尽管这种资产并没有在企业的资产负债表上得到正确的反映。

顾客忠诚直接影响诸如:争取新顾客的成本、收入增长(重复购买利润)、成本节约、推荐利润和溢价利润等因素。如图8-4所示。

1. 节约争取新顾客的成本。在买方市场形势下,争取新顾客的成本越来越昂贵。一个被事实和研究证明的规律是:争取一个新顾客的成本是维持一个老顾客成本的5—6倍。换句话说,维持老顾客的成本只相当于争取新顾客的15%—20%。而新顾客对企业的贡献却是非常微薄的。在有些服务行业,新顾客在短期内无法向企业提供利润,甚至其支付的价格在头若干年内都无法弥补服务的成本。但忠诚顾客对企业的贡献却令人震惊:20%的忠诚顾客创造了企业80%甚至全部的利润,而且还弥补了忠诚度差的顾客给企业带来的损失。Reichheld 和 Sasser 曾经对许多服务行业进行了长时间的观察和分析,他们发

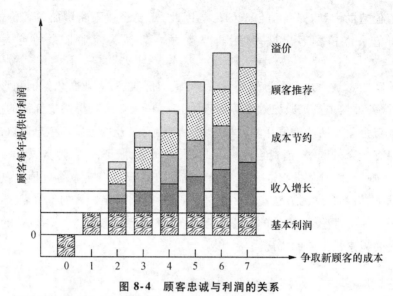

图 8-4　顾客忠诚与利润的关系

资料来源：格罗鲁斯，《服务管理与营销》（第二版），电子工业出版社，2002年，第95页。

现：当顾客忠诚度上升5%时，利润增幅可达25%—85%。同时，企业为老顾客服务的成本是逐年下降的。

2. 企业收入增长。忠诚顾客会给企业带来更多的生意，这意味着随着企业与顾客关系的建立与巩固，顾客对企业利润的贡献会呈现边际递增的趋势。顾客会逐渐增加自己的购买支出，因而企业的利润会不断增加。

3. 服务成本节约。当企业与顾客相互了解后，服务过程变得更加顺利，服务的时间会缩短，服务失误率下降，服务成本随之下降，企业的利润自然得到相对提高。

4. 溢价。在许多服务行业，老顾客比新顾客更愿意以较高的价格来接受企业的服务。折扣等优惠销售策略对于老顾客没有太大的意义，良好的价值足以弥补由较高价格所增加的支出。

由此可见，顾客忠诚在节约直接成本、增加直接利润等方面对企业的影响是非常明显的。Bain & Company 将服务业中较高的顾客保持率对企业经济效益的影响进行了计算，研究结果令人吃惊。从总体上说，顾客的"流失率"(defection rate)越低，则企业利润增加得越快。比如在银行业中，顾客流失率每下降5%，企业的利润会上升85%。企业拥有的忠诚顾客数量的多少决定了市场份额的质量,而且随着与忠诚顾客关系的延续,企业获得的利润将呈不断增长的趋势。

(二)顾客忠诚影响间接成本和间接利润

忠诚顾客对服务满意所进行的口碑宣传会影响他人购买,引发非顾客的购买欲望,促使潜在顾客进行尝试性购买。由忠诚顾客推荐产生的购买给企业带来的利润,很多是难以准确计算的,尤其是有些游离顾客转化为企业的忠诚顾客,这种间接的利润增加就更难以估量了。另外,顾客忠诚对企业人力资本有积极的影响。企业的忠诚顾客越多表明企业的业绩越好,企业就更容易吸引并留住优秀的员工,从而为企业创造优厚的人力资本。这种间接的成本节约也是无法计量的。

(三)顾客忠诚影响企业品牌及形象

在服务产品品牌化过程中,利用计划性营销传播手段如广告、销售促进等进行品牌展现很重要,但这些往往被企业视为支持性手段,占主导地位的是非计划性传播手段,例如口碑沟通、电视新闻节目、网络聊天等等。这是因为计划性营销传播手段使用太广泛,极易被模仿,其效果日趋雷同。忠诚顾客所产生的积极正面的口碑宣传,以及由此而引发的非计划性传播信息会对顾客的品牌接触产生积极的影响,从而有利于形成良好的品牌感知。如图8-5所示:

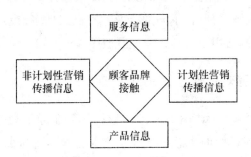

图 8-5 顾客的品牌接触途径

资料来源:格罗斯,《服务管理与营销》(第二版),电子工业出版社,2002年,第218页。略有改动。

服务品牌形成后,顾客忠诚对强化品牌价值具有同样的作用。企业的忠诚顾客越多,忠诚度越高,正面的口碑力量越强大,顾客对品牌或品牌形象的感知结果会越好,品牌的价值也会因此不断得到提升。

(四) 顾客忠诚影响企业长远发展

顾客终身价值(customer lifetime value)对认识忠诚顾客具有积极意义。从其含义上讲,顾客终身价值是忠诚顾客一生所进行的购买对企业利润的贡献,即在其作为企业顾客的购买周期(顾客生命周期)内对企业所创造的价值总和。不同行业的企业可根据自己顾客可能的生命周期,来计算其终身价值。比如可口可乐公司一名忠诚顾客50年的价值是1.1万美元,万宝路一个忠诚的烟民30年的价值是2.5万美元,北欧航空公司一位忠诚的商务旅行者20年的价值是48万美元,丽兹酒店一位忠诚顾客20年的价值是14.4万美元,等等。从中我们可以看出,忠诚顾客在其顾客生命周期内为企业提供的价值是巨大的,因而忠诚顾客对企业的生存和发展是至关重要且影响深远的。培育顾客忠诚,加强对忠诚顾客的维系要有长远的眼光,要克服营销管理短视症。

第三节 顾客忠诚的决定因素

既然顾客忠诚对服务企业是如此重要,那么探究顾客忠诚的决定因素就是非常必要的了。应该看到,在不同的行业和产品属性下,决定顾客忠诚的因素是不同的,很难找到适用于所有企业的普遍因素。

一、顾客满意对顾客忠诚的影响

顾客满意是用来表示顾客的心理体验和态度的概念,顾客忠诚则是涵盖态度(意识和感情)和行为的概念。顾客满意仅是顾客忠诚的一个必要条件,而非充分条件。顾客不满意的结果只有一个,那就是顾客背离,只有满意的顾客才有可能成为忠诚顾客。因此,顾客忠诚的培育必须先从顾客满意着手。

(一) 顾客满意和顾客忠诚的关系

虽然顾客满意度与顾客忠诚度是两个不同的概念,且满意度与忠诚度的关系随行业的不同而不同,但两者的关系是正相关却是毫无疑问的。哈佛大学商学院服务管理信息小组总结的服务利润链理论模型,揭示出企业收入和利润的增长来自于忠诚的顾客,而忠诚的顾客来自于顾客的满意度。顾客的满意度越高,越容易变得忠诚,从而为企业带来收入和利润的增长。衡量顾客满意度的指标有顾客满意率与相对顾客满意率。顾客满意率是指在购买本公司产品的顾客中,对产品表示满意或很满意的比重。相对顾客满意率是本公司顾客满意率与竞争者顾客满意率之间的比较。

顾客满意和顾客忠诚是两个不同的概念,但却有着必然的相关关系,只不过不是一种简单的线性相关关系。

美国学者 Thomas Jones 等的有关研究结果表明,顾客满意与顾客忠诚的关系受行业竞争状况的影响。在高度竞争的行业中,顾客忠诚的可能性随着其满意度的提高而增强,高满意度的顾客远比适度满意的顾客忠诚。在顾客完全满意的位置上,只要顾客满意程度稍稍下降一点,顾客忠诚的可能性就会急剧下降。但在低度竞争的行业,即存在垄断的行业中,顾客满意度对顾客忠诚度的影响较小。不满的顾客很难"跳槽",他们不得不继续购买企业的产品/服务。一旦有更好的选择,他们将很快背离。这种表面上的忠诚是虚假的忠诚,如果限制竞争的障碍被消除,低竞争行业很快就会变成高竞争行业,顾客满意对顾客忠诚度的影响力就会凸现出来。

(二) 顾客满意对重购率的影响

从定义来看,顾客满意反映的是一种态度和感受,用某种态度测度法来测定。而顾客忠诚最直观、最主要的表现是其重复购买行为,从这个角度来说,顾客忠诚是一种行为,用购买频率和购买的种类多少、数量大小等来测算。

过去人们一直试图用一种心理态度,来预测顾客忠诚行为,显然欠妥。比如,用顾客满意度难以解释为什么在高度竞争行业中,一些满意的顾客,甚至高度满意的顾客,也总是频繁地转换品牌和供应商。实际上当满意度一旦达到一定的程度,即顾客普遍接受的水平(图 8-6 中 A 点)后,满意度与重购之间已变成弱相关关系。令人惊奇的是顾客表示的不满与背离之间却有很强的线性相关关系。对产品/服务的不满意可以十分精确地用来预测该产品/服务是否还在顾客选购时的考虑范围之内。如果在顾客最低可接受的满意水平以上,就可以保证企业的产品/服务在顾客消费时的考虑范围内,但高度满意的产品/服务未必能保证在下次购买时一定被再次选中。顾客满意度坐标区间上存在很多中间量,即顾客不是不满意,也不是高度满意的满意水平。最低满意水平和高度满意或完全满意水平的区分标准到现在还没有统一的界定。

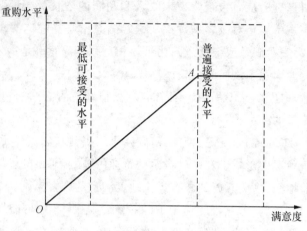

图 8-6　顾客满意度与重购率的关系

大量的研究表明,顾客满意度和顾客忠诚度之间存在着如图 8-7 所示的关系。这与图 8-6 顾客满意度与重购率的变化趋势一样。这是因为重购率是定义顾客忠诚行为特征的一个最重要的变量,其实图 8-6 与图 8-7 的对照更能说明顾客满意度与顾客忠诚度之间是以顾客的重购行为为联系媒介的。因为态度因素不易量化,两个图表示的内容本质是一致的,即都显示的是顾客满意度和顾客忠诚度的关系。

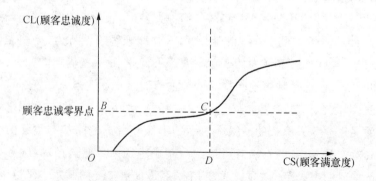

图 8-7　顾客满意度与顾客忠诚度的关系

（三）需求、期望、满足对顾客忠诚的影响

研究顾客满意首先得清楚顾客期望的构成。人的期望其实就是需求的代名词。根据赫茨伯格的双因素理论，人的需求分为两类：保健类需求(hygiene)和激励类需求(motivator)。保健类需求因素指的是得到满足不能产生激励，得不到满足就会产生不满的因素；激励类需求因素是指得不到满足不会产生不满，得到满足就能带来激励的因素。

顾客期望粗略分为两部分：基本期望和潜在期望。基本期望是顾客认为理应从产品/服务中得到满足的基本需要，具体体现在对产品/服务基本功能上的需求，也可以被称为功能性需求。潜在期望是指超出顾客基本期望而顾客在一定时间并未意识到而又客观存在的需求，也即超出功能性需求且能使顾客获得超值价值感知的需求，因此被称为潜在需求。这两种需求的满足，会产生两种不同的满意程度，而这两种程度的满意度对顾客忠诚的影响是不同的。

从图8-7可以看出，关系曲线的初始段，即BC线以下的曲线部分比较平缓，当顾客功能性需求的满意水平达到一定程度时，顾客忠诚度会随着满意水平的提高而提高，但这种满意水平对顾客忠诚的边际效用是递减的。尤其是当顾客满意度达到顾客的最低可接受水平时，不管企业采取何种措施来增加顾客满意度，顾客忠诚度的变化都不大。这表明忠诚度没有随满意度的增加而提高，即呈现出高满意度低忠诚度的趋势。这是因为基本需求对顾客而言层次较低，顾客认为产品/服务的这些功能价值是产品/服务应当具备的，自己理应得到这些价值，并且其他的供应商也能提供类似的价值，企业的产品/服务并没有特别的吸引力。因此，顾客很难做出不好的评价，顾客不是感觉不满意，但相对而言满意水平较低，很难激起再次消费的热情，也不会向他人推荐。

图8-7所示BC线以上的曲线是潜在需求满足产生的满意度与顾客忠诚度的关系。由于基本需求满足可以激发一定的顾客忠诚，因此潜在需求的满意水平可以为零，但对应的顾客忠诚并不为零。在忠诚度零界点（指基于行业提供的平均水平的产品/服务所导致的顾客忠诚，在此平均水平线以下，一般不会产生顾客忠诚）以上，顾客的满意度和顾客忠诚度呈现出近似线性的特点，顾客满意度的上升或下降会引起顾客忠诚度的相应的上升或下降。

由此可见,潜在需求的满足水平对顾客的激励作用与基本需求满足水平的激励作用完全不一样。基本需求得不到满足顾客就会产生不满,得到了满足对激励顾客忠诚的效果也不大;潜在需求得不到满足顾客不会不满,得到了满足就能使顾客感到愉悦,激励顾客再次购买。

从图8-7中可以看出,顾客潜在需求的满足水平对顾客忠诚的边际效用是递增的。顾客满意度与顾客忠诚度显示出很强的正相关关系。原因是顾客从消费中获得了意想不到的包括非物质的精神、心理等方面的价值,满足了自己的潜在期望,从而感到愉悦。这种感知越强烈,产品/服务对顾客的吸引力越大,再次购买时,为了再次体验到这种感觉,顾客很可能仍然选择同一产品/服务。经过多次重复购买,顾客多次感到愉快,对该产品/服务逐渐产生信任和依赖,不再关注其他品牌的产品/服务,从而形成积极的长期的忠诚。总之,潜在需求得到满足的满意水平才是影响顾客忠诚度的最重要的因素。

在顾客需求曲线上由低到高有很多不同满足程度的需求曲线区间。这里只粗略划分成两段。对顾客而言,两种需求是同时存在的。马斯洛的需求层次论指出,人的需求是以层次的形式出现的,由低级的需求逐级向上发展到高级的需求。对大多数人而言,尤其在现代社会,都具有马斯洛需求层次中所列的全部需求,即生理的需求(psychological needs)、安定或安全的需求(security or safety needs)、感情和归属的需要(affiliation or acceptance needs)、尊重的需要(esteem needs)以及自我实现(needs for self-actualization)的需求。只有当低层次的需要得到了基本满足后,人才会产生更高一层次的需要。否则就不满,更谈不上忠诚。在此将人的期望简单地分为低层次的基本需要和高层次的潜在需要,是因为在实际生活中需求的概念更复杂,需求层次并没有明显、截然的界限,层次与层次之间往往相互叠合,且需要强度会随着个体年龄的增长和社会的发展而变化,有些人的需求可能始终维持在较低的层次上,而有的人则可能跨越低层次需求,直接追求高水平需求的满足。简单区分更容易看清顾客需求的本质和趋势,从而在管理顾客需求、创造顾客需求方面有更好的把握,在此基础上来培养顾客忠诚才会有的放矢。

(四) 顾客忠诚的激励

人的需要有发展、动态的性质,因而顾客满意度、忠诚度也是随着时间变化的动态量。所以有必要从顾客关系角度来研究顾客两种需求层次的变化,找出具体有效的策略来提高顾客满意水平。顾客关系营销是一种全新的营销理念,一种与顾客共同创造价值,建立双赢互动关系的理念。从顾客关系角度来诠释顾客关系价值,信任被认为是各种服务企业中最重要的关系利益[1]。有了信任感,可以减弱顾客认知的不和谐,甚至完全消除这种不和谐,顾客认为接受本企业的服务比接受竞争对手的服务更为安全、更值得信赖。而信赖感又是忠诚度建立的基础。企业应该在顾客关系生命周期内了解顾客需求的变化,找到更好的满足顾客的途径和方法,争取更多的顾客群,为建立、培养顾客忠诚奠定基础。从顾客关系角度看,顾客生命周期包含三个阶段:建立阶段、稳定阶段和巩固阶段。

在顾客关系的建立阶段,对企业一无所知的潜在顾客和企业所提供的产品/服务处在顾客关系生命周期的初始阶段,顾客不能确定自己在交易中到底能获得多少价值,但顾客会根据自己的需求和以往的经历,以及从他人那里获得的信息和知识来确立自己的功能性需求的价值基础。在特定的情景下,如果顾客认为企业可以满足其需求便会进行尝试性购买。在这一阶段,企业对特定顾客群体的需求和偏好也没有充分的了解。只要企业的有形产品或服务的功能价值高于或等于同行业的平均水平,顾客一般会感到满意。而顾客的潜在需求是希望得到更多的物质利益和情感关怀。针对这一特点,企业首先是要争取顾客的关注,以获得与顾客接触的机会;其次是要对重复购买的顾客给予优惠和奖励,同时提供顾客意料之外的有价值的附加产品,让顾客感受到企业的关爱,逐渐使企业的产品/服务成为顾客关注的焦点。

在顾客关系的稳定阶段,顾客往往是游离不定的,他们会根据对企业的初始体验进行观察和取舍,要么满意,继续与企业交往,要么不满、抱怨而离弃。因而这一时期是企业建立顾客忠诚关系的关键。如果顾客满意,就会产生购买欲望,进而再次购买。研究表明,购买过一次的顾客比第一次购买者再次购买的可能性要大一倍。通过一系列的重复购买,顾客对可替代产品及其供应商更加熟悉了解,自己的价值评估能力得到了提高。在消费过程中,顾客也会遇到一些特别的问题或根据自己的情况产生一些特殊的要求,而企业对顾客的喜好、习惯、背景、购买方式和价值取向、购买能力等个人或群体信息也应该更加

---

[1] 韦福祥:"顾客感知服务质量与顾客满意忠诚之互动关系",《现代财经》,2001年第7期。

了解。由于顾客对企业以前提供的优质产品/服务习以为常,就不再感觉新鲜和有吸引力,而产品/服务的质量一旦下降一点,顾客立即就会表示不满。因此,这一时期顾客基本需求的基础是自己的消费经历和市场上最好的产品/服务所提供的价值。要满足顾客的基本需要,就要一如既往地为顾客提供在关系建立阶段提供的所有优质的产品/服务。顾客的潜在需求应作为个体受到企业非同一般的重视。因此要激励顾客忠诚,企业应对不同的顾客区别对待,分析每一位老顾客的资料,倾听顾客在购买和使用过程中产生的个性化需求,为顾客量身订制最适合顾客的产品/服务,以独特的方式奖励顾客,以此体现对顾客高度的尊重和重视。

在顾客关系的巩固期,顾客对产品/服务产生了强烈的喜爱和依赖,并产生了高度的信任,不会再像初始消费时那样积极地搜寻可替代的供应商。顾客不仅对企业的产品/服务非常熟悉,而且对企业的组织结构、工艺流程、企业文化等等都有了越来越深入的了解,顾客不仅关注自身从企业获得了多少价值,也关注企业在交易中获得的价值。在顾客看来,双方应该是一种平等的价值交换关系,彼此获得的价值须是均等的,否则就不公平。因此,企业要向顾客提供在顾客关系建立和稳定阶段提供的一切价值,还要通过各种宣传让顾客了解企业为满足顾客的个人要求所花费的苦心和成本,让顾客明白双方的价值是对等的。企业的产品/服务逐渐成为顾客生活不可或缺的部分,顾客慢慢对企业产生一种潜在的归属感,希望成为企业的一部分,而且自身对企业的重要价值能得到企业的承认。在这一阶段,企业的主要任务是进一步强化顾客在理念上对企业的认同和行为上对企业的忠诚。要满足顾客的这种高层次需求并实现企业目标,企业应将顾客视为企业的重要资产,让顾客参与到企业的活动中来,听取顾客对企业各方面工作的建议并给予其相应的奖励,让顾客有参与感、成就感,使顾客和企业真正成为有共同价值取向的利益共同体。

通过以上分析可以看出,顾客满意仅仅是顾客忠诚的一个必要条件,而非充分条件。增强顾客满意度的最终目的是提高顾客忠诚度。顾客满意度是一种态度,而顾客忠诚是态度、情感和行为组合形成的概念,代表了企业的赢利能力。因此,在顾客关系生命周期内,企业要尽可能采取行动使满意的顾客向忠诚顾客转化,实现企业赢利目标,从而使企业呈现勃勃生机。

二、服务质量对顾客忠诚的影响

在感知存在差异的产品/服务质量的基础上，顾客形成不同的满意水平，而不同水平的顾客满意则产生不同程度的顾客忠诚度。高于顾客期望水平的优良的服务质量会带给顾客满意的心理感受，并带来高兴、愉悦的情感反应，从而为顾客忠诚的产生打下坚实的态度基础。相反，等于顾客期望水平的基本绩效质量只能使顾客不表示不满，而低于顾客期望的质量只能使顾客产生不满。在顾客理想的服务质量与可接受的服务质量之间存在着不被人们所熟知的"质量不敏感区"[1]。

（一）服务感知质量

产品/服务的技术特性常常被认为是产品/服务唯一或最重要的特性。事实上，顾客关于质量的概念是很宽泛的，而不仅仅局限于技术这一项指标上。对顾客而言，质量是一种实效，是能满足人需要的价值。企业只有创造、满足消费者的需求，才能为消费者提供某种价值。高质量的含义在于与顾客的愿望或需求相吻合，如果某种产品/服务对顾客并无实际意义，质量再好，也不能对顾客产生价值吸引。美国著名营销专家菲利普·科特勒给质量下的定义是：质量就是顾客的需求。在 ISO9000 标准中，质量术语用于表示：达到持续的顾客满意。这种持续的顾客满意是在组织承诺持续改进其效益和有益性的情况下，通过满足顾客需求和期望来实现的。在市场经济条件下，质量的含义已随着顾客在各个不同社会历史阶段对商品动态需求范畴的扩展，由符合技术标准演变为满足顾客需求。在当今的服务经济时代，人们对质量的定义，已经不再是以单方面的硬性技术指标，而是以顾客对它的综合需求因素为标准。

在进行顾客满意研究时，我们将企业的产品/服务质量标准也界定为两类：基本绩效质量标准和激励质量标准。基本绩效质量标准是指企业的产品/服务必须达到的功能性质量标准，如果产品/服务不能满足顾客的需要，则顾客会产生不满，造成负面影响；激励质量标准是指没有达到该标准时不会影响顾客的满意度评价，但若是达到该标准，顾客得到满足或超额满足时会增加顾客忠诚。

服务与有形产品不同，有其复杂的特性，因而服务质量的评估也是非常复

---

[1] 伍颖、邵兵家：《顾客满意陷阱的双因素分析》，《经济管理》，2002 年第 13 期。

杂的。服务是一系列的过程,在这些过程中,生产与消费同步进行,而且顾客直接参与到服务的生产过程中去。对服务质量的研究始于20世纪70年代后期。Christian Grönroos于1982年率先提出了顾客感知服务质量(perceived service quality)的概念和总的感知服务质量模型(the model of total perceived service quality)。这种方法建立在对顾客行为和顾客期望的研究基础之上。格罗鲁斯创建了感知服务质量评价方法与顾客差异结构(disconfirmation construct),用来衡量顾客的服务体验、服务结果与顾客期望吻合的程度,此方法至今仍然是服务质量管理最为重要的理论依据。

在服务行业中,服务或多或少是一种主观体验过程,特定服务的质量是顾客感知的质量。对企业而言,最重要的是顾客对质量的理解,而不是企业对质量的诠释。格罗鲁斯(Grönroos)是这样定义感知服务质量的:顾客期望的服务质量与顾客实际接收的服务质量之间的差异就是顾客感知服务质量。顾客感知服务质量包括两部分:技术/结果要素和功能/过程要素。服务生产过程的结果所形成的是技术质量,也称为结果质量(outcome quality),即提供了什么服务,即服务的内容问题。顾客对结果质量的衡量是比较客观的,因为结果质量牵涉到的主要是技术方面的有形内容。而顾客接受服务的方式及其在服务生产和服务消费过程中的体验,组成了服务过程的功能质量(functional quality),也称为过程质量(process quality),即服务是如何提供的,即服务提供的方式问题。与结果质量不同,功能质量一般是不能用客观标准来衡量的,顾客通常会采用主观的方式来感知功能服务质量。如图8-8所示:

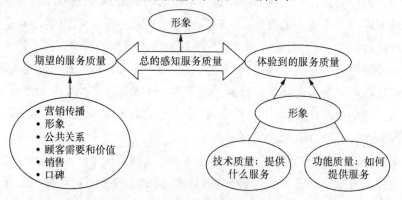

图 8-8 顾客总的感知服务质量

资料来源:格罗鲁斯,《服务管理与营销》,电子工业出版社,2002年,第48页。

顾客感知服务质量并不是取决于技术质量和功能质量这两个要素,而是取决于顾客所预期的质量和所体验到的质量之间的差距。顾客期望的质量由外部营销与市场沟通活动、口碑、企业形象、价格、顾客需要以及环境所决定,顾客以往的消费经验也会对期望的服务质量的高低产生影响。顾客期望对顾客感知服务质量的水平具有决定性的影响。比如企业的营销宣传如果对顾客承诺过度,顾客的期望就会被抬得过高,而顾客感知的服务质量则会相对下降。尽管顾客体验到的服务质量很高,但由于期望更高,两者形成差距,顾客感知服务质量的水平因此降低了。过度、过早承诺,都会不恰当地作用于顾客预期,从而降低顾客感知服务质量的水平。故企业应将顾客期望控制在一个相对合理的水平,同时尽量提高服务的实际绩效,这样企业就可根据具体情况来超越顾客期望,使顾客产生愉悦感。这对于提高顾客忠诚度可以起到事半功倍的作用。当然,口碑、形象、价格、顾客需要与价值等也具有相同的作用。

实体产品质量与服务质量的根本差别就在于功能质量。实体产品质量感知的主要依据是技术质量,顾客对技术质量存在一个客观的衡量标准。对服务质量而言,顾客首先要从服务的结果(技术质量)来判断服务质量的高低,技术质量是良好服务质量中理所当然的内容,它不能低于顾客可以接受的水平。但顾客对服务质量的度量并不仅仅是凭"结果",顾客不会对技术质量因素的评估投入更多的精力,因而良好的技术质量不能保证顾客所感知的服务质量是优异的。如果顾客从总的服务质量来评判,技术质量优良的同时,功能/过程质量也必须是良好的,这样才能保证总的服务质量水平的优良。因此,服务过程质量对顾客感知服务质量的形成起到非常重要的作用。越来越多的服务企业利用提高功能/过程质量来为顾客创造附加价值,并因此建立起竞争优势。

(二)顾客感知服务质量与顾客满意及顾客忠诚之间的互动关系

与有形产品相似,顾客首先要了解服务产品的质量,感知服务质量,然后综合考虑其他的成本付出,在此基础上形成满意或不满意的心理。顾客感知服务质量与顾客满意、顾客忠诚之间的关系,如图8-9所示。

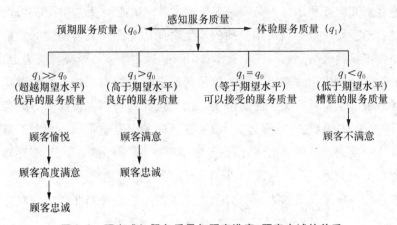

图8-9 顾客感知服务质量与顾客满意、顾客忠诚的关系
资料来源:格罗鲁斯,《服务管理与营销》,电子工业出版社,2002年。略有改动。

从图8-9中可以看出,顾客感知服务质量是期望服务质量和实际接收的服务质量的函数。感知服务质量的高低取决于顾客实际接收的服务质量是否达到了或超越了顾客对服务质量的期望。从图中还可以看出,有三个途径可以达到顾客满意:第一,服务质量达到顾客期望(可以接受);第二,服务质量良好,即超过了顾客期望的服务质量;第三,服务质量优异,即极大地超越了顾客的期望,从而顾客感到满意并产生愉悦。事实上,第一和第二种情况中间还有许多变量,还可以再进行细分。原因非常简单:顾客期望的服务质量可以细分为顾客理想的服务质量(desired service, DS)和顾客可以接受的服务质量(adequate service, AS)。理想的服务质量说明的是顾客心目中的服务质量应当是什么样的,而可接受的服务质量说明的则是顾客认为服务质量可能是什么样的。理想的服务质量是服务质量的上限,而可接受的服务质量则是服务质量的下限。这两个层次之间的服务预期构成了一个"容忍区域"。容忍区域概念认为,在一个特定的水平上,顾客也许并不存在所谓的期望问题。相反,他们对某一个范围内的质量变动都是认可的,即都与他们的服务预期相吻合。如果顾客实际体验的服务质量恰好落在这个区域内,那么顾客会接受这样一种服务结果,并认为服务质量是良好的。否则,就被顾客认为是糟糕、难以接受的服务了。一般来说,与技术质量/结果相关的服务,其容忍区域会相对窄些,而与功能质量/过程相关的服务,其容忍区域则会宽一些。但如果出现服务失误或者服务接触失败,那么,容忍区域会缩小,甚至消失。

基于顾客感知的服务质量导致的顾客满意有四种情况：$q_1 < q_0$，顾客不满意；$q_1 = AS$，顾客基本满意；$q_1 > q_0$，顾客满意；$q_1 > DS$，顾客愉悦。容忍区域理论的提出，使人们更加清楚地看到了能使顾客满意的服务质量区域界限。服务质量在"容忍区域"内才有可能产生顾客满意，当服务质量正好等于顾客可接受的服务质量时，事实上，顾客的评价一般是处于不满意与满意之间的临界点，由此而希望达到顾客愉悦乃至忠诚，是根本不可能的。即使顾客满意了，也没有愉悦产生，因而无法激起其与企业建立长期关系的欲望和热情，重复购买行为更无从谈起。詹姆斯·赫斯克特等人在《服务利润链》一书中指出：只有满意度非常高的顾客才会忠诚，才会与企业建立长期的关系。

那么为什么当顾客实际接收的服务质量等于顾客期望时，不会出现企业期望的顾客忠诚现象呢？这是由于"质量不敏感区"（zone of indifference）的存在。Hart 和 Johnson 通过对施乐公司的实证研究发现了这一现象。[1] 如图 8-10 所示。

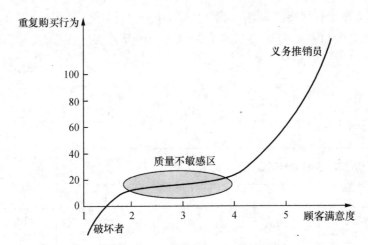

图 8-10　顾客满意度与重复购买行为之间的函数关系
资料来源：格罗鲁斯，《服务管理与营销》，电子工业出版社，2002 年，第 94 页。

在顾客理想的服务质量和可接受的服务质量之间，也就是顾客的容忍区域内，存在着顾客对质量的不敏感区域，即服务质量的提高并不能带来顾客满意度的大幅度提升，使顾客产生愉悦。他们的研究发现，那些宣称基本满意和满

---

[1] 格罗鲁斯：《服务管理与营销——基于顾客关系的管理策略》，电子工业出版社，2002 年。

意的顾客的重购率是很低的,只有那些非常满意的顾客才表现出极高的重购率,并乐于为企业传播正面的信息,从而成为企业的"义务推销员"。而那些对服务质量非常不满意的顾客则会为企业传播负面的信息,从而成为企业的"破坏者",强烈地影响其他顾客对企业服务质量的感知,使潜在的新顾客对接受企业的服务望而却步。

从顾客关系管理的角度看,顾客感知服务质量与顾客满意、顾客忠诚之间存在着几种可能的情况:

顾客不满意—不忠诚—与服务提供者关系中断;

顾客基本满意—建立一次性交易关系;

顾客满意—有可能建立起短期或长期的关系;

顾客愉悦—与服务提供者建立起长期的关系。

从顾客关系管理的角度出发,格罗鲁斯提出了顾客关系赢利能力理论模型。如图8-11所示(图中的顾客关系长度是顾客忠诚的替代指标)。从此模型中,可以清楚地看到影响顾客关系赢利能力的复杂因素,以及这些因素之间的关系。顾客感知服务质量、顾客满意和顾客忠诚是其影响因素,而且它们之间有着密切的直接或间接的关系。

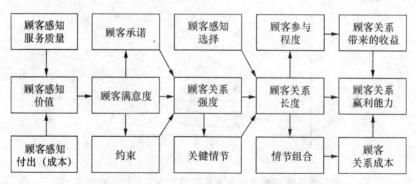

图8-11　顾客关系赢利能力模型:赢利顾客机制

资料来源:格罗鲁斯,《服务管理与营销》,电子工业出版社,2002年,第108页。

顾客关系赢利能力模型包括四个环节,即由顾客感知价值到顾客满意度;由顾客满意度到顾客关系强度;由顾客关系强度到顾客关系长度;从顾客关系长度到顾客关系赢利能力。顾客关系长度与顾客关系赢利能力正相关,因为顾客忠诚于企业,所以企业不仅把争取新顾客的费用降至最低,而且还可充分利用忠诚顾客所带来的溢价效应。顾客惠顾越频繁,企业从中获得的收入也就越多,且能降低企业提供服务的成本。关系长度直接或间接受关系强度的影响。关系强度越大,则关系的长度也就越长,即顾客越忠诚,顾客与企业的关系就越牢固。顾客关系长度取决于三个要素:顾客关系强度、顾客感知选择和关键情节。

(1)顾客关系强度大。即顾客对企业的服务非常满意、愉悦,因而没有转换服务提供者的动力,双方维持的纽带会越来越紧密有力,这促使顾客更多地购买并产生高的惠顾频率(patronage concentration),而且顾客、企业都会从关系发展过程中学会相互适应,相互合作,顾客对服务的消费更加有效,也更具个性化,服务失误减少,服务补救成本得以节约。企业推出新产品的过程会更顺利,提供服务的成本会下降,资源耗费会更少,而顾客感知的服务质量和价值水平并不会因此而下降。企业的服务生产和顾客关系机制形成良性的循环,企业赢利能力也会不断提高。

(2)顾客感知选择。顾客面临的选择越多,背离服务提供者的可能就越大。关系强度大则会减少顾客感知选择的数量,感知选择数量的减少反过来会增加顾客关系长度。

(3)关键时刻数量的减少也可以起到相同的作用——增加顾客关系长度。在服务流程的任何一个关键环节上,顾客都会有服务接触收益或情节收益(episode benefit),也要有所付出,即情节付出(episode sacrifice),一般形式是价格。虽然顾客的情节收益没有办法直接单独衡量,但如果关键情节处理不当,会直接造成顾客服务接触质量低下。决定服务接触质量的是一线员工,因此,员工的满意和忠诚对顾客感知服务质量有决定性的作用,可以说,没有满意和忠诚的员工就不会有满意和忠诚的顾客。

在上述三个要素中,第一要素和第三要素是"可控要素",企业可以采取措施控制服务流程质量,提高员工满意度、忠诚度来留住顾客,并与顾客建立长期的关系。第二要素是企业不可控因素,它与企业服务质量的高低、企业的努力程度无关。

顾客满意度对顾客与企业的关系强度有直接的影响,而且这种影响会直接涉及顾客的承诺和双方之间的约束。顾客对企业的承诺越高,双方之间的约束越强,顾客与企业之间的关系就越牢固。但宣称对服务满意的顾客并不总是忠诚的,这些顾客的重购率只有30%,甚至更低。那些对企业的服务非常满意的顾客与企业的关系则更为牢固,这些顾客的重购率可以高达80%,甚至更高。

顾客关系的强度会影响顾客对产品/服务的选择范围,关系越牢固,顾客重新选择的范围越小,服务过程中企业不愿看到的关键情节的数量可能会越少,反之亦然。

顾客在对感知服务质量和为获得这种质量的成本(价格和关系成本)进行比较后,产生满意或不满意的心理。这种主观的感知过程即是顾客的价值感知过程。顾客的感知价值决定了顾客是否满意,而服务质量则是顾客感知价值的决定因素。因此,改进服务质量是企业需要重视并且长期坚持的工作。在顾客关系管理中,改进服务质量是一种顾客与服务提供者双赢的策略,双方都将从中获益。优质服务的收益将被服务提供者与消费者共享。如表8-1所示:

表8-1 优质服务对服务企业和顾客都有利

服务企业的收益	顾客的收益
能够拥有将价格提升到市场价格之上的机会	减少与供应商保持关系的成本
降低生产成本	省去了搜寻新的服务供应商或与之建立关系的成本

资料来源:格罗鲁斯,《服务管理与营销》,电子工业出版社,2002年,第102页。

服务供应商享受溢价收益时,还可节约大量的成本——附加关系成本。如果服务差,会导致服务问题和顾客抱怨的增多,使服务流程复杂化,降低服务的效率,失去顾客信任,额外的成本(生产和附加关系成本)由此产生。对顾客而言,优质服务使之对供应商产生信任,他们会认为供应商能不断提供良好的价值,不必要费时费力地寻找新的供应商,关系成本下降。企业可以凭借与顾客良好的信赖关系,建立起其他竞争者难以跨越的"屏障"。

三、服务品牌对顾客忠诚的影响

近年来人们越来越意识到创建、保持服务品牌的重要性。越来越多的企业靠品牌创立差别化优势,海尔集团就是成功的一例。海尔通过强调品牌,利用渠道和售后服务建设品牌,创造了顾客的品牌忠诚度,避开与其他企业在低成本方面的竞争,并在相关多元化的进程中进一步扩大品牌美誉度,满足顾客个性化需求,使其品牌价值从1994年的42.6万元飚升到1999年的265万元,成为品牌价值增长速度最快的企业。

(一) 服务品牌价值对顾客价值的影响

传统意义上的品牌定义并不适合于服务品牌。美国市场营销协会(AMA)这样定义品牌:"将某供应商提供的产品/服务与其他供应商提供的产品/服务区别开来的任何名称、属性、标志、符号等特征。"这是在对有形产品品牌化过程认知的基础上概括而形成的观点。从服务的角度看,品牌首先要考虑服务的重要特征,即过程特性,服务消费是过程消费,服务的过程形成顾客对该服务的印象。一个供应商及其提供的服务过程与另一个供应商及其提供的服务过程肯定会有明显的区别,因此,服务过程(也可称为服务生产过程)应是服务品牌的核心。另外,还要考虑顾客参与服务生产与消费全过程这个因素。有形产品在品牌化过程中已经生产出来了,产品的消费过程是结果消费,顾客并不牵涉到生产过程以及生产过程产生的结果当中,产品的有形特性为品牌的发展提供了基础,品牌的成功就在于有形产品本身。而在服务行业中,顾客的重要性因其参与度大大增加,顾客参与到了品牌化过程之中,不论企业付出多大的营销努力,只有顾客才能决定其预想或创立的品牌能否确立。因此,顾客成为品牌发展的基础。

优异的顾客价值是保证顾客满意和建立顾客忠诚的基础,为顾客提供良好的顾客价值是企业建立竞争优势的核心,也是企业经营发展的根本目标。对于顾客价值的定义,许多专家和学者应用认知心理学概念来描述,顾客价值即顾客感知价值。这是一个全新的视角,从人本观念出发,以顾客角度来阐释营销学现象,比起传统的认识方法更直观,也更准确、清晰地揭示出顾客价值的来源与形成途径,在追求情感满足的感性消费时代,具有现实意义。Monroe(1991)将顾客感知价值(CPV)定义为感知利得(perceived benefits)与感知利失(perceived sacrifices)之间的比值。感知利得包括了物态因素、服务因素以及与产品使用相关的技术支持、购买价格等感知质量要素。而感知利失是顾客在购买时所付出的所有成本,包括时间、精力、资金等。Parasuraman(1997)认为顾客价值是对所获得的质量与所付出的价格的感知。

优良的服务品牌从三个方面给顾客带来价值:第一,帮助顾客简化购买决策,降低购买成本。服务品牌能帮助顾客解释、加工和存储有关服务的信息。在了解品牌的基础上,顾客可能会对不了解的信息进行主观猜测并形成合理的期望。第二,降低购买风险,增加购买欲望和信心。选择名牌是众多的控制购买风险的方法之一,而且是一种被广泛认可的方法,尤其是对于顾客有过良好品牌感知的服务。第三,心理和社会效益。品牌的内涵是十分深远的,它体现的除了功能性利益外,还有超越功能利益的心理利益和社会利益。例如顾客能选择特定的品牌来表达自我,而且还以此将自己与特定的参照群体联系在一起,满足自己的归属感。

格罗鲁斯认为:品牌或品牌形象是某个顾客在某段时间内对某品牌进行感知的结果。顾客对各种品牌接触所传播的大量信息进行综合分析,从而形成对品牌价值的理解,即品牌的价值是顾客认为特定品牌的产品/服务或解决方案与其他品牌相比所具有的优越性。品牌的价值越高,顾客对品牌的忠诚度也就越高,该品牌的销售额就会越高。但如果品牌价值下降,则销售额下跌,顾客就极易转换品牌。对企业而言,如果顾客通过品牌接触形成强烈、良好而又单一的品牌关系时,则会产生基于顾客的品牌资产。著名的品牌专家 Keller 提出了基于顾客的品牌权益(customer-based brand equity)概念,即因顾客的品牌知识导致的对品牌营销的差别化效应。将顾客因素考虑在内,以企业为立足点,可将品牌权益细分为三个维度:财务权益、顾客权益和延伸权益。财务权益反映了在使用某品牌的现有领域中品牌创造的价值;顾客权益代表了现有品牌对于顾客心理和行为的影响;延伸权益表示扩展品牌的适用范围给企业带来的潜在收益。顾客权益得到保障是财务权益实现的前提。而延伸利益的实现又是以顾客对现有品牌使用领域内的满意为底线的,否则品牌延伸必然失败。一句话,品牌之所以对企业有价值,最重要的是品牌对顾客有价值,这是创造品牌对企业价值的意义所在。品牌权益的核心其实就是顾客权益。

(二)品牌作用于顾客价值的方式

品牌是营销人员试图创造的某种产品/服务的特性,实质上代表着卖者对交付给买者的产品特征、利益和服务的一贯性的承诺,而品牌形象则是在顾客脑海中形成的对产品/服务的印象。如果在品牌化的过程中不考虑顾客因素的话,品牌就是品牌形象,它们是同义词,品牌作为一个概念其实就是一种形象。当然前面已讨论过了顾客对服务品牌或服务品牌形象的重要性——顾客是品牌发展的基础。

1. 品牌直接作用于顾客感知

品牌除了提供功能性利益的质量保证外,它还是一个非常复杂的象征。它可以是个性的象征,或者说反映一定的个性。品牌的个性是品牌拟人化的特性,如奔驰可能会让人想到一位严谨的老板或庄严的建筑;广州的白天鹅宾馆使人想起纯洁高雅、一尘不染的白天鹅。品牌代表着一种文化,或者说蕴涵着优秀的文化。如奔驰汽车代表着德国文化:高度组织化、高效率和高质量。中国的全聚德象征中国文化:仁德至上。品牌还是一定的身份和社会地位的象征。品牌最持久的是其含义深远的个性、文化象征意义。而当今顾客选择特定的品牌除了为了获得功能利益外,越来越倾向于其深层次的象征意义所带来的心理满足和社会利益。顾客通过满意的品牌来塑造自我形象,展示自己独特的个性。顾客的个性是独特的,如果他们选中的品牌个性与自己的个性或自己期望的个性相符的话,便会产生心理上的满足。同品牌个性特征一样,就其社会群体象征意义来说,顾客会选择包含自己想传达信息的象征个人身份和地位的品牌,以获取特定的参照群体的认同,从而产生归属感,得到心理满足和相应的社会利益。

品牌帮助顾客从心理上感知利得的同时,帮助顾客减少感知利失。优良的品牌简化了顾客的购买决策,降低其购买风险,从而节约了顾客的购买成本,顾客感知价值会随着持续的消费经历而不断增加,再加上品牌所代表的承诺和保证,顾客忠诚将不断得到强化。

2. 品牌通过服务质量影响顾客价值

很多人对品牌有这样的共识:最佳品牌就是质量的保证,即品牌是质量的代言人。可见品牌与质量的相关性有多大。格罗鲁斯提出的顾客感知质量概念,同样是结合认知心理学提出的,具有很好的表述力。他提出的顾客全面感知服务质量(total perceived service quality)是顾客对服务的期望质量和体验到的服务质量比较的结果。顾客感知服务质量包括两部分:即结果/技术质量和功能/过程质量。技术质量牵涉到的主要是技术方面的有形内容,只能在消费了实际服务以后进行评价,而顾客对其被服务的方式及在服务消费过程中的体验,即过程质量通常用主观标准在服务传递过程中形成评价。如图 8-12 所示:

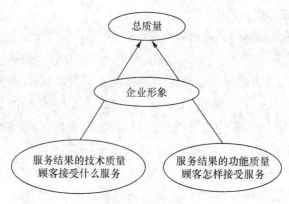

图 8-12　服务质量的两个构成要素

资料来源:格罗鲁斯,《服务管理与营销》,电子工业出版社,2002年,第46页。

顾客对服务质量的预期受到许多因素的影响,有些手段是企业可控的,而有些是不可控的,如形象、口碑、公共关系等。形象对顾客感知服务质量的高低有着非常重要的影响,如图8-12所示,顾客对技术质量和功能质量的感知中间经过了形象的"过滤"。如果企业形象良好,顾客对于企业在服务方面的小失误会给予谅解。如果失误频频发生,企业形象将受到损害,其正面调节顾客感知的功能也就消失了。品牌是产品/服务的质量信号,从顾客角度而言,对服务质量的感知除了依据品牌所传递的信息外,更多的是通过自身的消费体验,这是由服务的过程特性所决定的。品牌所代表的质量和承诺保证是通过顾客的消费过程而被感知的,即服务的生产、消费与顾客质量感知是同时进行的。顾客由感知服务质量所带来的满足或不满,来感知自己获得的价值,品牌的真正价值也体现于此。品牌所表现的高质量一般都能成为顾客选择产品/服务的依据。

另外,由于服务的过程特性,顾客对品牌价值的感知还受参与服务的另一方——企业员工的影响。顾客与员工之间的互动对顾客感知价值有极大的影响。首先,在双方互动过程中,员工服务态度的好坏直接影响顾客感知价值。其次,服务的效率尤其是在时间方面的效率——快捷性,已成为衡量服务质量好坏的标准之一。在当今社会,时间已被人们作为重要的成本来看待。最后,服务过程中的灵活性是不容忽视的,交换双方都是带有主观意愿和独特个性的人,尤其是对于个性千差万别的顾客,灵活的服务方式、丰富的服务内容是应对竞争的根本途径。

3. 品牌通过顾客关系影响顾客价值

格罗斯在其著作《服务管理与营销》中揭示了顾客价值的另一个不容忽视的来源——顾客关系，提出了基于顾客关系的管理策略。他认为顾客价值不仅来源于核心产品和服务，而且还来源于持久的顾客关系，企业可以通过发展良好而持久的顾客关系来创造价值，其实培养顾客忠诚就是从这个角度出发来挖掘顾客资产。优秀的品牌能使顾客产生强烈的归属感，从而产生对品牌的忠诚，品牌可以成为维系顾客关系的重要因素。

顾客与品牌接触，并建立了关系以后，品牌才有可能维持、发展和改变。与顾客良好关系的建立，表明顾客对品牌产生了归属感，这对增进顾客满意有很大的帮助。因为通过品牌产生的良好顾客关系影响着顾客的价值感知。在服务观念、服务方法甚至服务过程易被模仿的今天，品牌带给顾客的归属感以及顾客在服务过程中所体会到的满足感是难以效仿的。而且，由品牌关系产生的归属感能促成顾客忠诚的建立与发展，这对建立企业竞争优势尤其有意义。顾客对品牌的忠诚能延伸到企业的其他方面，并最终使顾客对企业的价值观、文化等产生认同感，成为和企业一起创造价值的共同体。

（三）服务品牌权益形成机制

美国得克萨斯A&M大学的Len Berry（2002）通过调研提出了服务品牌权益模型，该模型对分析品牌价值来源非常有帮助。如图8-13所示：

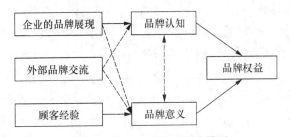

图8-13 服务品牌权益形成模型

资料来源：Berry, L., "Cultivating Service Brand Equity", *Journal of the Academy of Marketing Science*, 2000, Vol. 28, No. 1, p. 130。略有改动。

此模型包括了六项要素：品牌展现、品牌认知、品牌意义、顾客经验、外部品牌交流与品牌权益。品牌权益是其他五因素影响的结果。实线表示主要影响，虚线表示次要影响。

1. 品牌权益由品牌认知和品牌意义构成。品牌认知是指当顾客被暗示后,对于品牌名称或企业能否有所记忆和认知。品牌意义是指顾客对品牌重要性的感知,即当提及一个品牌时,顾客首先能反映的意识表现。品牌意义比品牌认知的影响更大,能为顾客提供更多的顾客价值。企业可以通过品牌展现、外部品牌交流和顾客经验三个途径来影响品牌认知和品牌意义,进而影响品牌权益的形成。

2. 品牌展现是品牌认知的直接而且主要的影响因素,对品牌意义也有一定的影响。服务企业通过广告、销售促进、服务设施、人员向顾客传递品牌信息,使顾客熟悉品牌、理解品牌所凝结的个性、文化以及价值,获得更多的感知价值,产生价值趋同感,即归属感。企业的营销努力会对顾客心理产生一定的影响,从而作用于顾客的购买意向和购买行为,这会给企业带来未来的增量收益,即增加品牌的财务价值。随着品牌价值的不断提升,顾客感知更多价值,产生亲近和信赖的心理,也会产生忠诚于品牌或企业的欲望,这种对企业有利的积极的态度取向是顾客重复购买行为产生的心理基础。在这一过程中,企业应注意培养品牌的独特个性,这当然包括赋予品牌影响深远、与众不同、不断创新的象征意义。从一定意义上讲,顾客购买品牌实质是购买品牌的个性。

3. 外部交流如口碑沟通、网络群体聊天、电视新闻节目等是企业不可控制的因素,它们虽然不是品牌认知和品牌意义的主要决定因素,却也是顾客了解品牌的重要方式。顾客往往无法通过实体产品来认知服务品牌,因此,外部交流的作用是不容忽视的。

4. 顾客经验是品牌意义的决定因素,品牌意义则是形成品牌权益的主要因素,因而良好的顾客经验是顾客感知价值的主要依据。顾客比以往任何时候都更关注自己的亲身体验,对自己亲身体验到的价值会产生满足、信赖甚至忠诚的情感。这种情感的投入是一种超越经济层面的力量,是品牌的真正力量。品牌展现和外部品牌交流对品牌意义有一定影响,但没有顾客经验的作用强。而且,服务的过程特性以及服务交互过程质量对顾客感知价值的影响,也要求企业必须加强对服务过程的管理,以形成良好的顾客经验。

5. 品牌认知和品牌意义也是相互促进的因素。

此模型清楚地显示了品牌价值的生成途径。与感知服务质量一样,顾客经验和品牌展现是服务品牌价值的关键促进因素。

另外,品牌的内部营销也可增进品牌权益。服务过程是由员工完成的,员工是向顾客传递品牌信息的重要媒介,员工能否理解或信赖品牌,能否以品牌宗旨理念作为行动的指南,决定着员工的工作效率,而员工效率影响顾客体验,在服务业这种影响甚至是决定性的,顾客的感知价值是其体验的直接结果。因此,必须向员工宣传甚至推销品牌,与员工理解、分享品牌所代表的理念和主张,使其认同品牌,产生与品牌宗旨一致的行为。总之,要让员工参与品牌化过程,逐渐使其培育品牌的责任意识得到加强,培养和维持品牌的行为得到强化,为品牌注入新的生机和活力。

(四)品牌对企业经营活动的作用

1. 品牌有利于突出服务特色。一家服务企业有别于另一家服务企业,最根本的是其服务特色,而品牌个性恰恰是建立这一差异的主要影响因素。从本质上说,品牌有利于服务特色的识别和建立。海尔是制造业的卓越代表,它以其鲜明的品牌个性异军突起,创立了以品牌谋发展的成功道路,非常值得服务企业借鉴。企业的服务特色浓缩在品牌中,顾客大多是靠品牌来理解、识别企业。大凡成功的服务企业,无一不具有极其独特的品牌。

2. 服务品牌有利于企业进行关系营销。品牌直接影响着顾客价值,因此对于已经建立起一定美誉度的知名品牌来说,满意的老顾客不仅会表现出高度的忠诚,而且会不断地进行口碑宣传,吸引潜在顾客,这有利于扩大顾客范围,吸引新顾客。优良品牌可以提升企业的整体形象,而良好的企业形象有利于企业发展与供应商、中间商、金融机构以及企业员工的关系。

3. 品牌有利于保护服务知识产权和服务创新。有品牌的服务创新一旦注册后,就拥有了受法律保护的知识产权,这将促进企业不断地进行服务创新,为企业创造一个良好的发展环境。

4. 企业可以利用品牌拓展服务市场。不同价值的品牌有不同的市场影响力,许多企业通过有偿转让服务品牌而扩大服务网点,打开并占领新的市场。如麦当劳公司和肯德基公司就是这方面成功的典范。

本章小结

顾客满意与顾客忠诚之间存在正相关关系,但这并不意味着顾客满意度越高,顾客忠诚度也越高。衡量顾客忠诚度有三种方法,即行为衡量、态度衡量和组合衡量。服务行业顾客忠诚度通常较低,其主要原因是服务行业顾客忠诚的形成机理比较复杂,顾客的服务感知质量和品牌感知价值对重购行为影响很大。顾客满意度与顾客忠诚度的非对称关系源于决定顾客忠诚的因素很多,且这些因素以不同的方式影响着顾客忠诚关系的建立和维持。

习 题

1. 顾客忠诚的含义是什么?顾客忠诚的衡量有哪些常用方法?
2. 简述顾客满意度与顾客忠诚度的关系。
3. 服务行业为什么顾客忠诚度较低?该行业的顾客忠诚是如何形成的?
4. 简述服务感知质量的概念及其对顾客忠诚的影响。

案例:泰国东方饭店

企业家 A 先生到泰国出差,下榻于东方饭店,这是他第二次入住该饭店。次日早上,A 先生走出房间准备去餐厅,楼层服务生恭敬地问道:"A 先生,您是要用早餐吗?"A 先生很奇怪,反问"你怎么知道我姓 A?"服务生回答:"我们饭店有规定,晚上要背熟所有客人的姓名。"这令 A 先生大吃一惊,尽管他频繁地往返于世界各地,也入住过无数高级酒店,但这种情况还是第一次遇到。A 先生愉快地乘电梯下至餐厅所在的楼层,刚出电梯,餐厅服务生忙迎上前:"A 先生,里面请。"A 先生十分疑惑,又问道:"你怎么知道我姓 A?"服务生微笑答道:"我刚接到楼层服务生的电话,说您已经下楼了。"A 先生走进餐厅,服务小姐殷勤地问:"A 先生还要老位置吗?"A 先生的惊诧再度升级,心中暗忖:"上一次在这里吃饭已经是一年前的事了,难道这里的服务小姐依然记得?"服务小姐主动解释:"刚才我查了记录,您去年 6 月 9 日在靠近第二个窗口的位子上用过早餐。"A 先生听后有些激动了,忙说:"老位子!对,老位子!"于是服务小姐接着问:"老菜单?一个三明治,一杯咖啡,一个鸡蛋?"此时,A 先生已经极为感动了:"老菜单,就要老菜单!"

资料来源:丁兴良,《大客户销售策略与项目管理》,机械工业出版社,2006 年。

问题:泰国东方饭店维持老顾客的做法有哪些值得学习的经验?

第九章

顾客满足战略

学习目标

了解理论界在顾客满足与企业收益方面的研究状况；理解产品差异如何导致顾客满足效果的不同，掌握三种主要的顾客满足战略，理解本质功能与表层功能对顾客满足的不同作用，掌握顾客满足的战略选择与实现顾客满足化的方法；掌握一对一营销的实施条件、实施步骤和内容。

知识点

顾客满足弹性；顾客转换成本；功能充足战略；功能补偿战略；知觉矫正战略；表层功能与本质功能；基于顾客满足的营销模式；一对一营销；戴尔模式；虚拟统合。

"顾客满足战略"是顾客管理领域涌现的新兴流派，概括地讲，顾客满足战略是基于这样几点认识：首先，顾客满足不是权宜之计，顾客满足程度的提高必须基于长期和战略的视角；其次，满足顾客的过程就是企业的战略实施过程，只有基于战略的层面才能从根本上提高顾客满足的水平；最后，顾客满足战略是企业战略的重要组成部分，顾客满足战略必须与其他战略相融合。其他战略也应该以顾客满足为导向。顾客满足战略的提出，不仅改变了人们对顾客满足的认识，也为提高顾客满足水平提供了有效途径和手段。

第一节 顾客满足战略及其制定

一、顾客满足对企业收益的影响

许多文献提出顾客满足水平的上升会带来再购买意向和收益性的提高。针对这一观点,Fornell(1992)认为顾客满足带来的效果通常是不确定的,他提出了顾客满足弹性这一概念,所谓顾客满足弹性是指顾客忠诚变化率与顾客满足变化率之间的比值。他指出顾客满足弹性在企业之间和产业之间存在差异,品质和顾客满足并非对所有的企业都是同等重要的。由此可见,企业充分了解顾客资源对满足具有多大程度的敏感性是非常重要的。

Fornell(1992)指出,转换费用高的产业(警察、邮政服务、电话服务、企业保险等)顾客满足弹性低,转换费用低的产业(汽车、食品、包租旅行、电脑等)则具有较高的弹性。另外,Anderson(1994)提出,竞争越激烈的产业、差别化越显著的产业、参与水平越高的产业,以及转换壁垒越低的产业,顾客满足弹性越大。同时,他还提出按照制造业、服务业、零售业的顺序,顾客满足弹性由大到小。零售业顾客满足弹性之所以小,是因为零售网点地址的固定与数量有限对零售业影响较大。

在同一产业内部,顾客满意度越高的企业,顾客满足弹性越低(Anderson,1994;Anderson and Sullivan,1993)。这一观点意味着顾客满足越高的企业,具有越稳定的顾客资源和越高的社会评价,暂时降低企业经营行为导致的顾客流失越少。因此,在顾客资源稀缺、吸引顾客费用较高的产业,提高顾客满意度可以带来较大的财务收益(Anderson and Sullivan,1993)。

那么,诉求于价格降低的价格驱动型顾客满足与诉求于品质提高的品质驱动型顾客满足对顾客忠诚的影响有什么不同呢?Fornell(1996)对两者进行了比较,他发现顾客满足越是价格驱动型的,顾客忠诚越低。与此同时,他还发现,尽管交通、通信等公共产品属于价格驱动型的,但其顾客忠诚度也较高。其原因是转换费用和卖方集中度高的产业组织特性影响着顾客满足与顾客忠诚的关系。因此,企业必须充分考虑这些因素,合理地选择价格诉求或品质诉求。

有学者认为,顾客满足可以提高价格容许性(降低价格弹性),但是缺乏这方面的实证研究。Anderson(1996)对两者关系进行了调查研究,发现了两种情况:第一种情况,在顾客满足的时间变化和价格容许性的时间变化之间存在正相关关系。对企业而言,通过提高顾客满足可以降低需求价格弹性;第二种情况,顾客满足水平与价格容许性水平之间存在负相关关系。这意味着竞争越激烈的产业顾客满足水平越高,同时价格容许性越低。因此,越是竞争激烈的产业,顾客满足(或知觉品质)和价格的重要性越高。

关于顾客满足与生产率之间的关系存在两种相反的观点(Anderson,1997;Huff,1996)。一方认为顾客满足与生产率是可以相互兼备的,换言之,顾客满足的提高减轻了在退货、质量保证、不满处理等方面花费的时间和劳力,较低的缺陷率使顾客忠诚提高,就可以降低未来的交易成本(Crosby,1979;Deming,1982;Juran,1988;Reichheld and Sasser,1990)。另一方认为顾客满足的提高势必要求改善产品性能和产品设计,这会导致各种费用的增加(Griliches 1971;Lancaster 1979)。能否实现顾客满足与生产率两个目标的同时提高,关键在于管理。

Anderson(1997)认为上述争论的起因主要在产品性质的差异上,他参考了Juran(1988)关于品质的两种分类(适应顾客需求的"定制化品质"和减少缺陷的"标准化品质"),认为顾客满足与生产率的反向关系主要存在于两种情况下:(1)对定制化品质依赖性较高的顾客满足;(2)定制化品质与标准化品质难以两全并需要花费较多费用的顾客满足。

另外,他还对实体产品和服务产品进行了比较研究,结论是:与实体产品相比,服务产品更容易出现顾客满足与生产率相背离的情况,即顾客满足与生产率之间的关系在产品领域是正向关系,在服务领域则是反向关系。另外,虽然顾客满足与生产率都对投资收益率(ROI)产生积极影响,但是如果两者同时提高,仅仅在产品领域才会改善收益性。

图9-1以顾客满足和生产率为坐标轴,描绘了在不同的区域内企业投资收益率(ROI)达到产业平均水平以上的产业类型。该图提示为了提高收益性,企业应该选择提高生产率或提高顾客满足,或者能够同时提高二者的方法。换言之,该图揭示了竞争效率与竞争效果均衡点的位置。

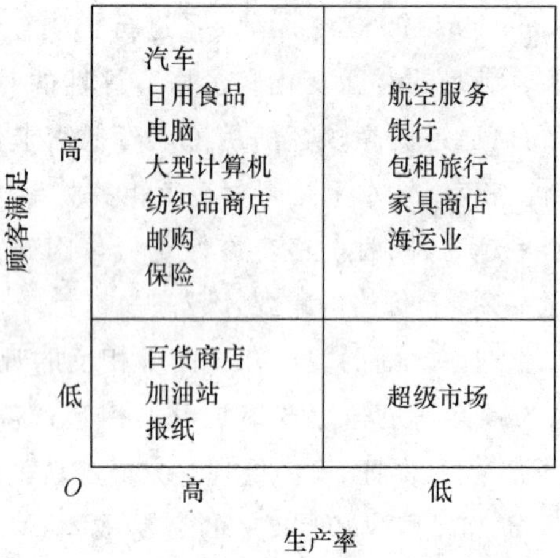

```
         高│ 汽车          │ 航空服务   │
顾        │ 日用食品       │ 银行      │
客        │ 电脑          │ 包租旅行   │
满        │ 大型计算机     │ 家具商店   │
足        │ 纺织品商店     │ 海运业    │
         │ 邮购          │          │
         │ 保险          │          │
         ├──────────────┼──────────┤
         │ 百货商店       │          │
         │ 加油站         │ 超级市场   │
         │ 报纸          │          │
         └──────────────┴──────────┘
         O    高              低
                  生产率
```

图 9-1　高收益企业顾客满足与生产率的权衡

资料来源:Anderson, Eugene W., Claes Fornell, and Ronald T. Rust, "Customer Satisfaction, Productivity, and Profitability: Differences between Goods and Services," *Marketing Science*, 1997, Vol. 16, No. 2, p. 139。

以上我们对顾客满足与市场占有率之间的关系进行了理论阐述,Anderson(1994)从产业层面对两者的关系进行了检验。他提出从一年这样的短期考察,两者的关系大多是反向的,即市场占有率的提高会导致顾客满足的下降。但是,如果从长期来看,在不采用差别化策略的同质市场,顾客满足与市场占有率之间则存在正向关系。他进一步指出,由于顾客满足受知觉品质与价格的双重影响,顾客满足与市场占有率的关系是比较复杂的。例如,在需求同质性强、价格敏感性显著的市场上,价格领袖(具有低价优势)可以产生较高的顾客满足。因此,一方面低价格可以提高现有顾客的满意度;另一方面它也可以吸引满意度较低的新顾客。Anderson 认为在上述条件下,要探索新顾客对集合性顾客满足和收益性的影响有多大,必须研究价格弹性与品质弹性的相对强度等新课题。

二、顾客满足战略的类型

顾客满足战略的目标是提升顾客满足水平,围绕这一目标,企业可以实施的战略有如下几种:

（一）功能充足战略

任何企业都向顾客提供着多种功能或服务,例如家电产品所具有的品质和性能,以及色彩、独特的外观设计、品牌形象、售后服务、定价、广告宣传等。企业提供的有形或无形服务大致上可以分为本质功能(服务)与表层功能(服务)。

所谓本质功能是指顾客相对于支付的代价理所当然期待的服务属性。所谓表层功能是指不一定相对于代价,但也是作为选购重要依据的服务属性。这两种功能(服务)对顾客满足的影响有所不同,但是单凭某一方面都不能充分使顾客满足,如果两种功能(服务)不平衡或达不到某一水平,顾客的总体满足不会上升。

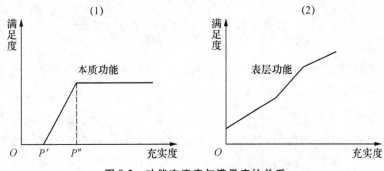

图 9-2 功能充实度与满足度的关系

在图 9-2(1)中,P'是本质功能的最低允许水平,如果低于 P',满足度为 0,随着充实度的提高,满足度也提高。但是充实度达到 P''后,满足度呈现水平状态,不会进一步提高,这意味着本质功能对于消除顾客不满是很重要的,但是要在更大程度上提高满足度,其效果是不显著的。图 9-2(2)表示表层功能充实度与满足度的关系,表层功能对顾客并非是不可缺少的,因此,其即使为 0 也不会引起顾客的愤怒和不满,但是表层功能充实度的提高会使满足度明显地提高,这意味着在本质功能一定的前提下,提高表层功能是提高顾客满足度的重要途径。本质功能的作用是消除不满,表层功能的作用是提高满足。

（二）功能补偿战略

本质功能和表层功能与顾客满足度之间的关系还可以用"满足金字塔"表示(如图 9-3 所示)。本质属性构成了金字塔的底部,除去其中某一属性,其他的属性即使很好,也会使金字塔发生崩塌。表层属性的作用是使顾客满足上升,即使其他属性很差,只要有一个属性好也会支撑金字塔并使之增高。因此,本质属性是缺一不可的,不具有相互补偿性,但是表层属性可以通过一个属性的完美弥补其他属性的不足,具有相互补偿性。

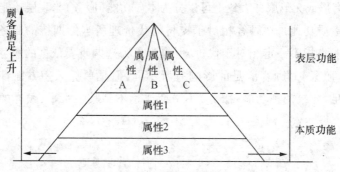

图9-3 满足金字塔

上述分析表明,企业没有必要使所有的表层功能都充实,只要抓住其中的若干功能使其突出,就能够提高顾客的满足度。大企业资源丰富,可以广泛地充实本质功能和表层功能,但中小企业应当达到最低的本质功能,然后突出一个表层功能。本质功能虽然在提高满足度上缺乏直接的效果,但是因为可以扩大金字塔的基础,因此,从战略上致力于本质功能的创新是必要的。以银行为例,它提供的本质功能是交易安全、准确和公平,表层功能有气氛和谐、环境整洁,以及亲切和漂亮的营业员等,所有的银行都要提高本质功能,但表层功能却因银行而异,一些银行试图发展新的银行职能,这会拓展金字塔的基础。

(三) 知觉矫正战略

顾客的满足状态受购买前的期望大小和购买后的客观评价等心理因素的相对影响,因此,顾客满足在很大程度上是顾客心理知觉的结果,如果知觉不客观就会影响满足度的提高。我们把顾客的期望分为高、中、低三类,把购买后评价也分为高、中、低三类,这就构成了一个九象限图(图9-4)。

图9-4中 A 为购买前的期望, B 为购买后的评价。按照常识理解,象限3应当是满足度最大的,针对这一现象,企业似乎应当在购买前宣传自己的产品不好,购买后顾客评价很好,但是这并不是现实的做法。最好的情形是象限1,那么象限5和9是否具有相同的满足度呢?下面对顾客的知觉矫正机制进行分析:

A\B	高	中	低
高	1	2	3
中	4	5	6
低	7	8	9

图 9-4　九象限图

图 9-5 中 45 度直线是购买前期望水平,水平线是购买后评价,E 与 P_0 的交点 B 是期望等于评价的点,也就是象限 1、5、9。如果期望高于评价,就属于象限 4、7、8,即 B 点之右;反之则属于象限 2、3、6,即 B 点之左。

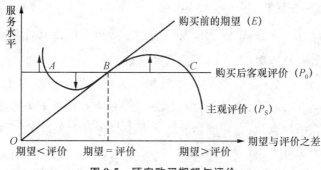

图 9-5　顾客购买期望与评价

根据购买前的期望水平,顾客购买后的客观评价是作为心理认知过程的主观评价,其变化过程正如图中 P_S 曲线所示。例如,在期望高于客观评价的区域,如图 9-5 中 BC 曲线与 P_0 围成的区域,即使是达不到期望水平的客观评价,但顾客为了正确地实施基于自己期望的购买行为,会在自己心里给出高出实际的主观评价,这被称为同化效应或认知不和谐效应。因此,认知评价如图一样比直线 BC 的客观评价的位置要高。但如果期望和购买后评价的差距太大,主观满足评价则相反呈下降态势,这被称为对比效应。与评价相比,在期望不太高的情况下(BA),同样也会发生向低期望的同化作用,因此,即使提供良好的产品、服务,也不能获得较高的主观评价。但是在评价与期望之差很大的 A 点,由于对比效应,可以产生高出实际的主观评价和满足。从企业战略上讲,最好的位置是选择比 A 点更左的状态,或 BC 区间的状态。但在比 A 点更左的位置难以采取正常的商业策略,故理想的选择是获得略高的购买期望。

三、顾客满足战略的选择

顾客满足是长期购买体验及其强化的结果,企业提升顾客满足水平也不是一朝一夕的,必须基于战略的层面致力于顾客满足的长期追求,正是这种长期追求才符合企业持续生存的基本命题,也只有长期追求才体现了顾客创造与维持的管理目的。所谓从战略的层面,是指基于更广、更高和更长久的思想,提升顾客满足水平,培养忠诚的稳定顾客。

一般而言,"战略"具有选择性、竞争性和投资性三个特性,下面从这三个特性考察顾客满足的战略选择。

(一)选择性战略

战略是指从若干正确、可行的替代方案中选择一个理想的方案,并将经营资源集中配置在该方案上,以取得预期经营成果的行为。由此可见,战略首先具有选择性,如果只存在一种方案,战略的意义就丧失了。管理战略的选择性不是指抛弃不好的方案,选择好的方案,而是从所有好的方案中选择一个方案。这种选择存在两种风险:一是选择最终方案必须舍弃其他方案的风险;二是最终方案面对未来有不确定性的风险。

很显然,企业提升顾客满足的方案是很多的,这些方案都有助于目标的实现,但是,企业的经营资源是有限的,不可能实施所有的方案,这就不可避免存在选择性。对特定情形下的企业而言,顾客满足战略选择的风险无处不在。首先,不同的方案具有不同的"投资—效果",有的方案只需要很少的投入,顾客满足度就会提高很多,而有的方案可能相反;其次,即使选择了一种"投资—收益"较高的方案,但由于未来的不确定性,在实施中也会出现效果不佳等问题。由此可见,战略选择具有风险赌博的特点。了解战略选择的风险性,对于更加理智地选择顾客满足战略是十分重要的。

那么,应当怎样选择才是适当的呢?一般而言,应该选择自己最擅长的、能够最大限度提高顾客满足水平的方案。顾客满足是从企业提供的服务中获得的,根据服务对顾客满足的影响方式不同,可以划分为两大类:一是本质服务,是指有关品质、安全性、公正信息等顾客期待的服务;二是顾客事前没有特定想象和期待的表层服务。以体育比赛为例,本质服务是指运动员掌握的运动基本技能,表层服务则是比赛中的应用技能。基本技能如果不能达到最低要求,第一轮比赛后就会失败,不可能走得更远。但是,如果要取得名次,超群的应用技能就是不可缺少的。一个好的运动员必须兼顾基本技能与应用技能,顾客满足战略也是同样。作为基本技能的本质服务是前提,它能够保证最低的满足水平,否则顾客就会不满,直接或间接地对企业产生抗议行为。本质服务是企业经营的基础,它有助于达到顾客满足的保证水平。但是,要提升顾客满足水平则必须依靠表层服务。表层服务属于应用技能,不需要面面俱到,只要有自己的特色和优势就可以了。

(二)竞争性战略

"战略"这一词汇本身包含着战胜对手的意思,在以顾客创造和维持为目标的条件下,即使企业的顾客满足达到了100%,但是,如果竞争对手提供更富有革新性的服务,本企业的顾客同样也会被掠夺,因此,顾客满足战略决不是企业一方的事情。

为了在顾客满足上保持与其他竞争对手的优势,必须持续提供更优良的服务。近年来,为了衡量与竞争对手的差距,在顾客满足上保持持续的最佳,国外一些企业不断提高顾客满足的标准。其中最典型的例子是美国 Xerox 公司。该公司吸收了土地测量需要精确的标记和刻度的做法,为顾客满足的提高设定了目标基准。目前,其顾客满足目标基准主要包括以下四类:

第一类是内在标准。即把本企业内部顾客满足水平最高部门的标准作为全公司的标准,目的是提高全公司的顾客满足水平。例如,汽车公司考察各个代理商的情况,把顾客满足水平最高的代理商的标准作为全公司追求的目标。

第二类是竞争标准。即把同行中最强的竞争对手的顾客满足水平作为自己的工作基准。例如,Xerox 公司将主要竞争对手佳能的标准引入到企业之中,作为本公司的标准执行,以缩短与佳能的差距。

第三类是功能标准。企业执行许多功能,但是在顾客满足上,各个功能的绩效是不同的,企业将最佳功能的标准推广到其他各个方面。功能标准不是以企业为界限的,它可以超越行业限制,将各行各业中最优秀的东西作为自己学习的对象。例如,在订货和物流领域,Xerox 公司把邮购行业最优秀的 L. L. bean 公司的标准作为自己的目标。日本"7-11"便利店把丰田的看板方式作为目标的例子也是如此。

第四类是一般性标准。即企业放眼于更广的范围,学习成功企业的做法,把市场中最先进的标准作为自己追求顾客满足的目标。例如,百货商店为了延长顾客在商店的滞留时间,促进购买欲望,参考了迪斯尼公园的做法等等。

(三)投资性战略

过去,许多企业把追求顾客满足看成是消极的,认为顾客满足越高,成本越高,这是一种基于成本意识的观点。在战略层面上,追求顾客满足必须改变这种成本观,以投资的观点看问题。投资与成本区别的标志主要是时间延迟,成本是从现在的眼光看是赤字还是黑字,而投资则是先看到现在的赤字,在随后的时间获得黑字。因此,从投资的观点出发,要正确看待损失与收益的辩证关系,即使在短期会出现赤字,但它也是一种"合理的赤字"。

以投资的眼光看待赤字,最成功的例子是日本大和运输开拓"宅急送"的案例。在开展该业务时,大和运输提出了一套经营宗旨,即"地区均一价格、翌日到达、即使难以运输的东西也马上运到"。这套经营宗旨很显然不是基于短期利益的,而是着眼于持续生存。"宅急送"业务在刚开展之时,一天处理的货物只有两个。为了保证翌日到达,该公司在全国范围内调度路线、车辆和人员。这些做法导致每天发生数百万日元的成本,如果考虑成本,这项业务是不能成立的。但是,如果看成是投资,则另当别论了。实际上,数年以后"宅急送"已经成长为一个庞大的产业了。

四、顾客满足化的方法

顾客的满足度受多种因素的影响,其中了解顾客满足的结构是十分重要的,企业提高顾客满足度的战略与措施应当以此为基础。下面介绍顾客满足空间模型(见图9-6)。

图9-6 顾客满足空间

图 9-6 给出的顾客满足空间模型,包含了属性期望水平和属性行为评价两个向量,在两个向量下的评价体系中,顾客满足的不同状态被分布在不同的空间。该模型反映出属性期望水平、属性行为评价与顾客满足状态存在比较复杂的关系。

图 9-7 是运用上述原理,针对银行所进行的顾客满足空间的描述。从图中可以看出,银行所提供的服务对顾客满足具有不同的作用。银行提供的安全性、亲切感是顾客期望较大的,一般评价也较高,是提高满足度的主要手段。提供信息和茶水服务等项目虽然不是顾客事先期望较高的服务,但银行提供后也会提高满足度。公平和停车场等是顾客期望较高的服务功能,而这些服务通常很容易受到顾客的指责,是引起顾客不满的主要因素。顾客对残疾人的服务设施和营业员的制服、仪表等不会有很高的期望,而且这些项目顾客评价也不会太高,是引起顾客潜在不满的主要原因。

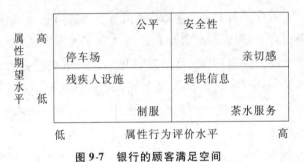

图 9-7 银行的顾客满足空间

上述分析对银行改善顾客满足状况给出了重要启示:一方面,银行必须高度重视顾客期望水平较高的服务项目,这些是银行的基本功能;另一方面,要注意顾客的潜在满足情况,削减不必要的功能和项目。

根据顾客满足空间的描述,我们可以针对顾客满足的不同状态,制定出有效的顾客满足战略、措施,实现顾客满足化。图 9-8 是根据顾客满足空间刻画出的顾客满足的简单模型和主要战略措施。

在满足空间,企业以维持战略为主,目的是保持现有的状况,另外可以对表层功能采取强化措施。在潜在满足空间,可以采取维持提高和削减不必要功能的措施,促进向满足空间的移动。在不满足空间,应采取改善措施或不关心战略,将不满足状态转向满足状态或潜在不满足状态。在潜在不满足空间,采取强化期望和行为的措施,向满足空间转变,或者采用低优先战略,维持在现有空间内。

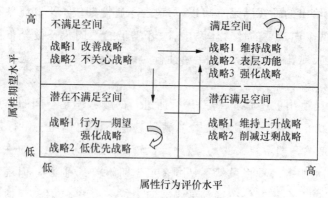

图 9-8　顾客满足化战略

五、基于顾客满足战略的营销模式

按照现代营销学的理解,市场交易是由买方与卖方构成的,顾客购买企业的产品或服务,是因为顾客存在某种自己解决不了的问题,消费者的购买过程就是一次问题解决的过程,因此,卖方所提供的问题解决的方法是影响顾客满足度的重要因素。从这一意义上讲,市场营销的总体满足是通过基于相互同意的解决买方与卖方问题而实现的,企业应当作为问题解决者积极探索、发现和创造性地解决顾客的问题。

根据双方问题的已知、未知程度可以将营销模式分为四种类型(见图 9-9)。

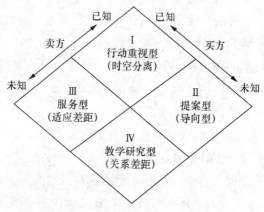

图 9-9　问题解决与营销模式

第一种,行动重视型。即买卖双方都知道应该解决的问题,但由于时间和空间的制约、分离导致时空差距,问题没有得到解决。为了消除时空差距,企业必须重视行动。这种类型的营销在市场处于高度成长时期最能发挥效果,因为这一时期企业最大的课题是防止机会损失,应当比竞争对手更快地接近顾客。

第二种,提案型。即买方虽然是问题的提供者,但他自己还没有意识到问题所在,相反,卖方通过多种手段已经掌握了买方的问题,并找到了解决问题的方法。例如,在复印机营销中,买方不知道如何节省办公费用、不知道哪种复印机比较适合自己,而复印机厂家或经营者对复印机的知识十分丰富。这时卖方就应向买方提供有关复印机的各种资料、知识和信息。这种模式就像老师教学生一样,因此,被称为提案型,这种模式适用于卖方掌握了较丰富信息的市场环境下。

第三种,服务型。即买方知道自己的问题,但卖方不知道解决问题的方法。这种情况说明卖方落后于买方,在适应买方需求上有差距。例如,患者知道自己有何疾病,但制药厂却没有生产出来能够治愈该种疾病的药品。

第四种:教学研究型。即买方与卖方都不知道存在的问题和解决方法,买方不知道获得什么才能提高自己的满足度和价值,卖方也不知道怎样才能解决顾客的问题并从中获利,双方都没有抓住解决问题的本质。此时,双方应当互相理解,一起确认问题的本质和解决的方法。这种营销常出现在技术方向与需求方式难以辨认和理解的领域。例如计算机厂家、生产资料领域等就经常遇到这种情况,双方创造相互接触的机会很重要。

图 9-10 是对几种营销模式基本特点的归纳:

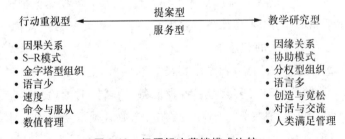

图 9-10 问题解决营销模式比较

第二节 一对一营销模式

一、一对一营销的实施条件

一对一营销是相对于传统的大众营销而出现的新的营销思想、理论和方法,它的实施有助于提高顾客价值。在顾客价值日益重要的今天,一对一营销的推广具有十分重要的意义。一对一营销有时又称为关系营销或顾客关系营销,其含义是以顾客需求为基础,针对每一位顾客(个客)开展有针对性的营销活动。从大众营销转变为一对一营销,要求企业的营销能力发生根本的转变,因此,对企业的营销管理提出了新的要求。

但是,许多企业并没有意识到一对一营销的复杂性和艰巨性,他们没有一套适当的管理标准,只是在"一对一营销热"中赶时髦。对一对一营销来说,最重要的是构筑新的营销体系,通过这一体系能够准确地对个客进行定位、追踪,密切与顾客的关系,并且将企业的产品、服务与个客的需求紧密结合起来。然而,现在很多企业还只局限在对营销人员的教育和提供富有人情味的服务等次要方面。

由于一对一营销与传统营销模式有很大的区别,要求企业发生诸多新的变化,因此,企业开展一对一营销必须具备一定的条件。但是,很多企业在这一点上存在不少片面的观点,比如有些企业把一对一营销的重点放在策划上,也有些企业把一对一营销的导入看成是一个摸索过程,还有一些企业把一对一营销看成是特定部门的工作,甚至有些企业天真地认为只要一对一营销开展起来,企业就会从中获得很大的利益等等。

实际上,为了保证一对一营销取得良好的效果,企业需要做的工作是多方面的,在制订营销计划时就应该着手各种准备工作,同时要检讨哪些准备工作是必需的。由此可见,在一对一营销过程中,企业必须重新考虑企业的各项活动,提出从管理者、员工到顾客和流通机构等所有环节可能遇到的新的课题。另外,企业还需要考虑什么样的计划才能更有利于一对一营销的迅速启动、规模应该多大、计划与活动之间最理想的优先顺序、实施中的主要困难等重要问题。

在决定一对一营销的实施规模前,要认真寻找开展一对一营销的根据,正确理解一对一营销战略的构成因素。树立正确的经营理念是开展一对一营销的基础,其关键之处在于以最重要的顾客为起点,明确从每一位顾客中所能获得的学习关系(learning relationship)。所谓学习关系,是指在与顾客广泛和持久的接触中培养出来的具有增值能力的关系。顾客将其需求传达给企业,企业则向顾客提供适当的产品和服务。企业在与顾客的每一次接触中不断地发现不足并加以修正,从而逐渐地提高了产品与服务适应顾客需求的能力。

这种长期培养起来的学习关系是有效抵御竞争对手的有力法宝,虽然竞争对手会不断地试图通过促销计划和顾客沟通为顾客创造相同的便利性,但是,竞争对手不具有学习关系,因此,要达到与本企业相同的水平,必须从头学起,很显然这个过程对竞争对手而言是需要相当长的时间的。

许多管理者对一对一营销所揭示的目标持怀疑态度,甚至否定实现目标的可能性。的确,从各种理由上看,企业全面地导入一对一营销存在不少问题。比如,管理顾客数据需要不同的信息系统,企业与顾客的接触过程离不开信息技术的开发、决策和支持。但是,目前的信息部门还不能完全适应一对一营销的要求,一对一营销的适用技术也还很不成熟。

此外,一对一营销需要一定程度的投资。在一对一营销没有产生效果之前,企业不会对相关领域进行全面的投资,也有很多企业根本不可能进行这样的投资。毫无疑问,一对一营销还要解决许多组织上的问题。就某种产品而言,很容易追究责任,但是,在多数组织参与的情况下,谁承担维持、发展与顾客的关系很难清楚地确定,因为区分"顾客是哪个部门的"或者"每个业务部门的顾客是谁"是不可能的。的确,这些都是十分严峻的问题。但是,这些问题只是表面的,一对一营销战略所要求的企业文化的变革才是最根本的。

二、一对一营销实施的步骤和内容

开展一对一营销包括四个步骤,即寻找目标顾客、将顾客差别化、寻求与目标顾客的沟通、制定营销策略,这四个步骤构成了一对一营销的主要内容。

（一）寻找目标顾客

开展一对一营销,必须首先寻找到一些重要的顾客,至少是最重要的顾客,测算顾客的地理分布,创造有利于与顾客直接接触的状态。做到这一点,最关键的是获得详细的顾客信息。顾客信息不只是顾客的姓名、居住地、电话号码、顾客代号等检索类信息,如果不掌握顾客的嗜好、习惯等,这些检索类信息是毫无意义的。在顾客信息收集过程中,单纯的民意调查这种片段的收集信息方法是不能采用的,因为它不能从顾客接触点、驱动顾客行为的所有媒体、所有地点、所有业务部门和所有商品等方面识别顾客。

在这里应该注意的是,对一对一营销发挥作用的顾客不只限于商品和服务的最终顾客,间接顾客也是十分重要的。举例来说,如果厂家把零售商作为顾客开展一对一营销,那么应该与流通渠道中所有成员保持良好的关系,决不能只重视与零售商的关系。

（二）将顾客差别化

一般而言,顾客差别化表现在两个方面:其一是从各自企业的角度看,顾客本身的价值不同;其二是顾客之间具有不同的需求。在目标顾客定位以后,通过将顾客差别化,能够使企业专心致志地做好对自身最有利的、最重要的顾客的服务工作。在此基础上,能够更好地反映顾客价值和顾客需求,使企业有可能针对每一位顾客(个客)开展营销活动。明确本企业的顾客资源以及如何实行差别化,在某种特定状态下,可以使企业判断其营销战略的合理性和科学性。

（三）寻求与顾客的沟通

在一对一营销中,提高成本效率和与顾客沟通的效果是非常重要的要素。通过顾客沟通的自动化和选择更廉价的分销渠道,可以提高成本效率。例如,利用互联网提供的有价值的最新信息,可以消除维持人工信息中心所支出的成本。如果能够准确地读取顾客需求,或者正确地把握每一位顾客的价值,就可以实时地获得营销信息,对提高沟通效果是十分有意义的。

与顾客的沟通必须建立在所有的以往与顾客沟通的基础上。在与顾客沟通之前,要明确最后一次沟通是在昨天还是一个月之前,是人工沟通还是网上沟通,并将这次沟通视作上次沟通的继续,与顾客交谈的话题也是上次话题的继续。

(四)制定营销策略

为了加强与顾客的学习关系,必须使企业活动适应每一位顾客的需求。这一要求既可能反映在产品促销中,也可能反映在付款方式、商品包装等附带服务等方面。无论哪一方面,生产和服务的第一现场都必须基于从销售部门或其他部门获得的信息,以适应顾客的需求。

企业为了迅速得到一对一营销的效果,往往会忽视制定营销策略这一非常重要的环节。许多企业把完整的一对一营销误解为简单的直接销售和远距离销售。在实施一对一营销的过程中,上述四项内容是相当重要的,但是这四项内容的复杂性和价值也是逐渐增加的,越往后面越困难,也越有价值。

寻找目标顾客和顾客差别化属于企业内部进行的分析阶段,与顾客沟通和制定营销策略则属于面向外部的行为阶段。从这一观点出发,这四项内容构成了一对一营销推进的四个阶段,也可以作为一对一营销实践的检查和诊断项目。如果企业不能发现自己的"个客",顾客差别化就不可能实现。而没有顾客差别化,沟通就是盲目的。沟通一旦无效,营销策略的效果就达不到企业的期望。

表9-1是针对一对一营销的四项内容总结的在一对一营销的每一个阶段的主要工作和关键事项,它对企业开展一对一营销提供了有利的启发和指导。

表9-1　一对一营销的工作内容与关键事项

阶段	工作内容	关键事项
寻找目标顾客	• 在数据库中充实顾客名单	• 数据采集与读取业务外包 • 与非竞争企业交换名单
	• 收集关于顾客的追加信息	• 在与顾客的接触中追问1—2个问题
	• 确认和更新顾客数据,删除过时的数据	• 划分顾客类别 • 数据库与居民身份变更资料对照

（续表）

阶段	工作内容	关键事项
顾客差别化	• 抓住最优良的顾客	• 使用上年度销售额等数据,抓住最大的5%的顾客
	• 掌握高成本的顾客	• 抽出末端20%的顾客,制定标准(如一年以上未购买的顾客),减少向此类顾客的宣传
	• 选择下年度最想交易的顾客	• 在数据库中追加此类顾客,为每位顾客委派3名以上的工作人员
	• 找出上年度在产品和服务上提出一次以上抗议的顾客	• 对不满顾客采取对策,重新配置产品或质量管理人员,确认事态是否改变
	• 发现上年度大客户中今年订货量下降一半以下的顾客	• 在与竞争对手竞争之前首先访问这些顾客
	• 发现几乎不购买本企业产品但购买其他企业产品较多的顾客	• 提供诱导顾客购买本企业产品项目的企划
	• 按照顾客价值将顾客划分为A、B、C三类(根据年购买额或采购年数等基准划分)	• 对C类顾客减少营销活动和支出,向A类顾客增加营销活动和资金
寻求与顾客的沟通	• 以流通渠道成员为焦点,向前5%的顾客企业的前三位首脑打电话	• 不是推销,而是寒暄、交谈
	• 电话介绍企业的信息,调查有什么变化	• 不是让对方知道自己,而是提出8或10种方案,记录并评判通话内容
	• 给竞争对手打电话,比较自己与其他企业的顾客服务	同上
	• 不遗漏顾客打来的电话,借机推销	• 提供优待服务、库存处理、试用服务等
	• 评价顾客服务热线的应答服务	• 声音亲切化,便于利用,顾客能够更快地使用该系统
	• 企业共享与顾客接触的信息	• 缩短沟通时间,尽早回答顾客的问题
	• 加深与顾客的对话	• 印刷账单、信纸、信封
		• 不要发送由领导统一签字的信笺,由销售员面向每一位顾客发送信笺
		• 对话的身份对等,经理与经理、科长与科长
		• 给过去两年内主要流失的顾客打电话,劝其重新购买
	• 使用信息手段简化交易	• 为了追踪顾客动向,收集顾客的E-mail地址
		• 策划各种沟通手段
		• 检查传真应答和发信系统的使用情况
		• 将顾客信息加入数据库
	• 改善投诉的处理	• 调查每天有多少投诉,努力提高电话处理的比率

（续表）

阶段	工作内容	关键事项
制定营销策略	• 为了节约顾客和企业的时间,充分使用印刷物	• 根据地区和主题制作不同的广告
	• 打通到达顾客的直接通路	• 利用顾客信息,向个人提供方案 • 通路的载体简洁化
	• 为顾客制作各种文件	• 使用激光打印机,准备效率高、灵活的工具
	• 以适当的形式和频率接触适当的顾客	• 进行顾客访谈和讨论,征求产品、政策和程序方面的意见
	• 为了提高对前10位顾客的服务而征求意见并加以改进	• 反复听取顾客的意见
	• 高层管理者介入顾客应对	• 将对应于顾客履历的调查资料传给最高层

资料来源:Don Peppers, Martha Rogers, Bob Dorf,千野博(译),"ワン・トウ・ワン・マーケティング実践への4ステップ",*Diamond Harvard Business*, June-July 1999, pp. 46—47。

三、实施一对一营销应注意的要点

一对一营销与传统的大众营销有很大的不同。根据一对一营销的思想和国外企业的实践,在实施过程中应该注意以下问题:

(一)重新审视企业现状

企业从总体上实施一对一营销活动,首先需要正确地把握现状,必须知道现状与目标之间有多大的差距、应该从何处着手、与其他竞争对手相比自己的位置在哪里等问题。

表9-2是企业一对一营销自我检查表,表9-3是检测一对一营销差距的评价表。通过这两个表格可以清楚地整理出一对一营销所需要做的工作。

按照这两个表格罗列的问题分别向下列人员提问:(1)一对一营销战略检查和推进人员;(2)上级管理人员;(3)有关的中层管理人员和现场负责人;(4)流通渠道的成员;(5)直接服务于顾客的销售、营业和服务人员;(6)顾客代表。从这些调查对象获得的答案会有很大的差异,此时需要将企业内部人员的回答与外部人员的回答进行对比,以发现他们之间在哪些方面存在差异。

事实上,直接询问顾客对一对一营销的感受也具有参考价值。但是,由于调查对象的立场、地理位置、职业的不同,他们面临的任务和问题也各不相同,因此,必须将不同调查对象的意见进行比较,这样可以获得更有价值的信息。

如果将表 9-2 简化,就适合在更广的范围中实施调查。使用表 9-3 则可以深入分析本企业的文化,进行组织的自我评价。

表 9-2　一对一营销自我检查表

1. 在多大程度上把握了最终顾客?
   (1) 不了解最终顾客的基本情况,也不了解顾客的交易量。
   (2) 企业的各种数据库储备了一定程度的最终顾客数据,但不知道所管理的顾客占总顾客的比率。
   (3) 有若干个部门掌握了每一位顾客的基本情况,但并非所有的部门已做到。本部门没有顾客资料数据库,也不能与其他部门进行顾客数据交换。
   (4) 在组织市场上,掌握了所有或大半用户的情况,但不掌握这些组织的领导的个人的情况。
   (5) 掌握了半数以上顾客的基本情况,但是不掌握个别的顾客关系。数据库追踪不到某位顾客是谁介绍的。一旦顾客搬家,数据库失效,能够认识到数据恢复的必要性。
   (6) 掌握了大多数顾客,能够追踪顾客住址、工作单位的变动情况。
2. 顾客有多大的价值?或者能够根据顾客的需求将顾客差别化吗?
   (1) 不想掌握顾客的基本情况,因此,不能在顾客价值和需求上将顾客差别化。
   (2) 缺乏按照企业长期价值将每一位顾客排序的方法。
   (3) 具有测算每一位顾客长期价值的想法,但是缺乏以此为基础将顾客排序的数据。
   (4) 对最重要的顾客按照其需求进行市场细分,但缺乏识别某一特定顾客属于哪个细分市场的准确的、清楚的方法。
   (5) 根据每一位顾客的价值进行排序是可能的,至少能够识别最重要的顾客属于哪个细分市场。
3. 与顾客的沟通是适当的吗?
   (1) 没有与顾客进行个别沟通的现实方法。
   (2) 虽然有利用电话推销等方法与最重要顾客接触的个案,但没有利用营业系统或顾客应对系统记录处理情况。与顾客的接触记录依赖于销售经理和销售人员的自主性和记忆。
   (3) 对最重要顾客的接触几乎都是直接访问,在自动系统和顾客数据库中完全保留着这些沟通和接触信息。
   (4) 对部分顾客通过邮政、电话、计算机等进行直接接触,但是对这些媒体没有实行横向管理。
   (5) 对全部顾客或相当一部分顾客通过邮政、电话、计算机等进行直接接触,对每一位顾客都能跨越不同的媒体实施营销策略的整合。
4. 能否根据顾客信息制定产品和服务营销方案?
   (1) 产品和服务是规格化的,对应于每一位顾客需求的部分极少。
   (2) 给顾客提供各种选购自由,但是对每一位顾客选购的内容没有追踪和记录。
   (3) 对最重要的顾客有时可以制定涉及合同条款、付款方式、配送方法、包装形态、附加服务等内容的营销方案,而且可以追踪到每一位最重要顾客的嗜好。
   (4) 至少在骨干产品或附带服务的部分内容上实行了模块化,通过这些模块的相互组合,可以提供低成本的各种产品和服务的组合。追踪和记录了大多数顾客的购买选择信息,当该顾客再购买时,能够自动地组合产品和服务以适合确认的上次偏好。
   (5) 在骨干产品或附带服务,或者两个方面,实行了相当程度的模块化,能够低成本、高效率地提供各种产品和服务的组合。对所有的顾客或大多数顾客的需求制定了具体化的接触方案,通过该方案,对每一位顾客进行市场细分,向不同的顾客推介产品与服务。下一次应对该顾客时,可以重复该内容。

表 9-3　检测一对一营销差距的评价表

A. 流程评价
　　1. 确立了质量管理过程吗？
　　　（1）没有考虑质量管理制度。
　　　（2）想开展制度化的质量管理。
　　　（3）采用了质量管理的若干方法。
　　　（4）设置了质量管理的正式组织。
　　2. 业务流程是否以顾客为中心？
　　　（1）完全不关心顾客与业务流程的关系。
　　　（2）对顾客与业务流程之间的关系有一定程度的理解。
　　　（3）大致理解了顾客与业务流程之间的本质关系。
　　　（4）理解了顾客与业务流程之间的所有关系。
B. 信息化评价
　　3. 采用信息时是否考虑了顾客需求？
　　　（1）信息系统部门的独立性相当强，导入信息技术是其主要任务。
　　　（2）信息技术的选择不仅考虑了企业的需要，而且考虑了顾客的需要。
　　　（3）信息技术的选择在一定程度上由顾客评价。
　　　（4）所有的信息技术是基于顾客中心原则选择的，对如何提高顾客的便利性有研究。
　　4. 是否向员工提供了有助于顾客服务的信息技术？
　　　（1）在信息技术方面不能说是特别先进的。
　　　（2）对日常的有助于顾客服务的信息技术的应用进行奖励。
　　　（3）为了提高日常的顾客应对能力，在很多领域使用了信息技术。
　　　（4）现在全体员工都使用了最有效的顾客服务信息技术。
C. 知识战略评价
　　5. 是否拥有顾客信息收集和使用的战略？
　　　（1）顾客信息的处理十分薄弱。
　　　（2）为了获得顾客知识，奖励信息收集和使用。
　　　（3）建立了收集和使用优良顾客信息的制度。
　　　（4）为了收集和使用顾客知识，不断地追求更佳的战略。
　　6. 为了创造顾客知识，在多大程度上组合顾客信息和实际经验？
　　　（1）几乎没有建立组合顾客数据和员工自身经验及其见识的流程，不符合实际情况。
　　　（2）对利用能够收集顾客信息和有关顾客经验的流程和系统进行奖励。
　　　（3）引入了对部分顾客的信息和经验进行收集和综合的系统。
　　　（4）具有稳定的、精致的、能够综合每一位顾客信息和经验的流程。
D. 合作关系评价
　　7. 怎样选择合作伙伴？
　　　（1）几乎或者完全不关心合作伙伴的选择。
　　　（2）正在选择合作伙伴。
　　　（3）以用户为导向对战略伙伴进行评价。
　　　（4）坚持用户导向的思想，对所有的有可能成为合作伙伴的企业进行评价。
　　8. 是否理解了与用户的合作伙伴关系？
　　　（1）几乎或者完全没有理解企业与用户的伙伴关系。
　　　（2）正在努力理解企业与用户的伙伴关系。
　　　（3）理解了企业与用户的伙伴关系。
　　　（4）理解并应用了企业与用户的伙伴关系。

(续表)

E. 顾客关系评价
9. 在多大程度上考虑了顾客差别化？
   (1) 没有实行顾客差别化。
   (2) 正在致力于顾客差别化。
   (3) 收集和利用顾客信息，针对每一位顾客评价差别化与顾客关系的重要性。
   (4) 经常更新顾客知识数据库，提供所有与顾客关系有关的商业信息。
10. 为了提高利用顾客的经验，制定了什么策略？
    (1) 几乎或完全没有关心利用顾客的经验。
    (2) 掌握所有的顾客接触点，有效地管理相关信息。
    (3) 频繁地实施顾客调查，根据反馈信息制定改善对策。
    (4) 维持与每一位顾客的沟通，加强与顾客的关系。
11. 在多大程度上测定和对应了顾客期望？
    (1) 没有努力理解顾客的期望。
    (2) 在某种程度上理解了顾客期望，并充分地应用到顾客关系管理中。
    (3) 定期地征求顾客意见，制定有助于提高顾客关系的有效对策。
    (4) 公司集中整体的力量投入到适应和提高顾客期望的过程中。
12. 在多大程度上理解和预测了顾客行为？
    (1) 几乎或完全不关心顾客的行为。
    (2) 理解和掌握了消费流行与顾客购买模式。
    (3) 收集顾客嗜好和其他行为的数据，利用这些信息制定营销方案。
    (4) 掌握了每一位顾客的基本情况，必要时参考。

F. 员工管理评价
13. 员工是否按照顾客的意向自主地做出判断？
    (1) 要求员工严格遵守上级制定的工作程序和规定。
    (2) 在上级决定的行动方案的范围内，员工可以独立地做出判断。
    (3) 严格要求员工遵守为提高顾客满意度所做出的决定。
    (4) 要求全体员工的所有行为都以满足顾客为目标。
14. 在员工报酬制度中是否反映了顾客导向与报酬的结合？
    (1) 顾客服务与员工报酬之间没有关系。
    (2) 在制度上规定了对以顾客为导向的行为进行奖励。
    (3) 将以顾客为导向的行为作为业绩评价体系中的一部分。
    (4) 以顾客为导向的行为是业绩评价基准的重要组成部分。

G. 竞争战略评价
15. 在多大程度上理解了顾客对组织的影响？
    (1) 顾客的要求和意见不太重要。
    (2) 在某种程度上认识了顾客对企业的影响。
    (3) 认为部分顾客对企业具有重要影响。
    (4) 认为每一位顾客对企业都有重要影响。
16. 顾客需求对产品和服务有多大影响？
    (1) 在产品和服务的设计上，几乎或者完全没有考虑顾客的需求。
    (2) 致力于适合顾客需求的产品与服务开发。
    (3) 在产品和服务开发中听取顾客代表的意见。
    (4) 针对每一位顾客的需求设计产品和服务。

（续表）

17. 在多大程度上确定了不同顾客的营销方案？
    （1）所有的营销方案都是面向大众市场的。
    （2）所有的营销方案都是按照细分市场制定的。
    （3）存在若干按照个别顾客需求制定的营销方案。
    （4）所有的营销方案都是根据每一位顾客制定的。
18. 是否知道其他企业在维持顾客关系方面采取的策略？
    （1）不知道其他企业的顾客关系战略。
    （2）知道很多行业的企业采取了顾客关系策略。
    （3）知道竞争企业采取的顾客导向策略。
    （4）在顾客关系策略上，知道竞争对手的优点。

（二）决定优先顺序

在自我评价能否开展一对一营销以后，紧接着要对照企业的经营现状，考虑影响最大的问题是什么，然后决定营销活动的优先顺序。例如，在提高顾客关系的活动中要考虑：互联网应该发挥什么作用？在制作主页之前，通过与提供辅助服务的企业进行战略联盟是否可以适应顾客需求？等等。

在决定优先顺序的过程中，必须对照顾客需求与价值，考虑在多大程度上将顾客差别化。另外，在四个实施阶段中，必须认真分析企业与顾客沟通和制定产品与服务营销策略的能力和水平。例如，在顾客种类较多的情况下，就应该采取市场差异化策略。顾客需求越是多样化，就越存在学习关系。

将书店与加油站作一个比较。如果访问书店的顾客是因为知道了某作家出了新书而准备购买，那么顾客就是书店的忠诚顾客。只要每个人对书籍的兴趣各异，掌握特定顾客的嗜好就是书店应该做的本质服务。但是，相同的顾客访问加油站，即使员工知道顾客的嗜好并告知有标号高的汽油，顾客也不会表现出特别的感激。

当企业的每一位顾客的价值存在诸多差异时，优良顾客在销售额中所占的比重就比较高。我们把它称为"极度倾斜"（steep skew）。比起倾斜度较缓的业务，倾斜度大的业务更有利于开展一对一营销，因为投入产出效率高。越是倾斜幅度大的业务，越有可能加强与最优良顾客之间的关系。假如2%的顾客创造了50%的利润，那么只要重点培养与优良顾客的关系就可获得50%的利润。但是，如果前20%的顾客创造了50%的利润，那么为了获得同样的利润，企业需要支付10倍的成本。

当顾客需求和价值的落差较小时,可以采取"移住战略"(migration strategies)。该战略通过扩展顾客价值,追求企业沟通或差别化能力的提高。例如,在面对倾斜度较缓的顾客资源的条件下,企业可以通过开设主页,改善其在顾客沟通中的投入产出比率。如果能够降低基本的沟通成本,就降低了向优良顾客集中沟通的必要性。

再一次考察上面书店的例子。该书店的顾客需求也许是多种多样的,但是,在顾客价值上几乎是没有差别的。实际上,书店很少考虑每一位顾客细小的差别。这样做的唯一原因就是经济上的考虑。即使书店记住其最大的100个顾客的嗜好,营业员全力地服务,这些优良顾客占其销售额的比率也达不到10%。但是,如果书店通过开设主页可以提高沟通效果的话,那么为掌握每一位顾客嗜好所花费的成本就会大幅度减少。

(三) 以总体角度认识问题

根据经验,即使规模较小的一对一营销项目,也是企业的重要契机。只要持久地、从总体的角度看待这些细小的一对一营销活动,日积月累就会发展为更大的一对一营销项目。在把若干个一对一营销项目综合为一体的过程中,企业必须面对各种各样的问题。从综合的观点看待企业,许多问题就会浮出水面。管理者通过回答以下问题,可以在一对一营销中做好心理准备,明确工作方向和重点:

(1) 在顾客价值涉及多个部门时,是否明确了维持顾客关系的直接责任者?应该采取什么样的体制?

(2) 是否为重要的顾客准备了特别的销售体系?还应该做哪些变更?

(3) 是否应该将信息系统精确化?是否将企业共享的顾客数据标准化?

(4) 是否准备投资建设数据库?

(5) 是否推进了销售部门的自动化?是否为营业员制定了服务方式?

(6) 为每一个部门设置营业组织是否具有战略意义?

(7) 能否加强各种主页的合作?换言之,是否能使顾客看到不同部门和不同地区的主页?打来电话的顾客是否可以从一个服务中心向另一个服务中心顺利地转换?或者,能否将不同的服务中心整合起来?

(8) 能否更加充实对产品的服务?此时应该提供什么样的服务?

(9) 是否认真地推进了为实施差别化战略所需要的生产技术投资?

在明确上述问题后,管理者可以通过采取若干措施为一对一营销创造必要的条件。比如,设置有多家部门参加的委员会,为指导顾客信息反馈而制定工作手册等。

第三节　戴尔公司的顾客满足战略

一、厂家、供应商与顾客的虚拟统合

"虚拟统合"(the virtual integration)是戴尔计算机公司的创办者 Michael S. Dell 在阐述戴尔模式时使用的术语。"虚拟统合"包含两个方面的含义:其一,是指基于节约生产环节各项成本(如搬运、库存、时间消耗、能源浪费、中间利润等)的思想,将生产过程的各个阶段垂直统合起来;其二,是指戴尔公司只保留核心业务,其余部分则通过网络外包给其他机构,将处于供应链中的厂家、供应商与顾客统合起来。

戴尔公司之所以提出"虚拟统合"的思想,其主要背景是考虑到个人计算机市场的特性以及企业面对不断变化的新的经营环境。个人计算机市场是一个不均衡、不稳定和不确定的市场,发现顾客的动向十分困难。在这一市场上,库存越多、交货周期(从订货到交货的时间)越长、反应速度越慢,商业机会就越少,发生各种问题和失误的风险也就越大;相反,库存越少、交货周期越短、反应速度越快,商业机会就越多,发生各种问题和失误的风险也就越小。戴尔公司认为,要想在技术发展快、价格变化大、逐步家电化和日用品化的电脑市场上保持领先地位,必须重视成本与速度上的竞争,为此开发一套有效的经营模式对企业具有十分重要的意义。

综观现在的计算机市场,不难发现各个企业在硬件上的比例逐步减少,以软件和服务为主体,向顾客提供综合解决方案的趋势日益明显。随着电脑的普及,电脑产品正在向日用品的方向发展,消费者追求的不是将每一项技术组装在一起的产品,而是具有信赖感的、将每种技术融合起来的产品。在电脑产品上,消费者青睐那些能够将各种精良部件结合起来形成整体产品的企业。毫无

疑问,戴尔公司在一些特定的专业领域并不掌握最先进的技术,公司的优势是通过利用各领域先进企业的技术,将各种技术组合和配置起来,向综合服务的方向发展,成为计算机领域中的统合性企业。换言之,戴尔公司希望以自己在"统合"上的优势参与市场竞争。在计算机市场上,制造厂家的销售量虽然不断增加,但是利润率很低,其中存在不少亏损的企业,只有戴尔公司在销售量和利润上保持大幅度的增长,该公司走出了一条与传统计算机制造厂家完全不同的经营道路。

戴尔公司认为,虽然自己属于个人计算机制造企业,但是必须走"统合性企业"的发展道路。统合性企业的优势不在于单一的技术,而是具备全面的顾客服务能力,建立一套能够体现综合优势的经营体系。为此,戴尔公司将经营重点放到成本和速度上,改变了其他厂家重视生产制造的做法。戴尔公司在经营模式上使用了很多术语,这些术语大多是其管理人员提出来的。这些新的概念和术语表明,戴尔公司的优势不是技术,而是与其他企业不同的独特的经营模式。

为了提高经营效率,戴尔公司引入了供应链管理的思想,在采购、制造、物流等全过程上致力于效率的提高。该公司设立了研究供应链管理的小组,通过研究工作的不断深入,使戴尔公司在相同的预算下,可以向顾客提供比其他公司质量更高、功能与式样更全的产品。供应链管理以超越企业和组织边界的开放的产业链为目标,建立生产、供应、物流、销售等无缝连接的运营体系。

许多研究戴尔公司成功经验的学者把戴尔的经营模式称为"直销模式",不可否认,直销是戴尔最显著的经营方式,但是,戴尔的直销模式与传统直销方式有很大的区别。在发展直销模式的过程中,戴尔公司充分地利用互联网等先进的网络技术,将厂家、供应商与顾客三者有机地整合起来,以"虚拟统合"的方式构建新的交易关系。如果是没有建立在信息共享基础上的虚拟统合,戴尔直销模式不可能具有如此明显的优势,其运营效果也大打折扣。

戴尔公司意识到,网络技术的发展不仅仅缩短了时间、带来了经济利益,更重要的是改变了企业经营方式与顾客价值创造方式,要从网络技术发展中获得更大的成果,必须抛弃纯粹竞争的观点,以合作的思想处理方方面面的关系。只有充分利用各种外部资源,从培育长期、战略伙伴关系的思想出发,提高企业综合服务能力,才能在速度、成本等方面取得竞争优势。虚拟统合战略正是基于上述思想而展开的。

虚拟统合战略给戴尔公司带来诸多好处。首先,在虚拟统合战略下,企业与顾客之间的联系更加紧密,双方之间的沟通更加便利,这就使戴尔公司能够及时了解顾客的需求,可以针对不同顾客提供个性化产品与服务。其次,在虚拟统合战略下,厂家与供应商之间建立了伙伴关系,实现了信息共享,在提高市场反应速度和降低产品成本等方面获得了供应商的广泛支持,保证了戴尔公司差别化服务战略的实施。最后,虚拟统合战略促进了公司业务的迅速扩张,提高了业务效率和灵活性。比如,生产能力从日产2万台提高到4万台,生产批量可以适应从单台到数万台不等,销售额在1997年还仅为77.59亿美元,到1998年就达到123.27亿美元,年增长率达到58.9%。

二、戴尔公司的直销模式

"戴尔直销模式"是戴尔公司从1984年公司成立之初就确立的企业经营模式,并在以后的企业发展中始终作为其不可动摇的经营理念。戴尔公司的规模虽然不断扩大,经营环境也发生了许多变化,但是厂家直接销售的形式始终没有改变。在保留厂家直销这一核心的同时,戴尔直销模式也随着个人计算机市场环境和技术的变化而不断调整与进化。

戴尔直销模式在发展过程中大致经历了三个阶段:第一阶段是1984年以后提出的基本模式;第二阶段是1992年和1993年实施的附加价值服务模式;第三阶段是1995年和1996年开始的网络营销和服务模式。表9-4反映的是戴尔直销模式的发展情况。

表9-4 戴尔直销模式的发展阶段与主要内容

发展阶段	时间	模式类型	主要内容
第一阶段	1984年—	基本模式	直接销售、订货生产(Build to Order, BTO)、通过战略伙伴关系进行R&D、直接服务与客户支持
第二阶段	1992、1993年—	附加价值服务模式	DellPius、DellWare
第三阶段	1995、1996年—	网络销售与服务模式	联机商店(个人、组织)、互联网技术支持与服务、信息服务

资料来源:稻葉和也,"顧客・サプライヤー・メーカーの情報共有による「仮想統合」戦略——デルコンピュータ・コーポレーションの事例を中心",《德山大学総合経済研究所紀要》,No.21,March,1999,p.97。

(一) 第一阶段(1984—)

第一阶段实施的基本模式是戴尔公司创业开始到现在始终没有变化的戴尔模式。该公司是在电脑行业最早开始实施厂家直销和订货生产的企业。在此之前,其他企业都以预测为基础,实行大量生产,建立庞大的库存,然后经过零售商和代理商等分销机构将产品销售出去。Michael S. Dell 在创办戴尔公司时还只是一名19岁的得克萨斯大学一年级的学生,他拆开价值3 000美元的个人计算机后发现,各种零部件费用总共只有600美元,如果不通过流通环节,计算机的价格有可能大幅度降低。于是,他萌发了厂家与消费者直接联系的"厂家直销"的想法。于是,Dell 向亲朋好友借款1 000美元创办了戴尔公司。在创业初期,由于资金有限,采用预测生产方式是不可能的,因此,他认识到只有通过接受订单并确认资金后进行生产是唯一的选择。订货生产不仅可以节约预测生产导致的大量库存,而且可以更好地适应顾客的要求。

直销方式的优势是可以获得顾客偏好与不满等方面的精确信息,戴尔公司以数据库为基础对顾客进行细致的服务支持。个人计算机是将各厂家的零部件组合起来生产的,在计算机领域长期保持优势地位的 IBM 从1981年开始,在推出新型个人计算机时改变了过去自己设计和制造零部件的做法,取而代之的是组装其他企业的零部件。比如,微处理器采用英特尔公司的产品,系统软件(OS)采用微软公司的产品等。但是,IBM 公司过低地估计了个人计算机的发展和市场的扩大与普及速度,从而失去了在该领域获得垄断地位的可能性。在个人计算机领域,像 IBM 这样的企业不在少数。在计算机市场上,具有传统优势的老企业与新兴企业发生了激烈的竞争,计算机厂家要想获得生存,必须在特定的领域保持领先,并获得垄断地位。但是计算机是一种技术复合产品,计算机厂家之间只有通过合作才能促进产品开发和市场扩大。然而计算机企业之间的合作比较松散,因此,即使开发出了先进技术,一旦市场发生变化,他们之间的合作关系也非常容易破裂。从现实情况看,一方面由于计算机技术标准由各个企业掌握,每家企业在不同的领域掌握支配权,在互换性上存在不少问题,另一方面在研发中相互合作的趋势也十分明显。

IT 行业的传统合作方式是垂直统合,现在则出现了向水平型结构转变的趋势。所谓水平统合,是指处在同一产品领域中的企业实施一体化战略,在各自领域掌握支配地位的企业以自身发展为目标构建起来的合作关系,通过与各领域的领袖企业进行水平统合建立伙伴关系可以促进技术开发和市场扩大。

(二)第二阶段(1992、1993—)

从 1992 年到 1993 年开始,戴尔公司为了掌握顾客需求,以较低的价格将外围设备进行捆绑销售,为产品销售创造更多的附加价值服务,在基本模型上增加了"DellPius"和"DellWare"。这一模型的扩展使戴尔公司能够按照顾客细小的要求将过去由 SI(system integrator)和分销商承担的外围设备和软件服务捆绑、组合起来,由自己的工厂独立完成,并且在检验工作完成后,向顾客提供送货服务。文字处理和表格处理等主要软件按照顾客订货的要求,在出厂前就预先安装在硬件中,顾客只要打开电源就可以使用。这种服务方式从品质和成本两个方面为顾客带来了附加价值。

与利用流通机构进行分销的其他制造商不同,戴尔只与顾客直接交易,这种直接销售方式意味着降低了顾客的购买成本。附加价值服务模式加强了戴尔与顾客之间的联系,为顾客提供了更大的满足,促进了戴尔直销模式的进化。

(三)第三阶段(1995、1996—)

最明显地具有差别化的产品是针对每一位顾客分别设计的。随着互联网的发展,达到上述目标是可能的。戴尔公司抓住互联网发展的契机,按照消费者的要求大量生产具有个性化的产品。针对每一位顾客生产差别化的产品,可以使消费者愿意接受更高的价格。

戴尔公司从经营和服务两个方面明确了在互联网上实现直销的途径,从而在互联网灵活利用上达到了最先进的水平。戴尔公司采取了许多有效的措施:一是在互联网上开设了"联机商店",顾客可以自由地设计和定制产品;二是开设了公司主页,掌握口令的顾客可以进入戴尔公司的主页反映顾客信息,企业能够更加充分地了解顾客的不同需求;三是在互联网的主页上向顾客提供能够查阅交货信息的"订购情况"等信息服务。

戴尔公司通过信息系统建设,实现了对采购、接受订单、生产、物流、配送、服务等全部流程的统一管理。与此同时,通过构建以互联网为中心的信息网络,戴尔公司建立了被称为"虚拟统合"的包括厂家、供应商和顾客在内的信息共享系统。利用互联网,在戴尔公司、供应商、顾客三者之间实现了信息共享,形成了"价值链"。在虚拟统合机制下,厂家与供应商在设计阶段就可以共享信息,两者之间建立起就像一家企业那样的功能开放的合作关系。在厂家与顾客之间,可以按照顾客的要求采取针对性措施,顾客的要求以信息的形式被记载下来,为更好地提高顾客满意度发挥着积极作用。

通过信息网络实现信息共享,戴尔公司提高了经营效率,加速了对顾客的反应时间,在这一点上与其他公司差异显著。戴尔公司将信息网络扩展到全球,在各方之间建立起非排他的信息共享网络,培育开放的交易关系,从而保证了各方均能获得成本与速度上的各种好处。另外,信息网络的建立也消除了股东对信息的担忧,戴尔公司将财务信息在互联网上公开发布,年度报告等各种信息可以在公司的主页上全文检索,透明度很高。

三、个人销售与组织销售中的虚拟统合

顾客数据库与订货、发货、物流系统等对戴尔直销模式的运作是不可或缺的。在顾客与厂家之间建立起直接联系的"戴尔直销模式"可以掌握存在于顾客与厂家之间的各种商品和资金流动的信息,以革新的眼光看待整个流程。这一做法可以提高企业对市场需求的快速反应能力,建立更加灵活的经营体系。

为了按照顾客需求生产个性化商品,提高订货生产的效率,戴尔公司认为必须深入了解顾客,对顾客进行明确的分类。根据"谁购买了什么样的产品"、"谁、何时需要什么样的产品和服务"等信息,从不同的角度将顾客分类,利用顾客数据库开展市场营销活动。

戴尔的优势在于采用了订货生产和直销方式,积累了庞大的顾客信息,具有健全的数据库。这些条件为企业从类别上掌握顾客提供了可能性。现有的电脑厂家由于依赖代理商实行间接销售,因此,很难掌握顾客信息,生产计划只能根据流通机构的信息制订。

戴尔公司在互联网的主页上将顾客分为大企业(员工4 000人以上)、医疗机构、小型企业(员工400人以下)、家庭、政府(联邦政府、州及地方政府)、教育机构(从幼儿园到高等院校)等类别,根据不同的顾客类别将商品与服务组合起来进行营销。

（一）个人销售

对于个人用户、中小型企业等，戴尔公司利用电话进行"推介销售"，顾客通过电话或传真，可以简单、快速地获取最新产品信息和产品设计、订货等方面的信息。近年来，美国和日本等国通过互联网直接销售的"联机商店"为这种销售方式增添了新的内容。联机商店利用互联网 24 小时不间断的特性为顾客提供了诸多便利，同时具备自动设计功能，顾客通过画面对产品式样进行多次修改，选择不同的价格，因此，可以实现商品的定制。互联网缩短了顾客与厂家的距离，两者可以更加紧密地联系起来。戴尔公司把互联网作为强化企业直接销售战略的新武器，在互联网直销上占据了有利位置。目前，该公司利用互联网实现的日销售额达到 1 000 万美元。

另外，戴尔公司还通过互联网主页为顾客提供检索其所订产品的生产、配送、身份确认等方面的信息服务。从个人订购一台，到组织用户订购数台，都可以利用该项服务自动检索。在订单在线服务中，当产品从配送中心配送出来的同时，就通过电子信箱将出货信息通知给顾客。顾客通过厂家提供的信息和服务可以更加轻松地准备接收商品，大大提高了顾客的安全感，创造了其他竞争对手无法实现的附加价值。

戴尔公司将互联网等网络技术视作促进其直销模式发展的重要手段，把互联网作为直销渠道和信息服务的通路充分使用。戴尔公司强化了利用电话对顾客的支持与服务。该公司一年 365 天、每天 24 小时不间断地为顾客提供技术支持，向顾客承诺在规定的时间范围内提供无偿服务。这些服务同样在互联网上也提供支持。基于顾客数据库制订的支持与服务计划，在顾客满意度调查中获得了积极评价。

（二）组织销售

对于大中型组织用户，戴尔公司则通过推销员直接访问进行推介销售。针对大型用户，该公司组建了顾客小组致力于长期关系的构筑。顾客小组分为内勤小组和外勤小组，前者负责管理、运行用户的计算机系统，后者负责对大型用户开展专属营销活动。这种办法类似于美国广告代理商等行业广泛采用的按照顾客类别配置人员的做法。

组织销售人员在听取用户采购计划的基础上,从长期伙伴关系的角度为用户提出一套方案,对用户有价值的提案采取收费服务的方式。另外,为了在产品和用户支持上反映用户的需求,该公司准备了各种项目,把构筑长期的战略关系与销售活动融合起来。另外,针对大型用户还配置了客户经理和技术支持,以建立最接近于顾客的、高效和迅速的管理体制。

我们可以考察戴尔公司对其大型客户福特公司进行销售的例子。戴尔公司针对福特公司的特定用途,对硬件和软件进行分别设计,建立了完全适应顾客需求的营销体制。一旦从信息系统中获得福特的订单,马上可以知道是哪一类员工的订货、他需要何种类型的计算机。接受订单以后,即对硬件和软件进行适当的组合,将适用于订货者要求的产品直接送达。通过上述一系列活动,为保持与大型客户的长期交易奠定了基础。另外,戴尔公司通过自己准备的战略性软件,有可能以较低的价格服务于客户。

福特公司为这种个性化服务支付了较高价格,原因是对福特而言物有所值。一方面,如果不利用戴尔的服务,福特只能从当地的流通机构中采购,而且必须雇用大量的精通信息技术的员工。另一方面,如果由福特自己的员工完成包装拆除工作,到投入使用需要花费4—6个小时,而且经常会遇到故障和错误等问题。从这两方面考虑,向戴尔支付高价格是值得的。而戴尔的服务由于降低了用户的成本,因此,向订购者请求较高的价格是可能的。戴尔公司通过附加价值创造为企业利润的提高做出了贡献。

戴尔公司针对大型用户设立了只有掌握口令的顾客才能进入的、针对每一位顾客提供差别化服务的主页,利用该主页建立起实时地提供产品信息与服务信息的顾客服务体系,该体系可以为全世界3 000多家企业提供各种信息服务。

在戴尔公司的销售额中,大企业和政府机关等大型用户占到90%,其中70%以上的用户每年采购价值10万美元的计算机。与大型用户的合同大多是从顾客小组访问用户开始签订的,当然这些合同一般都是长期的。可以说,戴尔对组织用户的营销活动比个人用户更加积极。

戴尔公司在获得大型用户信赖的过程中有很多传奇故事。在1997年圣诞节前后的6周里,沃尔玛的2 000家商店总共销售出2000台戴尔计算机和4 000台外围设备。1997年10月,戴尔公司从接受订单开始,只用了36个小时就向纽约纳斯达克交易所提供了8台个性化的产品,帮助其处理亚洲金融危机期间记录的交易信息。

戴尔公司从大型用户那里获得各种信息,运用顾客数据库,按照不同的标准对顾客进行分类,正确地把握"谁、何时购买了什么产品和服务"等用户采购趋向,在此基础上对用户行为进行分析。此外,还对今后"谁、何时需要什么样的产品与服务"进行预测,创立了"顾客数据库营销",强化了对组织用户的销售工作。

四、戴尔公司海外业务的统合

戴尔公司积极开拓海外业务,1987年6月在英国率先投资创办了企业,1990年12月在爱尔兰建立了欧洲敏捷制造中心(EMF),作为其海外制造基地。戴尔公司依托海外制造基地,在欧洲市场开展营销活动,建立了有效的顾客服务与支持体系。戴尔公司1993年在日本建立了子公司,1996年1月在马来西亚建立了"亚洲·太平洋顾客中心"(APCC),该中心包含亚洲和太平洋地区的海外工厂,向该地区的顾客提供服务与支持。现在,戴尔公司在海外的生产基地、销售与服务中心已经辐射欧洲和亚洲等诸多地区,具备了开展全球直销的能力。戴尔公司将世界市场划分为4个战略地区,如表9-5所示。目前全球总共拥有33个海外子公司,在140多个国家和地区开展直销和服务与支持活动。

表 9-5 戴尔公司的海外销售基地

基地名称	辐射地区
Dell Americas	美国、加拿大、墨西哥、南美各国
Dell A/P	澳大利亚、新西兰、韩国、中国、马来西亚、新加坡、泰国、文莱、印度
Dell Japan	日本
Dell Europe	英国、德国、法国、比利时、瑞典、芬兰、瑞士、荷兰、波兰、丹麦、爱尔兰、意大利、挪威、南非、阿联酋

资料来源:稲葉和也,"顧客・サプライヤー・メーカーの情報共有による「仮想統合」戦略——デルコンピュータ・コーポレーションの事例を中心",《德山大学综合经济研究所纪要》,No. 21 March,1999,p. 106。

戴尔公司在海外的销售采用与美国市场相同的方法。销售人员认为通过引导国际性大公司，在海外市场上也可以获得大型顾客。一些本部在美国的企业也希望通过戴尔公司向海外分支机构提供适用的计算机产品。

在利用电话等手段建立订货、销售、服务体制上，虽然海外市场尚未达到美国的水平，但是，戴尔公司还是通过位于亚洲和欧洲的电话中心为顾客准备了一条无线长距离电话联系渠道。例如，里斯本的顾客打来电话后，信息会自动地传输给位于法国蒙彼利埃的电话中心，客户很快会与懂葡萄牙语的销售员联系上。

戴尔公司对中国市场的进入也持积极态度。1998年，该公司发布了在厦门投资的计划，以此作为其迅速扩大的亚洲、太平洋地区（尤其是中国）的业务基地。在中国市场上，戴尔仍然沿用了相同的销售方法，即在产品销售中绝大部分采用向顾客直接销售成本低廉的计算机产品的直销方法，其余的则委托流通机构进行间接销售。虽然在中国市场运作中遇到了国土广阔和信息基础条件落后等问题，但是该公司认为这些因素不能成为影响直销模式的原因，当然在商品和服务提供的速度上会受到一定的影响。目前中国市场上销售的大部分计算机是由中小型公司提供的，但是涌现了像联想、方正等这样快速发展的企业，在日益严峻的市场竞争形势下，戴尔公司继续以"成本和速度"为利器，以图开拓中国市场。

在亚洲，还有许多国家和地区不具备完善的信息基础条件，戴尔模式不能充分地发挥作用，因此采用了利用流通机构的做法。亚洲市场的经营环境和传统商业惯例给直销带来了不少困难，但是，这种情况正在发生变化。戴尔公司认为解决这些问题的关键是掌握互联网，在国际市场上成长比较快的部分都是从互联网获得的。因此，该公司期待在亚洲市场上也会发生同样的情况。

与本土企业一样，戴尔公司的海外工厂在硬盘等主要零部件上利用近距离的英特尔公司等供应商，与供应商建立准时供应体制。目标是在海外建立大量生产、成本低廉和订货生产等附加价值较高的制造基地。

五、戴尔公司与零部件厂家的统合

现在大多数以一般消费者为目标市场的电脑厂家是通过 OEM 供应制造的,戴尔公司一方面在主板等主要部件和产品的设计、开发上由自己承担,另一方面在个人计算机的制造上则采用市场认可的先进企业的零部件。戴尔公司作为一家统合性生产厂家,将具有优势的各个供应商的零部件有效组合起来是十分重要的。但是在零部件组合过程中存在不少问题,对个人计算机的可靠性和信赖感产生不利影响,这些问题主要是戴尔公司本身的技术问题。

组织用户在戴尔公司中占有很大比重,为了适应组织用户对计算机可靠性和互换性要求较高的情况,公司由自己的研发部门直接进行综合产品研发工作,目的是增强用户的信赖感,提供综合性产品。戴尔公司通过与各领域的先进企业构建伙伴关系,将最新技术引入产品之中,借助于零部件之间的调整,开发出高性能和信赖感较强的产品。另外,为了保证产品的信赖感、互换性和对接性,戴尔公司不断地采用先进的行业标准。

戴尔公司位于美国得克萨斯州的总部工厂的周围分布着许多零部件供应商的小型物流中心(零部件仓库),这些小型物流中心被称为"周转式零部件仓库",它们与总部工厂的距离很近,通常车行 15 分钟就可到达。这些零部件供应商事前在此储备着各种零部件,一旦戴尔公司获得订单,供应商就会以必要的部件、必要的时间、必要的数量,实施小批量、高频率的配送作业。戴尔公司原先按照 7 天使用量安排库存,由于计算机库存价格每周降低 1%,因此 7 天的库存显然过多,加剧了库存风险。比如,1993 年戴尔公司销售额为 26 亿美元,库存费用高达 3 亿 4200 万美元,当年出现了亏损。在这种情况下,戴尔公司意识到必须进行彻底的库存管理,于是分布在工厂周围的供应商储备仓库为缓解戴尔公司库存压力发挥了积极作用。1997 年戴尔公司销售额达到 123 亿美元,库存费用却只有 2 亿 3300 万美元。戴尔公司位于美国本土的两家工厂通过引入新的生产方式,零部件库存仅保留在 5 个半小时之内,公司的平均库存虽然仍为 7 天,但是采用新的生产方式后,工厂的库存费用也大幅度降低了。

戴尔公司在很长一段时间内与 200 多家零部件供应商保持交易关系,过多的供应商无法保证准时配送,于是公司将供货渠道集中在 15—20 家核心企业上。这些企业为了保证向戴尔公司及时供货,在戴尔工厂的附近设置了很多零部件仓库。

戴尔公司之所以能够不建立零部件库存而又能适应顾客对计算机产品的多种需求,正是因为与核心供应商建立起了紧密的合作关系。在这种伙伴关系下,戴尔公司不承担库存风险,而是由供应商承担,将库存控制在最低水平。

在与零部件供应商构建长期合作关系的过程中,戴尔公司十分重视长期和短期信息的共享,在促进供应商了解长期计划的同时,建立每日信息通报系统。通过信息共享机制,供应商能够准确掌握何地、何时需要哪些零部件等信息,为戴尔公司做好个性化生产提供充分的准备。戴尔公司认识到,达到上述目标需要花费很多的时间且投入很大,但是要保持该领域的领先地位,花费一定的时间是值得的,因为其他企业很难追赶上,即使追赶上也不可能完全模仿它的做法,因此,这是确立企业竞争优势的重要途径之一。

厂家与供应商建立信息共享机制面临的一个现实课题就是准确预测需求,如果需求预测精度不高,就会发生因零部件库存不足而影响供应的问题。作为需求预测的一个方面,戴尔公司能否掌握供应商的情况也十分重要,必须考虑信息的双向性。

由于建立了合作关系,供应商在新产品开发上也可以发挥更大的作用。比如,供应商的技术人员参与到设计开发小组中,戴尔公司可以将这些技术人员视作自己的员工加以使用。如果出现设计上的问题,他们可以从零部件供应商的角度提出意见,对完善设计方案发挥重要作用。在新产品投放市场的过程中,零部件供应商的技术人员也常住在戴尔的工厂中,一旦顾客提出意见,就会与戴尔的设计人员一起检查问题的所在,提出修正意见。由此可见,戴尔公司与零部件供应商的信息共享机制的建立,加速了新产品开发的进程,提高了产品的可靠性。

六、戴尔公司的虚拟统合战略的经济效果

戴尔公司的虚拟统合战略所取得的成果最直观地表现在财务指标上,表9-6 反映的是戴尔公司从 1989 年度到 1997 年度销售、利润等指标的变化情况。

表 9-6 戴尔公司销售、利润等指标的变化 （单位：百万美元）

	1989	1990	1991	1992	1993	1994	1995	1996	1997
总销售额									
美国市场	317	397	648	1 460	2 037	2 400	3 474	5 279	8 531
欧洲市场	71	149	242	553	782	953	1 478	2 004	2 956
亚洲及太平洋市场	—	—	—	1	54	122	344	476	840
关联总销售额	388	546	890	2 014	2 873	3 475	5 296	7 759	12 327
销售成本	279	364	608	1 565	2 440	2 737	4 229	6 093	9 605
总销售利润率	109	182	282	449	433	738	1 067	1 666	2 722
经营费用									
销售及一般管理费	81	115	182	268	423	424	595	826	1 202
研发与技术费	17	22	33	42	49	65	95	126	204
总经营费用	98	137	215	310	472	489	690	952	1 406
经营利润	11	45	67	139	-39	249	377	714	1 316
利息及其他纳税	-3	-1	7	4	—	-36	6	33	52
税前利润	8	44	74	143	-39	213	383	747	1 368
纳税（利润）专用款	3	17	23	41	-3	64	111	216	424
纯利润	5	27	51	102	-36	149	272	518	944
周转资本	58	95	283	359	510	718	1 018	1 089	1 215
总资产	172	264	560	927	1 140	1 594	2 148	2 993	4 268
长期负债	—	—	41	48	100	113	113	18	17
总股东分红	80	112	274	369	471	652	973	806	1 293

资料来源：根据戴尔的年度报告(1995—1998年)资料整理。

1997年戴尔公司在个人计算机市场的占有率位居世界第三位，在美国市场位居第二位。据1998年4月27日的《财富》公布的资料，在全美500名企业排名中，戴尔公司在"股东收益率最高企业"中排名第二。另外，戴尔公司的股票价格攀升速度很快，到1998年11月12日股票市值为884亿美元。

在美国，各类基金、信托投资等机构投资者所持股份呈上升态势，机构投资者通常以现金流量作为评价企业和新项目的投资决策基准。为了提高资本效率和股东价值，戴尔公司也把"现金流经营"放到十分重要的位置。为了表现资本的效率性，该公司采用了CCC(cash conversion cycle)和ROIC(return on invested capital)两个财务指标。

CCC指标表示商品流转速度，它的计算方法是：销售货款回收日数＋库存滞留日数－采购货款支付日数。一般的企业在CCC指标上通常表现为正值，但戴尔公司却是负值。其原因是,该公司销售货款回收日数与库存滞留日数要比采购零部件支付货款的日数要短,即回款的速度要快于付款的速度。

ROIC=税后利润÷(周转资金+经营用固定资产),它反映在设备和周转等方面投入的全部资本所获得的利润,该指标可以表示企业资金的使用情况,以及向股东的回报情况。戴尔在该指标上连续保持着较高数字,比如1997年度为186%,仅该年度的第四季度就高达217%。

戴尔公司之所以重视股东的利益、关心股价的变动、注意支付红利,是因为该公司认为只有具有较高的ROIC指标,资本市场上的闲置资金才会流到本企业,非效率的企业很难从投资者那里筹措到必要的资金。

为了提高现金流量,戴尔公司在物流上考虑低耗生产、廉价采购、快速配送;在资金流上考虑尽量减少周转资金,提高资金使用效果,利用金融自由化和国际化,在短期资本市场上使用各种手段更好地筹措资金。为了达到上述目标,戴尔公司从各个方面强化了自己的市场竞争力。在市场需求难以掌握、技术进步日益加速、产品生命周期不断缩短的条件下,戴尔公司意识到只有重视降低库存风险和资本成本,提高经营效率,才能为资金筹集创造有利的条件。

以前库存被看成是资产,但是现在面对着产品价值每周降低1%的严峻形势,如果库存呆滞就意味着风险加剧。因此,在不均衡、不稳定、不确定的竞争条件下,保持库存最小化、产品周转率最大化,以及周转资金最小化和现金流量最大化是企业在竞争中取胜的关键。现在,戴尔库存天数为7天,仅仅是行业平均水平的1/4,年库存周转次数达到52次。减少库存意味着排除了资金浪费,降低了风险。在美国、欧洲和亚洲的工厂中,戴尔只保留最小限度的库存,这种低库存作业的目标是实现零库存的订货生产方式。

为了提高从接受订单到采购、生产、质量管理、物流、销售、配送等环节的产品周转率,缩短资金回收时间,加速资金周转率,戴尔公司下了很大工夫,提出了很多创意和办法。比如,戴尔公司通过财务指标测量效率化水平,推进了现金流经营的彻底化,提高了自身的竞争能力,但是,1993年度决算的纯收益却出现了赤字。在这种条件下,戴尔公司对这些财务指标进行了反思,认为导致赤字的主要原因是由于公司过度扩张,使得1993年度的决算与1992年度相比,总经营费用、周转资本、总资产都大幅度增加。1993年以后,该公司在提高资本效率和减少资本风险等方面进行了尝试,把改善上述两个指标作为重要的目标。

在美国,很多公司开始从订货生产(BTO)方式和准时生产(JIT)方式向供应链管理方向转变,后者可以以更少的资本完成经营任务。这些企业不再利用不确定的预测进行生产,库存风险也得到有效降低,它们通过更有效的方法使用自有资金。掌握市场信息的企业开始获得更高的利益,资金的使用情况也得到明显改善。按照顾客订单组织生产,由于不能减少原材料库存,从而成本得不到有效控制。但是,正如戴尔公司那样,通过供应链管理从库存减少中降低了成本,促进了与顾客的沟通,可以有效地解决上述矛盾。事实证明,在顾客愿意为选择性支付金钱的情况下,管理方法的创新和网络技术的发展可以为问题的解决发挥重要的作用。

本章小结

顾客满足战略是将顾客满足与企业战略融合起来,有利于从根本上提升顾客满足水平,将顾客管理提高到更高层次。顾客满足弹性可以反映顾客忠诚与顾客满足之间的敏感性,它对于制定和实施顾客满足战略提供了科学依据。基于顾客满足战略的营销模式是一对一的,一对一营销模式与传统大众营销模式有很多不同点,其最本质的区别在于一对一营销是围绕顾客满足战略而进行的。

习 题

1. 请举例说明产品差异对顾客满足效果的不同影响。
2. 简述顾客满足战略的主要形式和内容。
3. 一对一营销有哪些优势?如何实施一对一营销?
4. 针对戴尔公司的事例,讨论虚拟联盟中如何使合作对手满意?

案例:服务补救

国外某品牌电梯代理商的销售部经理姚经理在得知利德大酒店需要更新两台新型电梯后,多次拜访了该酒店的各个部门,获得了酒店有关方面及人员的初步认可,并制作了详细精美的方案供酒店方面参考。在介绍方案时,姚经理请出总工程师到场进行技术支持与讲解,总工的专业涵养和技术深度深受酒店有关部门及人员的推崇,大家认为该电梯性能优良、方案切实,符合酒店未来更高的需求。但在酒店内部方案评审中,该方案遭到酒店工程部人员的一致反对,他们提出的主要理由是:电梯所有说明书及图纸全部是外文的,看不懂;性能太先进,维护难,一旦电梯坏了,维护不及时可能影响酒店日常需要。原来,总工在介绍方案时过于专业,只是强调质量高和先进性,以及需要对酒店员工进行培训等。

资料来源:子秋,《本土客户管理案例精解》,广东经济出版社,2005年。

问题:工程部一致反对该方案的真正原因是什么?姚经理应该作出哪些补救措施?

第十章
顾客满足与企业的社会责任

学习目标

学习顾客满足的社会属性,理解顾客满足与履行企业社会责任之间的关系,掌握影响员工满意的因素,了解员工满意、忠诚的途径,理解企业文化与员工满意之间的关系。

知识点

基本责任、义务责任和支援责任;伦理标准;员工满意与顾客忠诚的互动关系;企业文化与员工满意。

顾客满足具有两个方面的属性和作用:其一是私人性,即顾客满足可以提高每个顾客的利益,提高每家企业的利益;其二是社会性,即顾客满足可以增进人类的共同福利,增进企业对社会的贡献。近年来,理论界十分关注企业的社会责任问题,企业也是"社会人"的一部分,作为商品生产者,顾客满足是企业最基本,也是最重要的社会责任之一,因此,研究顾客满足的社会属性十分必要。

第一节　顾客满足是企业最基本的社会责任

一、企业责任的三个层面

在市场竞争和技术进步日益发展的今天,企业面对更大的不确定性风险,在这种条件下,所有的企业都十分关心未来的发展。但是,迄今为止,大多数企业在考虑未来发展时主要局限于企业的内部需要。比如,在决定未来业务时普遍有两种思考方式:一是考虑"靠什么来支撑企业的未来?"这种思考方式首先是设想企业今后 5 年或 10 年的理想形态,为了实现这种形态,今天能够为明天做些什么。这种思路成功的关键是对未来的准确预测以及科学的经营决策,但是,在今天,准确地预测未来和制定有效的方案已经越来越困难了。原因是,现在一个偶然的事件会引发无法预见的其他偶然事件的连锁反应,未来的发展与我们的想象完全不一致。虽然很多企业会就未来 10 年的预测和方案在董事会和高层管理者中反复讨论,但是,往往难以取得一致的意见,唯一可以确知的是董事和管理者的年龄会增加 10 岁。二是从企业过去的历史中找到未来发展的线索。这种思考方式认为事物的发展都有一定的规律,企业发展中蕴涵的基本方向是确定未来经营方向的基础,即"历史支撑着未来"。从实践上看,这种从企业历史出发的思路比较容易把握,但是如何判断哪些是不变的、哪些是变化的,需要很强的历史洞察力。

企业是社会的一员,很显然,社会的存在决定企业的存在。在现代社会中,企业为自身而经营是没有持久生命力的,因此,在考虑未来发展方式时,基本思想应当从企业内部转向企业外部,即社会、公众、顾客的需要是引导企业未来形态的主要力量,从"我需要实现什么形态"转变为"我必须实现什么形态"。从外部需要看待企业的发展,就是重视社会责任,将社会责任作为企业经营管理的指导思想,紧密围绕社会责任的履行构筑经营体系和业务结构。

为保证企业的持续经营和生存发展,必须明确企业存在的意义,把追求社会责任作为自己的重要使命。企业的社会责任包括三部分,即基本责任、义务责任和支援责任。如图 10-1 所示,企业首先要履行同心圆核心部分的基本责任,其次是履行义务责任和支援责任。这三种责任是一个有机整体,很多企业认为社会责任主要是义务责任,但是如果不明确基本责任,义务责任的意义就变得模糊了;如果不考虑支援责任,就欠缺了社会存在的意义和持续经营的根据。

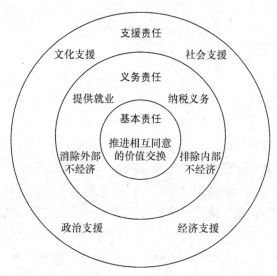

图 10-1　企业的社会责任

资料来源:鸠口充辉,《柔らかいマーケティングの論理—日本型成長方式からの出発》,ダイヤモンド社,1997年,第90页。

（一）基本责任

作为商品生产者,企业存在的理由是"促进基于社会成员相互同意的交换"。交换是在当事人双方同意下进行的,它意味着交换是建立在双方感知价值(满足)提高的基础上的。任何交换之所以能够实现,前提是卖方在交换中感知到获得的货币价值比让渡的商品、服务价值更大,买方则感知到获得的商品和服务价值要大于支付的货币价值。社会是由交换当事人构成的,双方感知价值的上升意味着社会总体价值(社会满足)的上升,这就是企业的基本责任。

由此可见,企业的基本责任是向对方提供比支付价值更高的感知价值物(商品、服务),换言之,积极地促进基于对方自由意志的交换是企业履行的社会责任的核心,这种责任是由企业的性质所决定的。在人类的生活中,要解决衣食住行的各种需要,企业的基本责任就是通过提供高水平的产品和服务满足人类的需要。这一过程只能通过交换才能实现。人们之所以能够穿自己喜欢的服饰、吃自己喜好的食品,都是交换的结果。因此,对于社会成员而言,交换提高了生活水平。企业提供高水平的交换提高了社会满足水平,这是企业的最重要的社会贡献,也是企业存在的根本理由。忽视或违背这一根本理由,企业就没有必要存在,当然也不可能持续发展下去。

(二) 义务责任

如前所述,企业对社会承担责任,最重要的是促进当事人的交换。但是,企业在交换中经常对社会产生两种负利益。这些负利益构成了社会的不经济,主要表现在两个方面:一是外部不经济;二是内部不经济。外部不经济是指给当事人以外的社会带来的诸如公害、环境破坏等负利益。内部不经济是指企业在交换中由于价格密谋、不公正交易、商品缺陷、虚假信息等行为产生的负利益。比如,发胶生产企业专为年轻人生产的发胶,从基本责任上看,年轻人买到自己喜欢的商品,因此,企业的确履行了自己的基本责任。但是,制造发胶产生的氟利昂气体会破坏臭氧层、容器废弃产生的垃圾公害、发生爆炸事故都是外部不经济。如果发胶生产企业提供有缺陷的商品、虚假宣传和销售以及维持不合理价格等,就发生了内部不经济。

由此可见,企业不仅要承担基本责任,还要对由此派生的社会不经济承担责任,而后者就是义务责任。那么企业应该怎样承担义务责任呢?首先,必须按照法律法规开展经营活动。消除社会不经济是政府一项十分重要的职能,其主要手段是利用法律法规抑制社会不经济的产生。政府有责任调整社会成员的利害关系,引导社会发展方向,为此需要在公害、环境污染、垄断、消费者保护、产品安全等方面制定各种法律法规,遵守这些法规是企业应尽的社会义务。

为了自觉地履行义务责任,企业必须将法律法规纳入到企业经营活动中。国外很多企业的做法是制定本企业的"伦理标准"(code conduct)。比如,美国企业制定的伦理标准就十分具体。摩托罗拉公司在其伦理标准中规定:禁止在任何交易情况下赠送礼品;中层管理者每年要在伦理标准上签名,对伦理标准明确承诺;一旦发生赠送礼品等情况,必须承担包括解职等在内的各种责任。与美国相比,日本企业制定的伦理标准比较抽象,暧昧的成分比较多。比如,日本社会存在互赠礼品的习惯,尤其在中秋节和新年更是如此。日本企业现在也在积极学习美国的做法,在伦理标准的制定上与国际靠拢。

除了把防止违法作为第一种义务责任之外,企业还要处理好"三不管"地带问题。在有些领域,虽然没有明确的法律法规,但是可能潜伏着各种问题,会引起潜在的社会不经济。以前企业往往视这种"三不管"地带为经营缝隙,但在今天则必须树立正确的价值观。尽管没有法规的限制,但如果抱着侥幸心理,很可能会出现很多问题,挽回不利局面需要数十年的时间。因此,对这些"三不管"地带,必须采取非营销等回避性对策。

诚信是企业面对的第三种义务责任。企业经常遇到顾客的不满压力和不正当的要求,此时的主要对策是将这种不满压力转换为自己新的商业机会,即把不满转换为一种需求,将不满的消解作为企业成长的支点。比如,美国某百货商店实施了无条件退货制度,只要顾客提出退货要求,企业不问理由一律退货。为了表示真诚,企业还将顾客退回的商品陈列在商店的一角,这种做法有力地宣传了企业真诚对待顾客的形象。

(三) 支援责任

与基本责任和义务责任不同,支援责任不是强制性的,是出自企业主观自愿的社会贡献。近年来,社会对于支援责任越来越持积极和肯定的态度。以前履行支援责任主要是企业出于回报社会的心态和提升企业形象的愿望,从企业的利润中拿出一部分投向社会,增进公众的利益。而现在无论是支援责任的含义还是内容都发生了很多变化。比如,近年来,不少企业踊跃参加志愿者活动,积极向非营利性机构和各种社会团体提供服务。企业支援责任的形式也越来越多,除传统的捐款、国际经济援助之外,还对养老院、残疾人等提供人力援助和志愿者服务。过去仅把捐款捐物看成是提升企业形象的主要手段,而现在对支援责任的意义有了新的认识。比如,现在一个很重要的观点是:支援责任是企业持续生存的基础,因为只追逐销售额和利润等经济目标的企业容易脱离社会,最终会走向僵化,这样的企业是不会长久的。相反,如果一家企业能够与社会发展相吻合,积极投入到社会活动中,社会的每一点变化都会体现在企业经营体制的变化中,这样的企业才充满了活力。

企业履行支援责任的渠道和方式是多种多样的,其中志愿者服务是近年来国外企业比较热衷的活动之一。很多企业做出规定,企业管理人员必须参加志愿者活动。该活动对于防止业务衰退、增强组织和体制的适应力具有积极意义。现在,许多大企业在中低层管理者中建立了志愿者服务休假制度,员工可以带薪参加养老院或残疾人服务等志愿工作。志愿者活动使员工走向社会,能够体会到在企业所体会不到的价值观,当他回到企业工作时,能够产生与以前完全不同的创意和思想,这对于提高企业的灵活性、巩固企业长期的生存基础是十分重要的。

二、满足顾客是实现企业目的的基本途径

从更广的视角上看,企业不是为自己而存在,社会价值和社会贡献是企业存在的社会基础,只有意识到这一点,企业才能长期存在并成长壮大,没有存在就没有一切,更不要说利润。在这种思想下,企业需要重新审视管理的基本命题,要从传统的利润观点转变为持续生存以及为社会做出更大的贡献。

从管理的基本命题出发,必须首先思考"企业的业务是什么"这一基本问题。德鲁克以评论家、经济记者、管理顾问等多种身份,对传统的以利润为导向的管理理念提出了质疑,他认为一切经营出发点,即管理的命题是不变的。企业管理不是利用人、财、物,生产和提供具体的产品,而是通过具体的经营活动维持企业的长期生存,在存在过程中承担社会责任,做出社会贡献。从这一点出发,所谓"业务"是指企业的持续生存和满足社会需求的活动,追求纯粹的业务还是持续经营是衡量企业赌博与投资的分水岭。

如果把管理的基本命题看成是持续生存,那么管理的目的就是追求社会满足。社会是由交易当事人构成的,因此社会满足就是交易当事人的满足。从企业的角度看,追求当事人的满足,核心是追求顾客满足。换言之,能够保证企业持续生存的不是利润,而是顾客,管理的目的就是顾客创造和维持。正如为了维持生命必须吃饭一样,但人生的目的决不是吃饭。同理,对企业来说,利润是不可缺少的,但企业管理的目的不是利润,而是以顾客创造和维持为基础追求组织的持续生存。

为了实现顾客创造和维持的目的,必须提升顾客满足水平。如果顾客不满足,企业经营中的诸多弊端很快会暴露,顾客也会迅速流失。从这一意义上讲,顾客满足是企业经营理念、管理哲学和企业精神的支柱。

企业必须以顾客满足为理念,以顾客创造和维持为目的,在经营活动中必须发挥营销与创新等重要职能。众所周知,现代市场营销的基本精神是以顾客满足为导向,通过构建顾客创造和维持体系,为实现企业管理的目的发挥重要

作用。但是理想的市场营销必须体现时代的要求,营销体系如果不与时俱进,抱着传统的观念、思想和技术不放,就不可能达到顾客创造和维持的目的。因此,创新与营销的结合可以使企业的营销体系时刻反映社会变化,将新生事物纳入市场营销体系之中。

营销与创新的结合虽然构建了以顾客创造和维持为目标的管理体系,但是目标的实现离不开具体的运营。一般而言,销售直接承担着运营责任,但是,仅有销售是不够的,必须在考虑人、财、物、技术、信息等经营资源的基础上,健全企业的各项管理功能,其中不可缺少的是人力资源开发功能、生产与物流功能、财务功能、研究开发功能、信息功能等。过去,营销功能被视作决定企业成长的唯一因素,其他各种功能只不过是影响该因素的成本,现在则应当看到这些功能的综合作用。根据以上理解,我们可以对企业运营的基本构造给予新的描述,如图10-2 所示:

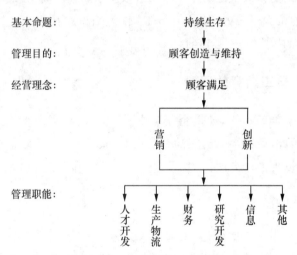

图 10-2 企业经营的基本构造

资料来源:鸠口充辉,《柔らかいマーケティングの論理—日本型成长方式からの出発》,ダイヤモンド社,1997 年,第 84 页。

第二节　员工满意与员工忠诚

人们在探寻经济发展与增长的原因时通常把人的因素看作最终结论,或者更准确地说,凝结于人身上的知识和技能是经济增长的决定因素。从管理作为科学兴起的 19 世纪初至今,管理理论和模式层出不穷,总体上可以分为两个阶段(Malcolm Warner,1999):前期主要关注生产性因素,偏向于以利润、质量、技术作为企业管理的中心;后期则将管理焦点转至人,更多的是探求服务和人才对企业发展的作用。从生产性因素到人本因素的转变,可以看出人们在探寻企业经营管理理论与模式上经历了一条由表及里、由浅至深的发展道路。由此可见,企业的人力资源——内部顾客(员工)作为知识和技能的载体成为企业生存发展的关键的"资本"是必然的。

一、影响员工满意的因素

根据服务利润链原理,如果企业无法使员工满意,就会直接影响外部客户满意的实现,因此,研究影响员工满意的因素就显得十分重要。影响员工满意的因素主要有以下五个方面:

(一) 员工的需求

根据马斯洛需求层次理论,人的需求分为五个等级,企业是否根据这一理论来满足员工的不同层次的需求,就成为影响员工满意的重要因素。具体来说,在生理需要方面,企业是否为员工提供丰厚的薪资待遇,是否提供医疗保障和福利保障,员工是否享有双休日和法定节假日,员工的工作环境是否安全、舒适等;在安全方面,员工是否可以享受企业提供的就业保障、退休养老保障、健康保障、意外保险、劳动保护等;在社交需求方面,比如员工参与团体活动和培训的机会,上下级之间沟通是否畅通,同事关系是否融洽等;在尊重方面,比如员工能否得到尊重、晋升机会的大小、获得奖励的情况、对企业形象有无认同感和自豪感等;在自我实现方面,企业有没有使员工得到自我实现,比如员工可以参与决策,员工承担的工作富有挑战性,员工的特长和兴趣得到了充分的发挥等等。其中,员工是否得到尊重,是否实现个人发展是尤为重要的环节。对于员工而言,没有企业对他的尊重,实现其满意就是一句空话。另外,在工作过程中员工不仅仅关心薪水和福利的多少,更多的是追求自我实现。自身的发展与进步已经成为员工衡量自己是否满意的重要指标。

(二)企业的内部环境

企业是否为员工创造了公平竞争的内部环境是影响员工满意的另一个重要因素。公平的内部环境可以使员工满意,使员工安心工作。公平体现在企业管理的各个方面,如招聘时的公平、绩效考评时的公平、报酬系统的公平、晋升机会的公平等等。日本松下公司为了增加人事管理的公平性,推行资格制和招聘制。公司首先在内部提出某几个需要公开招聘的职位,各类员工均可应聘。另外,公司改革了工资制度,使人事考评公开化。这些做法大大提高了员工的竞争意识,员工满意也得以实现。

(三)沟通渠道

公开的沟通渠道是企业上情下达、下情上明的有效途径,也是为不满意员工提供的缓冲阀和发泄渠道,还是减少企业与员工之间文化和价值观差异,引导员工接受企业的管理方式的途径。通过沟通,企业可以随时了解和关注员工中存在的各种问题,听取员工的意见和合理化建议;员工可以与企业管理层直接沟通,或通过各种途径全面了解企业的有关政策和生产经营、管理、业务、培训等方面的状况。这样可以使员工的观点和看法与企业的文化和价值观相一致,员工满意就得以实现。尤其是当员工发现自己的合理化建议很快出现在企业的某项计划或决策中时,他们会因为受到关注而感到满意。

(四)企业内部关系

企业各部门之间可能会存在一些需要调解的问题,甚至存在隔阂,以至于企业内部的反馈很难实现。如产品开发部门迟迟拿不出新产品和服务的方案,造成生产设备闲置、其他部门停工待产,可是人力资源部门不能及时地采取有效措施来补救等。存在这种情况的原因在于企业各部门之间没有树立互为内部客户的观念。企业不能保证及时、准确地提供服务,会影响企业为员工提供的服务的质量,这样的企业是无法使员工感到满意的。

(五)员工在为外部客户提供服务时所遇到的问题

对于负责接待客户的一线员工而言,他们在与客户接触时可能会由于技能和经验的缺乏与不足,影响为客户提供服务的质量,进而影响到工作的积极性,对自身或工作产生不满。对于不与外部客户直接打交道的事务部门的员工,他们往往认为自己的工作与客户没有直接的联系,因此,无法承担为客户服务的积极角色。企业必须解决好这些问题才能使员工对自己的工作满意,进而更好地为客户服务。

二、员工忠诚与顾客忠诚的互动关系

在创新制胜的知识经济时代,员工的奉献和忠诚是企业价值创造的真正动力和源泉。顾客忠诚的是企业为其创造的顾客价值,因而员工忠诚也就成了顾客忠诚的基础。

忠诚员工对培养忠诚顾客有重大影响。一个员工流失率很高的企业很难拥有忠诚顾客。哈佛商学院 Leonard Schlesinger 教授认为,顾客保持率与员工保持率是相互促进的。他用良性循环圈和恶性循环圈来表示员工忠诚度与顾客忠诚度之间的相互关系,如图 10-3 所示。

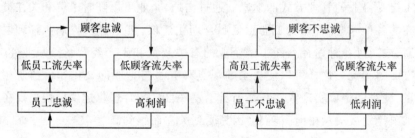

图 10-3　员工忠诚与顾客忠诚的相互关系

资料来源:Patricia Sellers,"What Customers Really Want",*Fortune*,June 1990,p.4。

在任何行业,企业要获得顾客忠诚都不是轻松的,需要逐步培养。顾客忠诚其实就是顾客愿意长久地与企业保持良好关系的情感态度以及行为表现。牢固长久的顾客关系的建立与巩固是需要时间的,服务工作由老员工干比新员工干要顺手得多。研究以及事实均表明,员工在企业中的经历,对顾客的认知和态度都会产生很大的影响。员工从企业中所感受到的东西,往往就是顾客从员工身上所感受到的东西。因此,保持员工士气和忠诚的经营哲学和策略,会对培养顾客忠诚产生相同的效果。可以这样说,保持员工忠诚即是保持顾客忠诚。

员工的工作效率和忠诚是促进企业赢利的有利因素。如果企业内部有高质量的服务和支持系统,在企业的内部营销作用下,员工获得较高的感知价值,感觉满意甚至愉悦,并愿意承诺为企业长期服务;如果员工对自己工作的能力也感觉满意的话,会迸发出高度的热情和服务效率,这将大大促进服务质量的提升。在消费过程中,顾客感受到服务的优良品质,消费结束后,通过评价比较觉得"物"有所值或"物"超所值("物"指顾客为服务所付的价格),即产生较高的感知价值,导致顾客满意或高度满意。高度满意的顾客一般会成为忠诚顾客。顾客忠诚度决定企业赢利能力的大小。可见,员工忠诚和顾客忠诚一样都是企业赢利的促进因素。服务利润链理论清楚地显示了员工忠诚和顾客忠诚的关系:企业赢利能力的大小是由顾客忠诚度决定的,顾客忠诚度是由顾客满意度决定的,顾客满意度是由顾客感知价值的大小决定的,顾客感知价值的大小最终要靠服务生产效率高且忠诚的员工创造。

三、员工满意与忠诚的因素和途径

作为企业的内部顾客,其满意度主要是一种主观感受过程,应当由员工对企业的内部服务质量的感知而获得。而内部顾客感知服务质量的高低取决于其付出的成本和获得的回报。

员工的知识技能是其付出的核心价值成本,自我价值的实现是员工预期回报中最高的一种。员工个人的能力与企业所给予他们的权力是其自我价值实现的先决条件。员工对工作的满意与否,取决于其完成预定目标的能力。因为自我价值的实现是以能力为基础的,而员工所得的回报除了薪水、红包、舒适的工作环境以外,还要有完成既定目标(业绩)所需的权力。

授权实施是否得当会对员工工作满意感产生决定性的影响。因为自我价值的实现是以权力为保障的。当员工具备完成工作的能力再加上被赋予相应的权力,自然会为达到企业制定的任务而努力,对伴随着个人工作绩效的增长感到满意并忠诚于企业。

员工之间的关系在很大程度上决定了员工对企业内部服务质量的感知。原因有二:其一,如果员工之间能保持一种平等、和谐、互敬互爱的关系,那么在这样的工作环境中,员工的服务生产效率就会提高;其二,如果企业内部有顾客导向式的内部服务、文化意识以及管理和技术上的支持,内部员工相互服务、互为顾客,这样就能激发和加强员工间的合作与团队精神,进一步强化员工的满意度。

事实上,员工对内部服务质量的感知主要来自员工的自我成就感,即对自我价值实现的体验。如果辅以企业内部服务环境的支撑和员工间良好的关系,员工的满意度会很高。员工满意导致高员工保持率——员工忠诚,这不仅使服务成本降低,而且使员工服务生产率提高,从而使顾客感知质量得到提升,顾客的感知价值增加,顾客感到满意,最终使顾客忠诚得以建立并巩固。

四、企业文化与顾客忠诚的关系

企业如何对待顾客?是否在意顾客满足的水平?……反映了企业的价值导向,从深层次上讲,是由企业文化决定的,由此可见创建丰富、个性鲜明的顾客服务文化是非常必要而迫切的。以顾客满足为导向的企业文化蕴含了对人性的更多理解,体现了对顾客的人格权利的高度尊重以及更深刻的人文关怀。

自有人类存在以来,就存在着物质生产和精神生产,社会文化的存在是人类所特有的现象。人类物质生产的方式为社会文化奠定了基础,现代企业作为现代社会中的物质生产单位,也自然成为社会文化的生产单位。企业文化毫无质疑地成为社会文化的重要组成部分,它是一种客观存在。企业外部的顾客是通过一个企业的文化来认识企业、选择企业的;同样,企业对顾客的吸引、对市场的占有也主要是借助于企业的魅力来实现的。人类社会进入知识经济时代,企业在市场上的竞争形态已从表面的经济竞争发展到更深层次的具有整体意识的文化竞争。

企业文化不仅仅是一群共同劳动的人群的文化,更重要的是正确看待企业文化与服务社会、服务顾客的关系,因为任何一种文化的连绵不绝,不是取决于自身需要,而是对整个社会的价值。以顾客满足为导向构建企业文化,可以更好地体现企业为社会创造价值的理念,可以更加全面地实现服务社会、辐射社会的战略目标,可以使企业在追求顾客满足的过程中更加持之以恒。

企业文化可以被看作是企业的"内部氛围"。"氛围"是员工对组织中重要事务的整体感觉,因此,企业必须管理其内部氛围,以便让为内部和外部顾客提供服务的员工对服务保持积极的态度。这种"氛围"有其对应的"场效应"。这如同物理现象中的电流周围的磁场一样,既是无形的又是客观存在的。有人称其为"虚边界",企业自身的实力和企业文化的强弱决定了这个边界的范围。换言之,除了企业自身的实力外,企业文化决定着外部市场的范围。企业文化越强大、越有活力,其辐射面就越广。如果企业能辅之有效的管理手段,就能在企业的外围形成一个相对稳定的、忠诚度高的顾客群,在企业的文化氛围下形成企业的"人气圈",如果加上情感上的联系和培育,会有越来越多的顾客成为忠诚顾客。这样,企业文化的"场效应"就变得实在,企业实体在这种"场效应"的烘托下会更有生命力,企业特征更鲜明;通过企业实力的辐射和传播,又可感染顾客周边的潜在顾客,使得企业文化的影响范围更大,形成一个良性的动态的企业外围的保护层。

企业文化既可以成为战略形成和实施的动力,也可以成为阻力。企业的行为受到企业文化的深刻影响,而企业战略作为一种总体性谋划,其形成和实施是高度概括性的企业行为。因此,企业战略的制定和实施要考虑企业文化的作用。当一个企业自身具有很强的文化特色时,会通过企业成员的共同价值观念表现出企业的特殊性,这非常有利于企业形成别具一格的战略,为企业的成功奠定基础,提供原始动力。通用电气公司企业文化的几次转型都为其战略成功打下了坚实的基础。通用现在正在追求的是一种"无边界"的开放、公正、协作的企业文化。企业战略制定以后,企业文化就以其深层次性、统一性、普遍性和权威性成为激发人们热情、统一群体成员意志的重要手段。所以企业文化是否与战略匹配对于战略实施非常关键。在企业不断发展壮大的过程中,同样不能忽视文化与战略的协调一致问题,否则随着新成员的加入或企业战略的变动,出现新文化无法与原有文化融合,或原有文化滞后难以对新战略做出反应,彼此会互为障碍。企业处于初创和成长时期,企业文化的作用最明显,企业需要用文化把成员的认识统一起来,形成内部的凝聚力,保证企业的一致性和优势。

哈佛大学哲学系教授 Josiah Royce 在他的《忠诚哲学》[①]一书中,对忠诚是

---

① Josiah Royce, *Philosophy of Loyalty*, The Macmillan Company, 1908.

这样理解的:忠诚自有一个等级体系,也分档次级别。处于底层的是对个体的忠诚,而后是对团体的忠诚,位于顶端的是对一系列价值和原则的全身心奉献。评价忠诚时不能仅看忠诚本身,应该加以考虑的是人所忠诚的原则。按照这种等级体系来思考企业的忠诚管理问题,首先应考虑的是企业长期服务于所有顾客(企业内外)的各项价值原则,即企业的经营哲学,具体说就是企业使命和企业理念。正如人需要有灵魂一样,企业经营的宗旨和信念实际上是企业的精神和灵魂。这是企业向顾客提供价值的核心准则。

企业和顾客间的关系终究是一种追求各自利益满足的价值交换关系,顾客(包括内部顾客)忠诚的是企业提供的价值,而不是企业本身。企业的使命是创造价值,而不仅仅是追求利润。在创造价值的过程中,企业获得长期稳定发展,总价值得以不断增长,企业契约关系的各方和外部顾客都可以借此满足自己的需求,实现各自的最终目的。这也正是企业存在的意义和价值所在。因此,设计一个卓越的价值主张,并围绕价值主张来设计、确立企业的经营发展战略,是企业创立、发展之首要因素。

创造什么样的优异价值以及如何实施这一价值主张,都可通过企业文化得到展现。企业文化的概念是用来描述组织中员工所共享的一系列共同规范和价值。它从宏观的角度描述组织成员共享的价值观、思想意识,其主旨是企业的经营哲学和经营原则,以及其解决问题和制定决策的方式,表现为企业倡导的价值观、理念和奉行的道德标准、与相关利益者的关系、有关的政策和规章制度、企业的传统等。文化并不是显而易见的东西,但它根植于组织中,无处不在。创建并培育企业文化是企业要面对的头等大事。

企业的生产过程是由人来完成的,同样,产品的消费也是由人来完成的。生产是为了满足消费的不断增长的需要。在满足消费者需要的过程中,企业的价值才能实现。所以人是消费的主体,关心人、尊重人、调动人的积极性是每个企业经营管理成败的关键。而企业文化的建立也只有以对顾客(外部)人性的尊重、价值观的认同为基础,才能起到它应起的先导、桥梁作用,使企业与消费者之间更易沟通,使企业价值与顾客价值连接得更好。在服务企业,人的因素对销售者与购买者的关系都有很大的影响。由于服务生产和消费同时进行的本质特征,服务生产无法像生产线那样标准化,且由于环境的变化和顾客的复杂多样,顾客的行为也无法标准化,服务质量实际上是人力资源和技术资源合作的结果,所以服务质量控制的难度远远大于制造企业。强有力的服务导向的文化是成功地进行质量管理的先决条件。服务导向巩固了顾客感知服务质量中的功能质量，也许还可以强化其技术质量。

强有力、清楚鲜明的服务质量文化应该成为企业内所有人具有的共同的价值取向。这对指导员工行为特别重要，它可以让员工以正确的方式服务，并让他们持续地以恰当的方式处理各种情况，尤其是对新的、无法预知的，甚至可怕的环境进行应对。他们会为顾客考虑更多的事情，尽力为顾客提供最符合其愿望的服务，因而提供服务时会更加有礼貌，也更加灵活。这种以提供优质服务为核心的服务导向的文化特色可以提高顾客感知的服务质量。在这种文化氛围中，新员工能够较快地认同企业文化，员工跳槽率也将降到最低，而且这样的文化很可能滚雪球般地发展。从顾客关系角度来看，以服务为导向有利于在与契约方的关系中为其提供增值服务。这对于提高为顾客服务的效率是非常有帮助的。

本章小结

企业追求顾客满意的目的不仅仅在于顾客能够带来利益，更本质地讲，实施顾客满意管理是企业的基本社会责任。一方面，企业是产品和服务的创造者，在这一过程中关注资源环境、安全生产、依法纳税等社会责任固然重要，但是如果顾客对其提供的产品或服务不满，社会责任只不过是一个漂亮的光环而已。另一方面，顾客管理不仅是社会对企业的要求，同时也是企业扩大文化影响力和市场边界的客观要求。从这一点看，企业应该将员工满意与顾客满意统一起来。

习　题

1. 为什么说顾客满足是企业履行社会责任的具体体现？
2. 员工满意与员工忠诚的影响因素有哪些？
3. 请分析员工满意与顾客满意之间的关系？
4. 简要阐述企业文化在提高员工满意度和忠诚度中的作用。

案例：汽车企业的社会责任

  第二次世界大战刚刚结束不久，福特公司的设计者研制出一种他们认为将是他们有史以来生产出的最好的汽车，他们根据亨利·福特儿子的名字给汽车取名福特·埃德塞尔。不幸的是，他们从没有向潜在顾客进行咨询，虽然这种汽车在技术上是先进的，但是它没有满足顾客的需求，所以卖出去的不多。

  1965年，一位名叫拉尔夫·内德尔的年轻的美国律师，同时又是一名自由的政治顾问，出版了一本名为《驾车不安全》的书，在书中他猛烈抨击了美国汽车行业缺乏对顾客安全的考虑。拉尔夫·内德尔的努力被许多人描绘为一次十字军式的行动，后来发展成为不仅包括汽车安全领域，还包括从体育领域到核电领域等许多同美国顾客利益息息相关的其他领域。内德尔成为美国企业界害怕的人士，正如赛尔西于1991年在其出版的书中所叙述的那样，内德尔成为"美国的顾客代言人"。内德尔的工作最终使得美国国会在1970年成立了顾客保护局。

  资料来源：罗杰·卡特怀特，《掌握顾客关系》，广西师范大学出版社，2001年。

  问题：汽车企业将满足顾客视作它的社会责任有什么现实意义？你认为中国汽车公司在满足顾客需求方面还应该承担哪些社会责任？

参 考 文 献

一、中文参考文献

1. 温孝卿、任仲祥、张理:《消费心理学》,天津大学出版社,2000年。

2. 哈利·奥尔德著,时旭辉、贾爱娟、龙成凤译:《心对心的营销》,经济管理出版社,2002年。

3. 唐·佩珀斯、马莎·罗杰斯:《一对一企业:互动时代的竞争工具》,华文出版社,2002年。

4. 宝利嘉顾问:《细分——从客户区隔中谋取利润》,中国社会科学出版社,2003年。

5. 宝利嘉顾问:《精确行动——聚焦客户的营销转型》,中国社会科学出版社,2003年。

6. 楼天阳、何佳讯:"关系范式下营销目标的基础指标",《经济管理》,2003年第6期。

7. 张志平、陈惠春:"企业忠诚顾客的培育模式",《经济管理》,2002年第9期。

8. 罗伯特·E.韦兰、保罗·M.科尔,贺立新译:《走进客户的心——企业成长的新策略》,经济日报出版社,1998年。

9. 菲利普·科特勒:《营销管理》(第九版),上海人民出版社,1999年。

10. 黄磊:《顾客忠诚》,上海财经大学出版社,2000年。

11. 伍颖、邵兵家:"顾客满意陷阱的双因素分析",《经济管理》,2002年第13期。

12. 克里斯廷·格罗鲁斯:《服务管理与营销——基于顾客关系的管理策略》,电子工业出版社,2002年。

13. 南剑飞、赵丽丽:"顾客流失诊断分析与对策",《经济管理》,2002年第11期。

14. 孙明贵、刘国伦:"服务利润链与企业服务体系",《经济管理》,2002年第12期。

15. 李怀斌、于宁:《服务营销学教程》,东北财经大学出版社,2002年。

16. 陈祝平:《服务市场营销》,东北财经大学出版社,2001年。

17. 詹姆斯·赫斯克特等著,牛海鹏译:《服务利润链》,华夏出版社,2001年。

18. 刘永中:《优质客户服务管理》、《客户满意与客户意识》,广东经济出版社,2002年。

19. 托马斯·M.希贝著,量泫洁、罗惟正译:《客户至上——Siebel总裁解析十大成功案例》,机械工业出版社,2002年。

20. 韦福祥:"顾客感知服务质量与顾客满意忠诚之互动关系",《现代财经》,2001年第7期。

21. 陈瑀、窦志铭:"顾客满意度及其评定",《市场营销》,2001年第8期。

22. 汪建坤、俞剑平、赵剑英:"一种新的管理模式:忠诚管理",《经济管理》,2002年第1期。

23. 王淼、杜玉敏:"网络环境下顾客忠诚的建立和巩固",《经济管理》,2002年第4期。

24. 田金梅:"关系营销:昂贵的永无止境的过程",《市场营销》,2001年第4期。

25. 王月兴、冯绍津:"顾客忠诚的驱动因素及其作用",《经济管理》,2002年第12期。

26. 韩经纶、韦福祥:"顾客满意与顾客忠诚互动关系研究",《南开管理评论》,2001年第6期。

27. 白长虹:《顾客价值论》,机械工业出版社,2002年。

28. 弗雷德里克·莱希赫尔德著,常玉田译:《忠诚的价值》,华夏出版社,2001年。

29. 王永贵、韩经纶:"不同服务企业的核心能力与绩效改进",《南开经济研究》,2000年第2期。

30. 王剑峰:"企业内部营销浅探",《企业经济》,2002年第7期。

31. 丹尼斯·J.克希尔:《内部营销》,机械工业出版社,2000年。

32. 吴晓隽、任建定:"服务企业开展内部营销的思考",《北京第二外国语学院学报》,2001年第3期。

33. 刘丽文:"完整服务产品和服务提供系统的设计",《清华大学学报》,2002年第2期。

34. 贺爱忠:"论服务名牌战略",《南开管理评论》,2000年第6期。

35. 吕一林:"现代公司任务的核心——让顾客满意",《市场营销》,2001年第4期。

36. 王淼、杜玉敏:"网络环境下的顾客关系管理",《山东社会科学》,2002年第1期。

37. 晁钢令:"网络时代的顾客忠诚管理",《信息与电脑》,2000年第4期。

38. 彭璧玉:"现代企业的客户资本管理",《经济管理》,2002年第2期。

39. 邹金涛、甘碧群:"服务领域客户关系管理的运作机制",《经济管理》,2002年第12期。

40. 白长虹、范秀成、甘源:"基于顾客感知价值的服务企业品牌管理",《外国经济与管理》,2002年第2期。

41. 白长虹:"西方的顾客价值研究及其实践启示",《南开管理评论》,2001年第2期。

42. 夏正荣:"论中国服务企业核心竞争力",《社会科学》,2002年第9期。

43. 倪慧砥:"'双因素'理论与顾客满意",《商业研究》,2002年第10期。

44. 张立玮:"服务营销创造顾客忠诚",《外国经济与管理》,2001年第11期。

45. 李瑛:"谈内部顾客服务",《中山大学学报论丛》,2001年第4期。

46. 叶军:"忠诚雇员的经济意义和培养忠诚雇员的对策",《南开商业评论》,2000年第6期。

47. 吕庆华:"诚—忠互动关系营销模式新探",《重庆商学院学报》,2001年第5期。

48. 朱吉:"比较客户关系价值理论与传统的市场营销管理理论",《北京商学院学报》(社会科学版),2001年第1期。

49. 裴洁、宋永高:"顾客满意与顾客忠诚有关系吗?",《企业经济》,2001年第9期。

50. 范秀成、冷岩:"品牌价值评估的忠诚因子法",《科学管理研究》,2000年第15期。

51. 何磊、张德鹏:"顾客忠诚确立竞争优势",《技术经济与管理研究》,2001年第4期。

52. 罗兰·T.拉斯特等:《驾驭顾客资产——如何利用顾客终身价值重塑企业战略》,企业管理出版社,2001年。

53. 杨永恒:《客户关系管理——价值导向及使能技术》,东北财经大学出版社,2002年。

54. 杰姆·G.巴诺斯著,刘详亚等译:《客户关系管理成功奥秘——感知客户》,机械工业出版社,2002年。

55. 迈克尔·D.约翰逊、安德斯·古斯塔夫森著,刘吉、张国华主编:《忠诚效应——如何建立客户综合衡量与管理体系》,上海交通大学出版社,2002年。

56. 查尔斯·威尔逊著,王莹等译:《赢利性顾客——如何确认、发展和保留他们》,广西师范大学出版社,2002年。

57. 王方华、洪祺琦:《关系营销》,山西经济出版社,1998年。

58. 范云峰:《客户管理营销》,中国经济出版社,2003年。

59. 赵宏波:《电信企业客户关系管理》,人民邮电出版社,2003年。

60. 吕廷、尹涛、王琦:《客户关系管理与主题分析》,人民邮电出版社,2002年。

61. 宝利嘉顾问:《忠诚可求——获取客户终身价值》,中国经济出版社,2003年。

62. 汪涛、徐岚:"顾客资产的构成与测量",《经济管理》,2002年第24期。

63. 汪涛、徐岚:"经营顾客资产",《经济管理》,2001年第10期。

64. 汪涛、徐岚:"顾客资产与竞争优势",《中国软科学》,2002年第1期。

65. 汪涛、李真贞:"顾客资产的质量分析",《经济管理》,2003年第10期。

66. 徐岚:"顾客资产的获得与保留",《经济管理》,2004年第4期。

67. 汪涛、崔国华:"经济形态演进背景下体验营销的解读和构建",《经济管理》,2003年第20期。

68. 陈小平:"顾客资产份额研究",《经济管理》,2002年第18期。

69. 马永生:"品牌关系管理:品牌管理的未来趋势",《经济管理》,2001年第22期。

70. 李玉慧、傅太平:"提高客户忠诚度的途径",《经济管理》,2003年第21期。

71. 孙明贵:"'深度经济'与顾客终身价值管理",《中国工业经济》,2003年第9期。

72. 陈静宇:"客户价值与客户关系价值",《中国流通经济》,2002年第3期。

73. 陈静宇:"价值细分——价值驱动的细分模型",《中国流通经济》,2002年第6期。

74. 喻建良、毛锦云:"顾客让渡价值指导下的忠诚度评估指标与定量化评估研究",《财经理论与实践》,2002年第3期。

75. 李扣庆:"试论顾客价值与顾客价值优势",《上海财经大学学报》,2001年第3期。

76. 杨龙、王永贵:"顾客价值及其驱动因素剖析",《管理世界》,2002年第6期。

77. 胡左浩、郑赵红:"顾客生涯价值概念及其对CRM的启示",《外国经济与管理》,2001年第4期。

78. 张立玮:"服务营销创造顾客忠诚",《外国经济与管理》,2001年第11期。

79. 谢荻宝、王税:"顾客资源也是企业资产",《企业改革与管理》,2002年第2期。

80. 南剑飞、熊志坚、张鹏:"顾客流失的诊断与对策",《企业改革与管理》,2002年第5期。

81. 吴勇毅、王金宝:"从品牌资产转向顾客资产",《企业活力》,2002年第10期。

82. 李梅、刘炜:"现代企业的客户资源管理",《武汉理工大学学报》,2002年第6期。

83. 马云峰、郭新有:"论顾客价值的推动要素",《武汉科技大学学报》,2002年第12期。

84. 周洁如:"客户忠诚及其经济价值分析",《上海管理科学》,2002年第5期。

85. 韩志伟:"服务是移动通信市场竞争的重要手段",《北京市经济管理干部学院学报》,2002年第3期。

86. 李忠宽:"品牌形象的整合传播策略",《管理科学》,2003年第4期。

87. 汪纯孝、韩小芸、田金梅:"顾客资产管理",《商业经济文荟》,2002年第2期。

88. 汪纯孝、田金梅、韩小芸、凌茜:"顾客金字塔管理",《商业经济文荟》,2002年第4期。

89. 张兰霞、吴国华:"CRM中的客户分类管理",《东北大学学报》,2003年第3期。

90. 刘丽玲、宋伟、马凌:"论顾客满意对移动通信企业管理模式的要求",《重庆邮电学院学报》,2001年第2期。

91. 徐伟青:"论现代企业的顾客满意观和顾客资产观",《商业研究》,2003年第6期。

92. 欧成:"移动通信企业如何建立客户忠诚",《邮电企业管理》,2001年第8期。

93. 张志平:"移动通信企业顾客金字塔分析及管理措施",《通信世界》,2003年第1期。

94. 张志平:"顾客资产——移动通信企业成功的关键",《移动通信》,2003年第1期。

95. 陈巍:"提升客户服务满意度的最佳途径——聚焦客户",《中国经营报》,2002年4月22日。

96. 林涛等:《客户服务管理》,中国纺织出版社,2002年。

97. 杰姆·G.巴诺斯著,刘祥亚、郭奔宇、王耿译:《客户关系管理成功奥秘——感知客户》,机械工业出版社,2002年。

98. 帕翠珊·B.希伯尔德、罗杰·T.马萨克、杰夫瑞·M.刘易斯编著,叶凯、赵世芳等译:《客户关系管理:理念与实例》,机械工业出版社,2002年。

99. 马克·詹金斯著,施昌奎译:《以顾客为中心的战略——从战略的高度对顾客进行思考》,经济管理出版社,2002年。

100. 奈杰尔·希尔著,赵学慧、叶振亚译:《顾客满意度测量手册》,沈阳出版社,2001年。

101. 罗杰·卡特怀特著,涂欣、方晓、惠晓霜译:《掌握顾客关系》,广西师范大学出版社,2001年。

102. 张富山:《顾客满意——关注的焦点》,中国计划出版社,2000年。

103. 格尔森著,万君宝等译:《衡量顾客满意》,上海财经大学出版社,2000年。

104. 福勒·麦克尼克著,罗汉、陈燕玲译:《顾客是总裁》,上海人民出版社,1998年。

105. 甘波、曲保智:《超越顾客期望——顾客满意》,企业管理出版社,1997年。

106. 胡飞阳、李丰、侯跃东:《全面顾客服务》,中国商业出版社,1994年。

107. 姚乐:"服务意识和品质的缺失",《经济管理》,2002年第3期。

108. 许召元、包薇:"对美国顾客满意度指数的实证分析",《经济管理》,2002年第3期。

109. 崔晓林:"实施顾客满意战略的激励方法",《经济管理》,2000年第11期。

110. 戴维·史莱伯著,范海燕译:"你是第四类客户服务公司吗",《中外管理》,2002年第3期。

111. 耿景辉:"跳进'鱼缸'与顾客共同呼吸",《中外管理》,2002年第10期。

112. 念青:"顾客到底想要什么",《中外管理》,2002年第10期。

113. 姜国海、肖红军:"'顾客满意'也有误区",《企业改革与管理》,2002年第5期。

114. 王京生:"跟着顾客感觉走",《企业改革与管理》,2002年第6期。

115. 杨洪:"制造满意员工",《企业改革与管理》,2002年第11期。

116. 黄中军:"推销体验",《企业改革与管理》,2002年第12期。

117. 衡政林:"顾客事务部——和顾客'链'在一起",《市场营销》,2001年第1期。

118. 岳阳:"抚摸客户心灵的伤痛——处理客户抱怨",《商界导刊》,2001年第11期。

119. 徐忠海:"恢复客户关系管理",《企业管理》,2001年第7期。
120. 朱桂平:"现代企业大客户管理部的运作与完善",《商业经济与管理》,2001年第9期。
121. 刘江鹰:"不仅仅是执行部门的问题——如何提高客户满意度",《IT经理世界》,2001年第14期。
122. 白长江、廖伟:"基于顾客感知价值的顾客满意研究",《南开学报》(哲社版),2001年第6期。
123. 倪丽菲:"客户关系管理研究",《经济论坛》,2002年第5期。
124. 佟铁峰:"什么客户能给企业带来最大利润",《企业家信息》,2002年第1期。
125. 涂永式:"企业,请善待顾客的抱怨",《企业研究》,2002年第9期。
126. 冯云廷、李怀斌:《营销管理教程》,东北财经大学出版社,1998年。
127. 项保华:《战略管理——艺术与实务》,华夏出版社,2001年。
128. 斯蒂文·阿布里奇著,戴骏译:《服务·服务·服务——企业成长的秘密武器》,吉林人民出版社,1999年。
129. 高峰、年锡梁:"抓住高端",《通信企业管理》,2003年第9期。
130. 徐正良、欧志广、徐颖:"顾客服务模式选择及顾客服务组织匹配问题的研究",《商业研究》,2005年第15期。

二、日文参考文献

1. Don Peppers, Martha Rogers, Bob Dorf, 千野博(译),"ワン トウ ワン·マーケティング実践への4ステップ", *Diamond Harvard Business*, June-July 1999。
2. ドン·ペパーズ,マーサ·ロジャース,《One to One 企业戦略》,ダイヤモンド社,1999年。
3. James C. Anderson, James A. Narus, 有贺裕子(译),"顧客価値をとらえるBtoBマーケティング", *Diamond Harvard Business*, June-July 1999。
4. 国领二郎,"顧客間インタラクョンによる価値創造モデル",《ダイヤモンド·ハーバード·ビジネス》,1998年11月号。
5. 久保田進彦,"顧客満足戦略研究の概観",《商学研究科紀要》,第48号,1999年。
6. 山本昭二,"顧客満足モデルの発展—継時的視点による検討",《商学論究》,第46卷,第5号,1999年。
7. ドン·ペパーズ·マーサ·ロジャース,《One to One 企业戦略》,ダイヤモンド社,1999年。
8. 谷宏治,"深さの経済による顧客生涯価値の追求",《ダイヤモンド ハーバード ビジネス》,1999 年 7 月号。

9. 松原和之,"顧客価値創造の新規事業戦略",*Report*,1998 年,第 3 号。
10. 安西達也,"顧客満足への業務抜本革新",《週刊東洋経済》,1994 年 5 月 7 日。
11. ウィリアム・E. ロスチャイルド,「顧客最優先」企業が見落とす最後の顧客の"満足"と"ニーズ",《週刊ダイヤモンド》,1995 年 2 月 25 日。
12. 鳩口充輝,企業の社会的責任とそのかかわり方——マーケティング・コンテクストからの考察,《組織科学》,第 26 巻第 1 号,1992 年。
13. 内橋克人,《尊敬おく能わざる企業》,光文社,1991 年。
14. 日経ビジネス,《会社の寿命》,日本経済新聞社,1984 年。
15. 鳩口充輝,《顧客満足型マーケティングの構図——新しい企業成長の論理を求めて》,有斐閣,1994 年。
16. 稲葉和也,"顧客・サプライヤー・メーカーの情報共有による「仮想統合」戦略——デルコンピュータ・コーポレーションの事例を中心",《徳山大学総合経済研究所紀要》,第 21 号,1999 年 3 月。
17. Moschella, David C.,「覇者の未来 Waves of Power」,ID コミュニケーションズ,1997 年 10 月。
18. マイケル・デル,「情報家電の分野に興味はない」,《週刊東洋経済》,1998 年 11 月。
19. マイケル・デル,「ネット販売の究極の手段になる」,《日経ビジネス》,1998 年 12 月 7 日号。
20. 野口恒,「超生産革命 BTO」,日本能率協会マネジメントセンター,1998 年 11 月。
21. 兼村栄哲,青木均:《現代流通論》,八千代,1999 年。
22. 鳩口充輝,《柔らかいマーケテイングの論理—日本型成長方式からの出発》,ダイヤモンド社,1997 年。

三、英文参考文献

1. Oliver, Richard L., *Satisfaction*, Boston: Irwin McGraw-Hill, 98—131, 1997.
2. Fomell, Claes, "A National Customer Satisfaction Barometer: The Swedish Experience," *Journal of Marketing*, Jan. 1992, Vol. 56, p. 8.
3. Heskett, James L., W. Earl Sasser, Jr., and Leonard A. Schlesinger, *The Service Profit Chain*, New York: Free Press, 85, 1997.
4. Anderson, Eugene W., Claes Fornell, and Ronaid T. Rust, "Customer Satisfaction, Productivity, and Profitability: Differences between Goods and Services", *Marketing Science*, 16

(2),139,1997.

5. Valarie Zeithaml, Leonard L. Berry, and A. Parasuraman, "The Nature and Eterminants of Customer Expectations of Service", *Journal of Academy of Marketing Science*, 1993, Vol. 21, No. 1, pp. 1—12.

6. *The Soul of The New Consumer: Authenticity What We Buy and Why in the New Economy*, Nicholas Brealey Publishing, 2000.

7. Drucker, P. F., *The Practice of Management*, Harper & Brothers Publishers, 1954.

8. Heskett, J. L., "Putting the Service-Profit Chain to Work", *Harvard Business Review*, Mar./Apr., 1994.

9. Kotler, P. and Levy, S. J., "Demarketing, Yes, Demarketing," *Harvard Business Review*, Dec. 1971.

10. Michael D. Johnson and Anders Gustafsson, "Improving Customer Satisfaction, Loyalty, and Profit", *John Wiley & Sons*, Inc. 2000.

11. Josiah Rovce: *The Philosophy of Loyalty*, HFU Press, 1908.

12. Frederick F. Reichheld, *The Loyalty Effect*, HBS Press, Jan. 2001.

13. Lemon, Katherine N., "What Drives Customer Equity?", *Marketing Management*, Spring 2001, Vol. 10.

14. Wortman, Sarah, "Measure Marketing Efforts with Customer Equity Test", *Marketing News*, May 1998, Vol. 32.

15. Blattberg, Robert C. Deighton, John, "Manage Marketing by the Customer Equity Test", *Harvard Business Review*, Jul./Aug. 1996, Vol. 74.

16. Rust, Roland T., Lemon, Katherine N., Zeithaml, Valarie A., "What Should the Next Marketing Dollar Go?" *Marketing Management*, Sep./Oct. 2001, Vol. 10.

17. Pokorny, Gene, "Building Brand Equity and Customer Loyalty", *Electric Perspectives*, May/Jun 1995, Vol. 20.

18. Ryan, Michael J. Rayner, Robert, "Diagnosing Customer Loyalty Drivers", *Marketing Research*, Summer 1999, Vol. 11.

19. Wyner, Gordon A., "Customer Relationship Measurement", *Marketing Research*, Summer 1999, Vol. 11.

20. Wyner, Gordon A., "How Do You Measure the Customer Experience?", *Marketing Research*, Spring 2003, Vol. 15.

21. Smith, Gerald E. Nagle, Thomas T., "How Much Are Customers Willing to Pay?" *Marketing Research*, Winter 2002, Vol. 14.

22. Reinartz, Werner J. Kumar, V., "The Impact of Customer Relationship Characteristics on Profitable Lifetime Duration", *Journal of Marketing*, Jan. 2003, Vol. 67.

23. Garbarino, Ellen, Johnson, Mark, "The Different Roles of Satisfaction, Trust, and Commitment in Customer Relationships", *Journal of Marketing*, Apr. 1999, Vol. 63.

24. Pitt, Leyland F. Ewing, Michael T. Berthon, Pierre, "Turning Competitive Advantage into Customer Equity", *Business Horizons*, Sep./Oct. 2000, Vol. 43.

25. Dorsch, Michael J. Carlson, Les Raymond, Mary Anne Ranson, Robert, "Customer Equity Management and Strategic Choices for Sales Managers", *Journal of Personal Selling & Sales Management*, Spring 2001, Vol. 21.

26. Roger Hallowell, "The Relationship of Customer Satisfaction, Customer Loyalty and Profitability: an Empirical Study", *International Journal of Service Industry Management*, 1996, Vol. 7, No. 4.

27. Kaj Strbacka and Jarmo R. Lehtine, *Customer Relationship Management: Creating Competitive Advantage through Win-Win Relationship Strategies*, McGraw-Hill, 2001.

28. Roland T. Rust, Valarie A. Zeithmal, and Katherine N. Lemon, *Driving Customer Equity: How Customer Lifetime Value is Reshaping Corporate Strategy*, New York: The Free Press, 2000.

29. Payne A., "Relationship Marketing-Making the Customer Count", *Managing Service Quality*, 1994, Vol. 4, No. 6.

30. Annika Rabald and Christian Grönroos, "The Value Concept and Relationship Marketing", *European Journal of Marketing*, 1996, Vol. 30, No. 2.

31. Kotler P., "Marketing's New Paradigm: What's Really Happening Out There Planning Review", *Special Issue*, Sept./Oct. 1992.

32. Dick and Basu, "Customer Loyalty: Toward an Integrated Framework", *Journal of the Academy of Marketing Science*, 1994, Vol. 22, No. 2.

33. Berry, L. L., "Cultivating Service Brand Equity", *Journal of the Academy of Marketing Science*, 2000, Vol. 28, No. 1.

34. Patricia Sellers, "What Customers Really Want?", *Fortune*, Jane 1990.

教师反馈及教辅申请表

　　北京大学出版社以"教材优先、学术为本、创建一流"为目标,主要为广大高等院校师生服务。为更有针对性地为广大教师服务,提升教学质量,在您确认将本书作为指定教材后,请您填好以下表格并经系主任签字盖章后寄回,我们将免费向您提供相应教辅资料。

书号/书名/作者				
您的姓名				
校/院/系				
您所讲授的课程名称				
每学期学生人数	＿＿＿人	＿＿＿年级	学时	
您准备何时用此书授课				
您的联系地址				
邮政编码		联系电话（必填）		
E-mail（必填）				
您对本书的建议:			系主任签字 盖章	

我们的联系方式：

北京大学出版社经济与管理图书事业部
北京市海淀区成府路 205 号，100871
联 系 人： 徐 冰
电　　话： 010-62767312 / 62752926
传　　真： 010-62556201
电子邮件： xubingjn@yahoo.com.cn　em@pup.pku.edu.cn
网　　址： http://www.pup.cn